U0473661

图书在版编目（CIP）数据

中国科学院院士画册. 2005～2015年当选 / 中国科学院学部工作局编. —北京：科学出版社，2017.10
ISBN 978-7-03-054072-0

Ⅰ.①中… Ⅱ.①中… Ⅲ.①中国科学院–院士–生平事迹–画册 Ⅳ.①K826.1-64

中国版本图书馆CIP数据核字（2017）第184835号

责任编辑：侯俊琳　牛　玲　高丽丽 / 责任校对：张小霞
责任印制：张克忠 / 书籍设计：北京美光设计制版有限公司
封面设计：黄华斌

科学出版社 出版
北京东黄城根北街16号
邮政编码：100717
http://www.sciencep.com

中国科学院印刷厂 印刷
科学出版社发行　各地新华书店经销

*

2017年10月第　一　版　　开本：889×1194　1/16
2017年10月第一次印刷　　印张：36 3/4
字数：120 000

定价：380.00元

（如有印装质量问题，我社负责调换）

中国科学院
院士画册

2005～2015年当选

中国科学院学部工作局

科学出版社
北京

《中国科学院院士画册（2005-2015年当选）》编辑委员会

主 编
白春礼

副主编
李静海　张　涛

执行副主编
曹效业　汪克强　李　婷　王敬泽　苏荣辉

编　委
（以姓氏拼音为序）

曹效业　冯　霞　高洁雯　龚剑明　李　婷　李章伟
林宏侠　马新勇　彭晴晴　钱莹洁　申倚敏　苏荣辉
王颢澎　汪克强　王敬泽　魏　秀　席　亮　薛　淮
张家元　周德进

《中国科学院院士画册（2005～2015年当选）》序言

2006年，我们曾组织编纂出版了《中国科学院院士画册》，其中包括了自1955～2003年当选的1026位院士（学部委员），画册图文并茂地向世人展示了院士们辉煌的科学人生和崇高的道德风范。十载砥砺前行，十载春华秋实，2005～2015年，又有来自全国各科技领域的280位优秀科学家当选为中国科学院院士，为学部"大家庭"注入了新鲜活力。今天，我们再次通过编纂画册的方式，集中展现这280位院士热爱祖国、奉献科学、勇于开拓、追求真理的精神风貌，并希望以此激励后人、传承梦想！

回首这十年，国家创新体系构建稳步推进，自主创新能力大幅提升，科技事业欣欣向荣，重大科研成果不断涌现，载人航天、月球探测、卫星遥感、激光物理、量子通信、拓扑绝缘体、超级计算机、纳米科技、物质结构探索、新能源技术、认知与神经科学、蛋白质结构与功能、干细胞研究、重大疾病机理、创新药物研制、生命起源等方面均取得一批关键突破和重要成果，涌现出一批高水平的科技带头人。这期间当选的中国科学院院士就是其中的杰出代表。他们胸怀报国为民的理想追求，发扬不懈创新的科学精神，秉持淡泊名利的品德风范，以高度的责任感和使命感，为我国科技教育事业和经济社会发展潜心钻研、默默耕耘、呕心沥血。他们的当选，也为学部带来了新风气、新活力和新思想。

十年来当选的280位院士，平均当选年龄为55.1岁，大多是伴随着新中国的成长，迎着科学的春天投身于社会主义现代化建设的时代先行者，其中的许多院士还具有留学经历和海外任职经历，他们毅然放弃国外的优厚待遇，纷纷回国施展抱负。他们充分继承和发扬了老一辈科学家爱国奉献、顽强拼搏的精神，开拓进取、锐意创新，为我国科技水平突飞猛进，并引领若干重要领域由"跟跑者"向"并行者"和"领跑者"转变做出了突出贡献。

当今世界综合国力竞争的核心和焦点是科学技术，我国已进入全面深化改革的"攻坚期"，比以往任何时期都更加需要强大的科技创新力量，更加需要充分发挥科学技术的支撑引领作用。变革的时代产生创新的思想，思想的创新推动时代的变革，全面深化改革的大幕已经拉开，创新驱动发展的号角已经吹响，新科技革命的曙光已经初现，这对于全国科技界和广大科技工作者来说，既是难得的历史机遇，也是重大的历史责任。

i

中国科学院院士

　　历经六十余年的风雨历程，学部的光荣传统和历史定位决定了其肩负的时代使命，院士群体是学部履行使命的核心推动力。学部过去的荣耀是全体院士共同努力的结果，来之不易；未来的辉煌更需要全体院士共同付出，携手创造。我们坚信，在广大院士的共同努力下，学部一定会在服务国家全面深化改革的伟大征程中发挥更加重要的作用，为助力实现"两个一百年"奋斗目标和中华民族伟大复兴的"中国梦"做出新的更大的贡献。

白春礼

中　国　科　学　院　院　长
中国科学院学部主席团执行主席

《中国科学院院士画册
（2005~2015年当选）》 目录

数学物理学部

陈和生 / 粒子物理学家		2
龚昌德 / 物理学家		4
彭实戈 / 数学家		6
王鼎盛 / 物理学家		8
王诗宬 / 数学家		10
詹文龙 / 核物理学家		12
张家铝 / 天文学家		14
张裕恒 / 物理学家		16
龙以明 / 数学家		18
王恩哥 / 凝聚态物理学家		20
吴岳良 / 理论物理学家		22
邢定钰 / 物理学家		24
俞昌旋 / 等离子体物理学家		26
张伟平 / 数学家		28
崔向群 / 天文学家		30
李安民 / 数学家		32
罗　俊 / 引力物理学家		34
孙昌璞 / 理论物理学家		36
席南华 / 数学家		38
郑晓静 / 力学家		40
陈永川 / 数学家		42
鄂维南 / 数学家		44
高鸿钧 / 凝聚态物理学家		46
潘建伟 / 物理学家		48
王广厚 / 物理学家		50
武向平 / 天体物理学家		52
袁亚湘 / 数学家		54
张维岩 / 物理学家		56
张肇西 / 粒子物理学家		58
陈十一 / 流体力学家		60
陈恕行 / 数学家		62
励建书 / 数学家		64
欧阳颀 / 非线性科学与生物物理学家		66
孙　鑫 / 凝聚态物理学家		68
汪景琇 / 太阳物理学家		70
向　涛 / 物理学家		72
赵政国 / 实验粒子物理学家		74
周向宇 / 数学家		76
陈仙辉 / 物理学家		78
邓小刚 / 空气动力学家		80
杜江峰 / 物理学家		82
江　松 / 应用数学家		84
景益鹏 / 天文学家		86
罗民兴 / 理论物理学家		88
莫毅明 / 数学家		90
王贻芳 / 实验粒子物理学家		92
谢心澄 / 物理学家		94
张平文 / 计算数学家		96
朱诗尧 / 量子光学家		98

化学部

陈　懿 / 物理化学家	102	刘忠范 / 物理化学家	150
冯守华 / 无机化学家	104	田　禾 / 化学家	152
江　明 / 高分子化学家	106	严纯华 / 无机化学家	154
李洪钟 / 化学工程学家	108	杨学明 / 物理化学家	156
麻生明 / 有机化学家	110	张俐娜 / 高分子化学家	158
田中群 / 物理化学家	112	赵进才 / 环境化学家	160
吴云东 / 计算化学家	114	丁奎岭 / 有机化学家	162
颜德岳 / 高分子化学家	116	方维海 / 物理化学家	164
姚建年 / 物理化学家	118	冯小明 / 有机化学家	166
柴之芳 / 放射化学家	120	韩布兴 / 物理化学家	168
段　雪 / 应用化学家	122	李永舫 / 高分子化学家和物理化学家	170
高　松 / 无机化学家	124	谢　毅 / 无机化学家	172
宋礼成 / 有机化学家	126	杨秀荣 / 分析化学家	174
张　希 / 高分子化学家	128	张　涛 / 化学家	176
赵东元 / 物理化学家	130	张洪杰 / 无机化学家	178
包信和 / 物理化学家	132	安立佳 / 高分子物理学家	180
陈小明 / 无机化学家	134	李玉良 / 无机化学家	182
江　雷 / 无机化学家	136	刘云圻 / 物理化学家	184
江桂斌 / 分析化学、环境化学家	138	孙世刚 / 物理化学家	186
唐本忠 / 高分子化学家	140	谭蔚泓 / 化学家	188
涂永强 / 有机化学家	142	唐　勇 / 有机化学家	190
万立骏 / 物理化学家	144	席振峰 / 化学家	192
周其林 / 有机化学家	146	于吉红 / 化学家	194
李亚栋 / 无机化学家	148	张锁江 / 化学工程专家	196

生命科学和医学学部

常文瑞 / 结构生物学家	200	童坦君 / 生物化学家	210
陈晓亚 / 植物生理学家	202	汪忠镐 / 血管外科学家	212
邓子新 / 微生物学家	204	王大成 / 生物物理学家	214
方精云 / 生态学家	206	王恩多 / 生物化学家与分子生物学家	216
贺　林 / 遗传生物学家	208	王正敏 / 耳鼻咽喉-头颈外科学家	218

曾益新	/ 肿瘤学家	220	朱玉贤 / 植物生理学家	264
赵国屏	/ 分子微生物学家	222	程和平 / 细胞生物学与生物物理学家	266
陈润生	/ 生物信息学家	224	高　福 / 病原微生物与免疫学家	268
段树民	/ 神经生物学家	226	桂建芳 / 鱼类遗传育种学家	270
孟安明	/ 发育生物学家	228	韩　斌 / 作物基因组与遗传学家	272
武维华	/ 植物生理学家	230	韩家淮 / 细胞生物学家	274
谢华安	/ 植物遗传育种学家	232	赫　捷 / 胸外科专家	276
杨焕明	/ 基因组学家	234	金　力 / 进化遗传学家	278
赵进东	/ 植物生理学及藻类学家	236	施一公 / 结构生物学家	280
侯凡凡	/ 内科学家	238	赵继宗 / 神经外科医学家	282
林鸿宣	/ 作物遗传学家	240	曹晓风 / 植物表观遗传学家	284
尚永丰	/ 医学分子生物学家	242	陈国强 / 医学病理生理学家	286
隋森芳	/ 生物物理学家	244	陈孝平 / 肝胆外科学家	288
庄文颖	/ 真菌学家	246	陈义汉 / 心血管病学家	290
葛均波	/ 心血管病学家	248	李　蓬 / 分子生理学家	292
黄路生	/ 动物遗传育种学家	250	邵　峰 / 生物化学家	294
康　乐	/ 生态基因组学家	252	宋微波 / 原生动物学家	296
李　林	/ 生物化学家	254	王福生 / 传染病学、肝病学专家	298
舒红兵	/ 细胞生物学与免疫学家	256	徐国良 / 分子遗传学家	300
张明杰	/ 结构生物学家	258	阎锡蕴 / 纳米生物学家	302
张学敏	/ 肿瘤生物学家	260	张　旭 / 神经科学家	304
赵玉沛	/ 外科医学家	262	周　琪 / 干细胞和发育生物学家	306

地 学 部

丁仲礼 / 第四纪地质学家	310	姚檀栋 / 冰川与环境变化学家	328
金振民 / 地质学家	312	张　经 / 化学海洋学与海洋生物地球化学家	330
吕达仁 / 大气物理学家	314	莫宣学 / 岩石学家	332
邱占祥 / 古生物学家	316	陶　澍 / 环境科学家	334
王铁冠 / 分子有机地球化学家与石油地质学家	318	翟明国 / 地质学家	336
魏奉思 / 空间物理学家	320	郑永飞 / 地球化学家	338
杨文采 / 地球物理学家	322	周卫健 / 第四纪地质学家	340
穆　穆 / 大气动力学家	324	傅伯杰 / 自然地理学、景观生态学家	342
杨元喜 / 大地测量学家	326	高　山 / 地球化学家	344

龚健雅 / 测绘与地理信息学家	346	王会军 / 大气科学家	374
郭华东 / 地球科学学家	348	吴立新 / 物理海洋学家	376
焦念志 / 生物海洋学家	350	张培震 / 地震动力学家	378
刘丛强 / 地球化学家	352	周成虎 / 地图学与地理信息系统专家	380
石广玉 / 大气物理与全球变化科学家	354	陈大可 / 物理海洋学家	382
舒德干 / 进化古生物学家	356	陈发虎 / 自然地理学家和环境变化专家	384
万卫星 / 空间物理学家	358	陈晓非 / 地球物理学家	386
周忠和 / 古生物学家	360	高 锐 / 地球物理学家	388
陈 骏 / 地球化学家	362	郝 芳 / 石油地质学家	390
崔 鹏 / 自然地理学与水土保持学家	364	吴福元 / 地质学家	392
郭正堂 / 新生代地质与古气候学家	366	夏 军 / 水文水资源学家	394
金之钧 / 石油地质学家	368	杨树锋 / 地质学家	396
彭平安 / 有机地球化学家	370	沈树忠 / 地层古生物学家	398
王成善 / 地质学家	372	张人禾 / 气象学家	400

信息技术科学部

包为民 / 制导与控制专家	404	郑建华 / 信息分析专家	438
褚君浩 / 半导体物理学家	406	龚旗煌 / 光学专家	440
何积丰 / 计算机软件专家	408	郝 跃 / 微电子学与固体电子学专家	442
黄民强 / 信息处理专家	410	吕 建 / 计算机软件专家	444
王家骐 / 光学仪器专家	412	谭铁牛 / 模式识别与计算机视觉专家	446
吴培亨 / 超导电子学家	414	王 巍 / 导航、制导与控制专家	448
吴一戎 / 信号与信息处理专家	416	王立军 / 激光与光电子学专家	450
陈定昌 / 导航、制导与控制专家	418	尹 浩 / 通信网络领域专家	452
怀进鹏 / 计算机软件专家	420	房建成 / 导航制导与控制专家	454
刘国治 / 应用物理学家	422	顾 瑛 / 激光医学专家	456
许宁生 / 真空微纳光电子学家	424	黄 如 / 微电子专家	458
黄 维 / 有机光电子专家	426	姜 杰 / 运载火箭导航制导与控制专家	460
金亚秋 / 电磁波物理与空间遥感专家	428	刘 明 / 微电子科学与技术专家	462
李树深 / 半导体器件物理专家	430	陆建华 / 通信与信息系统专家	464
梅 宏 / 计算机软件专家	432	王永良 / 雷达技术专家	466
徐宗本 / 数学家、信号与信息处理专家	434	周志鑫 / 空间遥感专家	468
杨学军 / 计算机专家	436		

技术科学部

陈祖煜 / 水利水电、土木工程专家	472
都有为 / 磁学与磁性材料学家	474
顾逸东 / 航天应用技术和浮空飞行器专家	476
李述汤 / 材料学家	478
李　天 / 空气动力学专家	480
陶文铨 / 工程热物理学家	482
吴硕贤 / 建筑技术科学专家	484
薛其坤 / 材料物理学家	486
赵淳生 / 机械工程专家	488
程时杰 / 电力系统专家	490
胡海岩 / 力学家	492
任露泉 / 工程仿生学家	494
王克明 / 材料物理学家	496
祝世宁 / 材料物理学家	498
刘竹生 / 导弹和运载火箭专家	500
申长雨 / 材料成型及模具技术专家	502
王　曦 / 材料科学家	504
王光谦 / 水力学与河流动力学专家	506
王锡凡 / 电力系统专家	508
王自强 / 力学家	510
于起峰 / 实验力学、精密光测学专家	512
赖远明 / 寒区工程专家	514
雒建斌 / 摩擦学家	516
南策文 / 材料学家	518
沈保根 / 磁学和磁性材料专家	520
魏炳波 / 材料科学与工程专家	522
翟婉明 / 铁路工程专家	524
张统一 / 材料科学和固体力学家	526
郑　平 / 工程热物理学家	528
朱　荻 / 制造工程专家	530
成会明 / 材料学家	532
丁　汉 / 机械电子工程专家	534
方岱宁 / 材料力学专家	536
高德利 / 油气钻探与开采专家	538
何满潮 / 矿山工程岩体力学专家	540
金红光 / 工程热物理学家	542
李应红 / 航空推进理论与工程专家	544
刘维民 / 润滑材料与技术专家	546
邱　勇 / 有机光电材料专家	548
常　青 / 建筑学家	550
陈维江 / 高电压与绝缘技术专家	552
陈云敏 / 土力学与岩土工程专家	554
韩杰才 / 材料学家	556
何雅玲 / 工程热物理专家	558
倪晋仁 / 环境水利专家	560
汪卫华 / 材料物理学家	562
宣益民 / 工程热物理专家	564
闫楚良 / 飞机寿命与结构可靠性专家	566
俞大鹏 / 材料物理学家	568
邹志刚 / 材料学家	570

陈和生	龚昌德	彭实戈	王鼎盛	王诗宬	詹文龙	张家铝
张裕恒	龙以明	王恩哥	吴岳良	邢定钰	俞昌旋	张伟平
崔向群	李安民	罗　俊	孙昌璞	席南华	郑晓静	陈永川
鄂维南	高鸿钧	潘建伟	王广厚	武向平	袁亚湘	张维岩
张肇西	陈十一	陈恕行	励建书	欧阳颀	孙　鑫	汪景琇
向　涛	赵政国	周向宇	陈仙辉	邓小刚	杜江峰	江　松
景益鹏	罗民兴	莫毅明	王贻芳	谢心澄	张平文	朱诗尧

数学物理学部

陈和生

Chen Hesheng

粒子物理学家

1946年8月29日生于湖北武汉
1970年毕业于北京大学
1984年获美国麻省理工学院博士学位
2005年当选为中国科学院院士
中国科学院高能物理研究所研究员

主要从事粒子物理实验研究，包括正负电子对撞机实验和大型强子对撞机实验、粒子天体物理实验等，并主持北京正负电子对撞机重大改造工程（BEPCⅡ）和中国散裂中子源工程的建设。对胶子物理实验研究、精确检验电弱统一理论及其参数测定做出了重要贡献。主持 α-磁谱仪大型永磁体研制。该磁体于1998年成功进行首次飞行，成为第一个送入空间的大型磁体，并于2011年送到国际空间站长期运行。主持北京正负电子对撞机重大改造工程，对撞机性能比改造前提高了两个数量级，获得重大物理成果。曾任中国科学院高能物理研究所所长。曾获国家科学技术进步奖二等奖。

数学物理学部

1. 2005年6月，在建造中的北京谱仪Ⅲ漂移室前
2. 2013年11月，在散裂中子源直线加速器隧道
3. 1983年10月，与导师丁肇中教授（右）在美国波士顿
4. 2002年10月，中美高能物理会谈期间，陈和生（右）与美国著名高能物理学家潘诺夫斯基（中）在中国高等科技中心合影
5. 2007年6月，陈和生（前）在北京谱仪Ⅲ电磁量能器装配现场
6. 1999年11月，中美高能物理委员会合作会议期间，陈和生（前排左）在美国费米国家实验室
7. 2005年12月，在北京谱仪Ⅲ探测器前

3

中国科学院院士

龚昌德
Gong Changde

物理学家

1932年7月19日生于江苏南京
1953年毕业于复旦大学
2005年当选为中国科学院院士
南京大学教授

主要从事固体物理的理论研究，在超导理论、强关联电子系以及低维凝聚态等方面进行了系统的研究工作。早期合作得到了适合强耦合超导的临界温度公式；是最早提出从范·霍夫奇异性角度解释高温超导高临界温度的作者之一；建立了有效的自旋极化子模型，统一解释了铜氧化物超导体的准粒子色散敏感地随掺杂度的异常变化；首先证明t-J模型容纳非费米液体行为；在整数和分数量子霍尔效应、拓扑平带的奇异输运性质等方面也取得了重要的进展。曾获全国科学大会奖、国家自然科学奖、国家教委科技进步奖、国家级教学成果奖等多项奖励。

数学物理学部

1. 龚昌德（右1）与国内同行讨论
2. 2005年4月，在第八届全国超导学术研讨会上作报告
3. 与比利时著名物理化学家普利高津教授（左）交流
4. 20世纪90年代中期，龚昌德（左1）指导学生李建新、李美蓉
5. 龚昌德（左5）与首届中美联合招考培养物理类研究生学生在一起
6. 龚昌德（右2）接待美国西北大学Freemann教授（右3）
7. 2012年7月，在江苏溧阳与夫人张玥明（右2）及家人合影

彭实戈 *Peng Shige*

数学家

1947年12月8日生于山东滨县
1974年毕业于山东大学
1986年获法国普罗旺斯大学博士学位
2005年当选为中国科学院院士
山东大学教授

在控制理论领域中首先获得了随机最优控制系统的一般随机最大值原理；在概率论方面，对倒向随机微分方程理论的创立做出了奠基性的贡献。首先获得非线性Feynman-Kac公式，建立了一大类非线性偏微分方程（组）与倒向随机微分方程的对应关系，将20世纪50年代初的Feynman-Kac路径积分理论推广到非线性情况；建立了动态非线性数学期望理论——G-期望理论，从而将Kolmogorov创立的概率论推广到非线性情况，并应用于模型风险计算，特别是金融风险度量的分析与计算。1995年获国家自然科学奖二等奖，2008年获陈嘉庚数理科学奖，2010年在第26届国际数学家大会作大会1小时报告，2011年获第十届华罗庚数学奖。

数学物理学部

1. 2011年，在山东威海暑期学校为研究生作报告
2. 1969年，彭实戈（右1）在山东临沂插队
3. 2008年，彭实戈（中）获陈嘉庚数理科学奖
4. 2011年，彭实戈（前排中）获英国拉夫堡大学名誉博士学位后，与D.Elworthy教授（前排左1）及马志明院士（前排右1）等合影
5. 2005年，在广东海丰参加彭湃烈士诞辰100周年纪念会与舅舅彭士禄院士（右）合影
6. 2006年，在山东济南登山
7. 2009年，和夫人郝鲁民在贵州黄果树瀑布前

中国科学院院士

王鼎盛
Wang Dingsheng

物理学家

1940年10月24日生于重庆
1962年毕业于北京大学
1966年中国科学院物理研究所研究生毕业
2005年当选为中国科学院院士
中国科学院物理研究所研究员

主要从事磁性和表面物理研究。20世纪80年代初，发展表面能带计算并成功用于吸附研究，给出了亚单层吸附降低功函数的机理。揭示了磁体表面原子的巨磁矩现象，20世纪90年代审视磁各向异性能的理论计算，消除了其中出现的不稳定性，阐明了磁各向异性能与电子结构的关系。90年代后期，发展电子能带的并行算法，实现了实用非线性光学晶体性能的能带理论计算。曾获1996年中国科学院自然科学奖，2000年国家科学技术进步奖和2001年中国物理学会叶企孙奖。

数学物理学部

1. 2006年，W. Kohn教授（左）来中国科学院物理研究所访问时与王鼎盛（中）、于渌院士探讨
2. 中美建交后的第一批自费访问学者——王鼎盛（后排右1）及其同事于1979年2月抵达美国西北大学与时任美国西北大学物理系主任吴家玮教授（后排左1）合影
3. 2001年，在印度班加罗尔召开的第一届亚洲计算材料会上作报告
4. 2007年，王鼎盛（右3）偕合作者张文清（左2）、方忠（左3）、戴希（右1）在华南理工大学物理学院院长邓文基（右2）和赵宇军（左1）教授陪同下参观孙中山先生题写的校训石碑
5. 1991年，王鼎盛（二排右1）与国家自然科学基金委员会、中国科学院高能物理研究所、西藏大学的工作人员考察西藏羊八井宇宙线实验项目
6. 2008年，中国科学院物理研究所80周年所庆，与学生合影
7. 2009年11月，王鼎盛（左1）在住宅小区里与家人合影

王诗宬

Wang Shicheng

数学家

1953年1月15日生于江苏盐城
1988年获美国加利福尼亚大学洛杉矶分校
  博士学位
2005年当选为中国科学院院士
北京大学教授

研究低维拓扑，涉及几何群论、动力系统和代数拓扑等领域。与合作者作出如下成果：发现三维流形中本质浸入曲面不能提升成有限覆叠中嵌入曲面的第一个例子；观察到卫星结上循环手术的障碍，证明了双曲流形中的浸入本质曲面边界数的有限性；在有限群作用、手性、流形嵌入、吸引子与流形拓扑间的制约等方面均有颇具创意的研究；特别是开拓和发展了三维流形间的映射研究领域，在探索覆叠度的唯一性、非零度映射的存在性、有限性、标准型及其与三维流形几何拓扑和表示体积的相互作用中，有一系列预见和佳作。曾获中国青年科学家奖、求是科技基金会求是杰出青年奖、陈省身数学家奖、国家自然科学奖二等奖。

数学物理学部

1. 在工作中
2. 插队知青王诗宬（左2）
3. 与导师Edwards教授在北京颐和园跑步之后留影
4. 2014年，王诗宬（中）在南极
5. 与导师姜伯驹院士（右）在贵州讲学之余
6. 在课堂上指导学生
7. 全家福

詹文龙
Zhan Wenlong

核物理学家

1955年10月21日生于福建厦门
1982年毕业于兰州大学
2005年当选为中国科学院院士
中国科学院近代物理研究所研究员

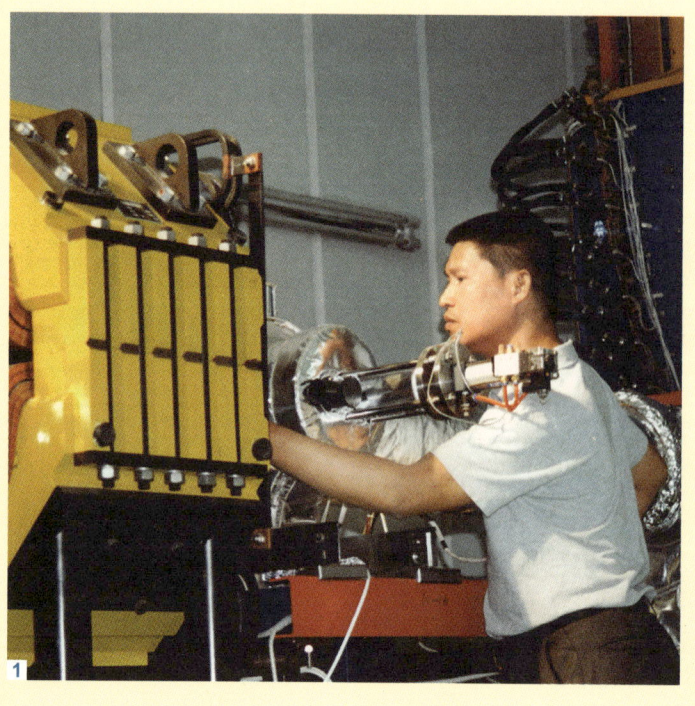

主要从事低能、中能、相对论性重离子物理研究和加速器大科学工程研制，对重离子核物理和新核素合成进行了系统性的研究，取得多项重要成果。在放射性束物理研究中发现了11种新核素，首次测量出30多种核素的质量；成功地研制出美国相对论重离子对撞机上PHENIX实验探测器的高性能飞行时间探测器的样机；研制成具有当代国际先进水平的兰州放射性束流线，并研究出一批前沿成果；成功主持兰州重离子加速器冷却储存环国家重大科学工程研制，推进高精度物理实验和重离子治癌应用研究。近期提出并协调加速器驱动先进核能系统研究。曾任中国科学院副院长。

数学物理学部

1. 在实验室
2. 詹文龙（左）在导师指导下做实验
3. 在诺贝尔奖论坛上
4. 詹文龙（右3）在四川汶川地震灾区现场
5. 2006年，在北京166中学为中学生作科普报告
6. 2010年10月1日，詹文龙（左1）在访问欧洲核子研究组织（CERN）期间实地考察大型强子对撞机（LHC）项目的超导磁体测试研发中心
7. 2010年9月30日，詹文龙（左2）访问国际热核聚变实验堆计划总部，并在总干事本岛修（左4）等陪同下实地考察场址现场的进展情况

13

张家铝

Zhang Jialü

天文学家

1938年12月14日生于江西赣州
1959年毕业于武汉大学
2005年当选为中国科学院院士
中国科学技术大学教授
2016年12月19日逝世

长期从事天体物理研究和教学工作。在辐射机制研究中，与合作者导出了弯曲磁场中的普遍公式，把同步辐射和曲率辐射这两种很重要的辐射机制统一起来，并成功地应用到 γ 脉冲星等问题，还进一步导出同步-曲率辐射的量子化公式；与合作者将电子对过程引进到吸积盘理论中，成功地解释了天鹅座X-1硬X射线难题；在中子星的热演化问题研究中，与合作者提出中子星可以通过平衡态调整释放引力能和应力能的新加热机制，被同行认为是几大加热机制之一；在宇宙大尺度结构的研究中，与学生合作最先给出了星系群-群相关函数；发现塌缩球产生的只是瞬时奇点，并不导致真裸奇点出现，对这一难题的解决起到了推动作用。

数学物理学部

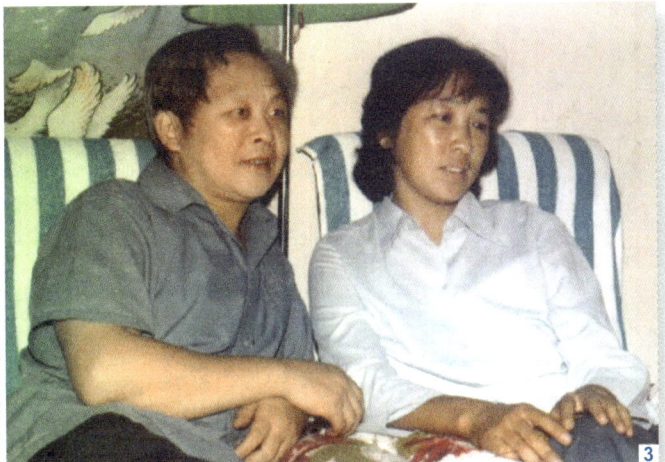

1. 1987年，工作间隙
2. 1980年，在美国华盛顿林肯纪念堂
3. 1985年，与夫人章安宜（右）
4. 1983年，在图书馆查阅资料
5. 1989年，张家铝（右2）访问俄罗斯莫斯科大学
6. 在台湾成功大学作学术报告
7. 1955年，上大学前夕与父母及家人合影

15

中国科学院院士

张裕恒
Zhang Yuheng

物理学家

1938年2月18日生于江苏宿迁
1961年毕业于南京大学
1965年中国科学院物理研究所研究生毕业
2005年当选为中国科学院院士
中国科学技术大学教授

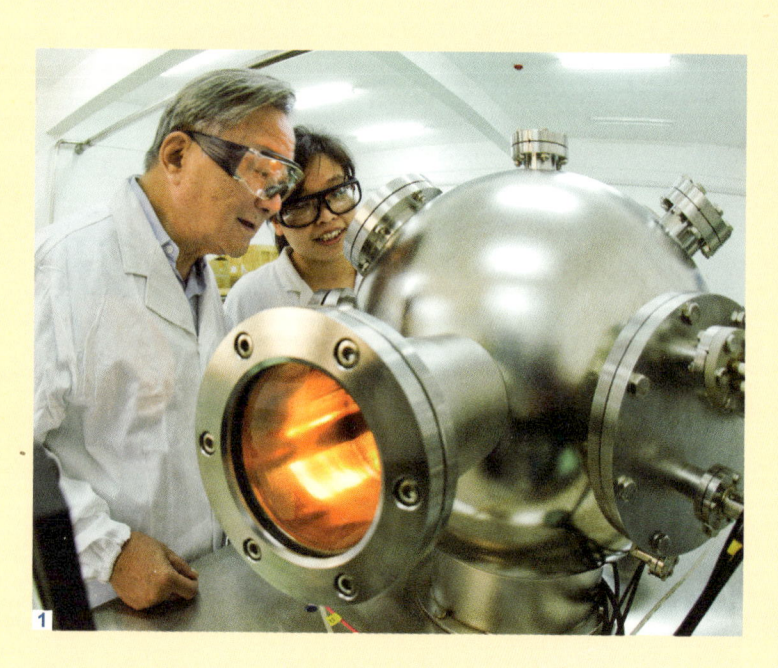

长期从事超导电性、自旋电子学、低维物理研究。提出的判断实验解决了高温超导在强电应用中的难题；设计的（YBCO）$_n$/（PrBCO）$_8$超晶格实验弄清了高温超导相变后的负Hall系数长达九年的困惑。在自旋电子学研究中澄清了两种极化子导电的争论；提出并实验证实了不同元素间的双交换作用。制备了发光强度强、不衰减、不蓝移的多孔硅，并在实验上获得硅纳米微晶中载流子的量子限域效应。编著《超导物理》一书。1993年获中国科学院自然科学奖一等奖，2009年获国家自然科学奖二等奖。

数学物理学部

1. 指导年轻人
2. 挑灯夜读
3. 在南京大学就读时期学生照
4. 张裕恒（前排右4）与部分博士、硕士生合影
5. 漫步中国科学技术大学校园
6. 给研究生讲课
7. 1997年，庆祝高温超导发现十周年时与诺贝尔物理学奖获得者贝诺斯教授（左）合影
8. 全家福

中国科学院院士

龙以明
Long Yiming

数学家

1948年10月14日生于重庆
1987年获美国威斯康星大学博士学位
2007年当选为中国科学院院士
南开大学教授

主要从事基础数学、特别是哈密顿动力系统与辛几何的研究。率先在国际上系统地建立了辛道路的指标迭代理论，并成功地应用于非线性哈密顿系统的周期解轨道的研究；在哈密顿系统给定能量的周期轨道的多重性和稳定性研究方面以及在芬斯勒流形和黎曼流形的闭测地线研究方面都获得了具有国际领先水平的系统原创性研究成果。应邀在2002年国际数学家大会上作特邀报告。2004年获国家自然科学奖二等奖和发展中国家科学院数学奖，2013年获何梁何利基金科学与技术进步奖。2008年当选为发展中国家科学院院士。2012年当选为美国数学会首批会士。

数学物理学部

1. 2005年9月，与学生们在讨论问题
2. 2005年11月，龙以明（左1）在埃及亚力山大与发展中国家科学院奖获奖者合影
3. 1987年12月，获美国威斯康星大学博士学位
4. 2012年4月，龙以明（右2）在巴西国家纯粹与应用数学研究所与国际数学联盟执委会成员合影
5. 2009年5月，与博士导师、美国科学院院士Paul Rabinowitz教授20年后又一次相聚
6. 2013年2月，与外孙在家中一起"发掘"化石模型玩具
7. 2004年5月，在加拿大露易丝湖与夫人、女儿合影

19

王恩哥

Wang Enge

凝聚态物理学家

1957年1月24日生于辽宁沈阳
1990年获北京大学博士学位
2007年当选为中国科学院院士
北京大学教授，中国科学院研究员
中国科学院副院长

主要从事凝聚态物理研究，在纳米新材料探索及其物理特性、原子尺度上的表面生长动力学以及受限系统中水的微观行为与特性等方面做出了有重要影响的工作。利用掺杂来调制纯纳米管的结构和物性，首次制备出管状碳纳米锥、CN聚合纳米钟和BCN单壁纳米管；发现表面原子运动的一些新规律，完善和发展了原子尺度的薄膜/纳米结构生长动力学；在SiO_2表面预言并证实了一种全新的二维镶嵌冰，提出了冰表面序参量的概念，从而揭示了冰表面吸附和预溶化的微观机制，与实验合作给出了水的原子分辨图像，并发现了全量子效应。曾获国家自然科学奖二等奖（2次）、亚洲计算材料科学成就奖、陈嘉庚数理科学奖、何梁何利基金科学与技术进步奖、发展中国家科学院物理奖、德国"洪堡"研究奖、周培源物理奖、世界华人物理学会"亚洲成就奖"等。2008年当选为发展中国家科学院院士。曾任北京大学校长。

数学物理学部

1. 2013年3月，就任北京大学校长
2. 1995年，王恩哥（左1）回国初与合作同事合影
3. 2010年，在北京大学才斋讲堂授课
4. 2008年11月，出席陈嘉庚科学奖基金会第二届理事会第一次会议
5. 1999年，王恩哥（左2）在中国科学院物理研究所与Rohre教授（右1）讨论问题
6. 2013年，在北京大学毕业典礼上讲话
7. 2009年，与儿子王一然（右）在西藏珠穆朗玛峰大本营（海拔5200米）

吴岳良
Wu Yueliang

理论物理学家

1962年2月4日生于江苏宜兴
1982年毕业于南京大学
1987年获中国科学院理论物理研究所博士学位
2007年当选为中国科学院院士
中国科学院理论物理研究所研究员

主要从事基本粒子物理和宇宙学等方面的研究。在正反粒子和宇称反演对称性破坏、味规范理论、中微子物理、夸克有效场论、全息量子色动力学、量子场论拓扑性质、量子场论无穷发散和圈正规化/重正化、引力量子场论和统一理论等方面做出一系列独创性的研究成果。2005年获国家自然科学奖二等奖。作为国家自然科学基金创新群体项目和973计划项目首席科学家，组织开展物质深层次结构和宇宙早期演化以及暗物质和暗能量的研究。曾任中国科学院理论物理研究所所长，中国科学院卡弗里理论物理研究所所长，理论物理国家重点实验室主任。现任中国科学院大学副校长。2014年当选为发展中国家科学院院士。

数学物理学部

1. 吴岳良（中）参与主持中国科学院卡弗里理论物理研究所（KITPC）揭牌运行仪式
2. 在中国科学院卡弗里理论物理研究所中学生拓展项目上作报告
3. 与彭桓武院士（左）和周光召院士（中）合影
4. 作为发起者组织首届国际味物理学术会议（左起：戴元本院士、美国Wolfenstein教授、德国Fritzch教授、吴岳良）
5. 在办公室工作
6. 与诺贝尔物理学奖获得者格拉肖教授交流讨论
7. 带女儿游览北京青龙峡

中国科学院院士

邢定钰 Xing Dingyu

物理学家

1945年2月3日生于上海
1967年毕业于南京大学
1981年获南京大学硕士学位
2007年当选为中国科学院院士
南京大学教授

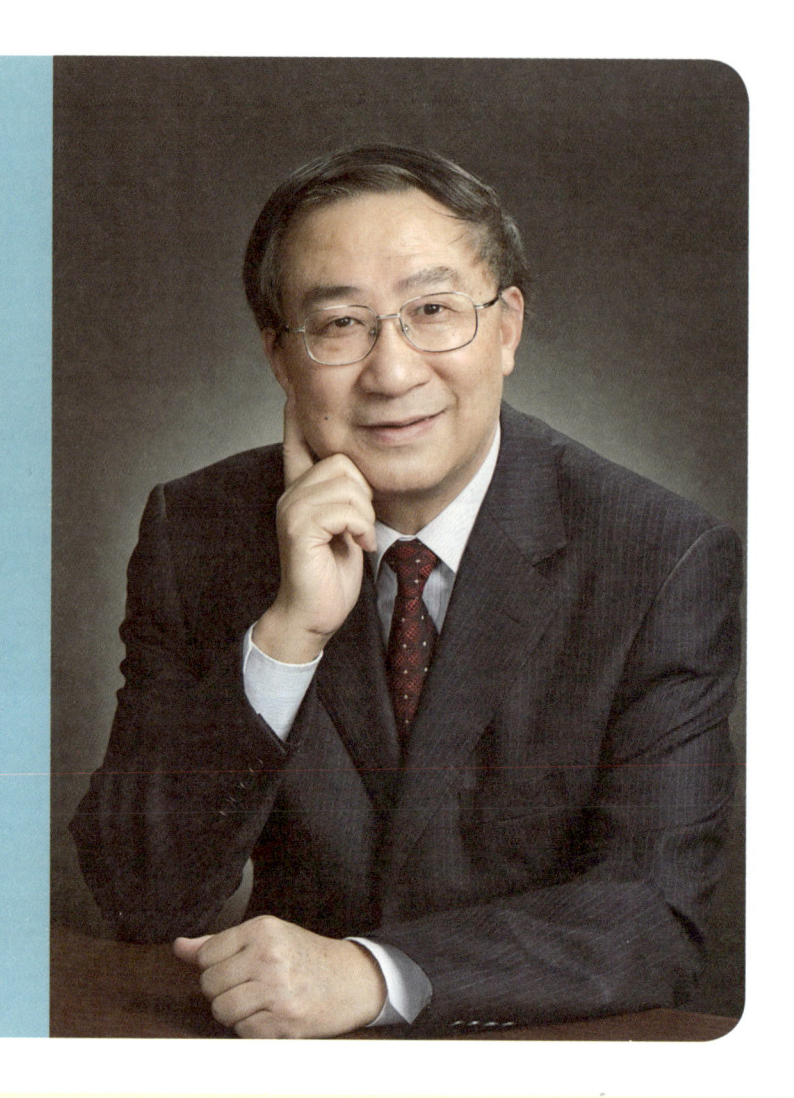

主要从事凝聚态理论、统计物理等方面的研究和教学工作。在电子和自旋的量子输运理论以及超导和关联电子体系理论等方面取得系统的重要研究成果；特别是在磁性纳米结构和掺杂锰氧化物的巨磁电阻以及高场下半导体的热电子输运研究中成果突出。2006年起连续两届担任科技部"量子调控"国家重大科学研究计划项目首席科学家。2002年获国家自然科学奖二等奖。获2001年江苏省优秀研究生导师，2008年江苏省高校教学名师，2010年获全国先进工作者等荣誉称号。

数学物理学部

1. 2014年12月，在南京大学固体微结构物理国家重点实验室
2. 2004年1月春节期间，与南京大学蒋树声校长（左）合影
3. 2010年3月，参加全国政协会议
4. 1977年10月，带儿子邢钟文在徐州市云龙湖畔
5. 2000年4月，杨振宁先生（左6）访问南京大学微结构物理国家重点实验室，与南京大学校系领导及实验室学术带头人合影。邢定钰（左1）时任实验室主任
6. 1978~1981年攻读研究生期间，在南京大学北大楼前与指导老师龚昌德院士（左）合影
7. 1986~1988年做访问学者期间，与夫人刘楣在美国洛杉矶

中国科学院院士

俞昌旋
Yu Changxuan

等离子体物理学家

1941年7月7日生于印度尼西亚
1965年毕业于中国科学技术大学
2007年当选为中国科学院院士
中国科学技术大学教授
2017年5月23日逝世

长期从事等离子体物理研究和教学工作，在磁约束等离子体湍流和反常输运、实验室等离子体非线性动力学、等离子体诊断等方面取得多项有重要创新意义的研究成果。曾获中国科学院自然科学奖二等奖、中国科学院科技成果奖二等奖、中国科学院科技进步奖三等奖2项，以及军队科技进步奖二等奖。曾获全国优秀教师奖章。

数学物理学部

1. 2008年,俞昌旋(左)与刘万东教授(右)和来访的美国加利福尼亚大学戴维斯分校Luhmann教授(中)在EAST全超导托卡马克装置前合影
2. 2011年,俞昌旋(前排左1)与中国科学技术大学物理天文学位分委员会成员合影
3. 2004年,在"神光Ⅱ"高功率激光实验装置靶室前
4. 2012年,在家中阅读
5. 2009年,俞昌旋(左6)与答辩委员会及学生谢锦林在近代物理系楼前合影
6. 2008年,在安徽合肥与杨国桢院士(右)合影
7. 2012年,与夫人在校园合影

张伟平

Zhang Weiping

数学家

1964年3月26日生于上海
1985年毕业于复旦大学
1993年获法国巴黎第十一大学博士学位
2007年当选为中国科学院院士
南开大学教授

主要从事整体微分几何的研究。在关于解析挠率、eta不变量、几何量子化等与Atiyah-Singer指标理论相关的研究课题上取得一系列国际前沿的研究成果。2001年获中国十大杰出青年称号。1995年获求是科技基金会求是杰出青年学者奖，1996年获国家杰出青年科学基金，1999年任首届教育部"长江学者奖励计划"特聘教授，2001年获发展中国家科学院数学奖，2001年获教育部"长江学者"成就奖一等奖，2003年获中国数学会陈省身数学奖，2005年获国家自然科学奖二等奖。2002年在国际数学家大会上作45分钟邀请报告。2001年当选为发展中国家科学院院士。

数学物理学部

1. 与博士论文导师Bismut教授（中）和合作者戴先哲教授（右）在天津海河合影
2. 与麻小南教授（右）在上海讨论学术问题
3. 与著名数学家Atiyah教授（左）在南开大学校园合影
4. 学术演讲中
5. 与同行交流（左起：陈晓漫、郁国樑、张伟平）
6. 张伟平（右）与葛墨林院士（左）、扶磊教授（中）在南开大学陈省身数学研究所
7. 与几何学家在日本冲绳（左起：丁青、张伟平、田刚、李嘉禹、李海中、朱熹平、成庆明）

29

崔向群
Cui Xiangqun

天文学家

1951年12月25日生于重庆万州
1975年毕业于南京理工大学
1995年获中国科学院紫金山天文台博士学位
2009年当选为中国科学院院士
中国科学院南京天文光学技术研究所研究员

主要从事大型天文望远镜、主动光学、大口径非球面光学等研究。负责研制成功我国自主创新的、世界上独一无二的最大口径的大视场望远镜暨光谱获取率最高的望远镜——大天区面积多目标光纤光谱天文望远镜（LAMOST）；在国际上首先发展了薄变形镜面和拼接镜面相结合的主动光学方法；首先在我国发展了主动压力抛光大口径深度非球面技术，以及磨制大口径超薄光学镜面的技术；是在南极冰穹A开展天文观测的两位发起人之一。曾获国家科学技术进步奖二等奖和江苏省科学技术进步奖一等奖各2项，江苏省科学技术进步奖二等奖1项。2013年获何梁何利基金科学与技术进步奖。2010年当选为发展中国家科学院院士。曾任中国科学院南京天文光学技术研究所所长。

数学物理学部

1. 2009年9月，在国家天文台兴隆观测基地，LAMOST总调试（左起：王佑、张振超、戚永军、李烨平、陆启帅、崔向群）
2. 1997年11月，崔向群率LAMOST专家组访问美国斯隆巡天计划（SDSS），与美国著名天体物理学家Jim Gunn教授交流时合影（左起：李国平、王亚男、崔向群、Jim Gunn、姚正秋）
3. 1992年，与同在欧洲南方天文台（ESO）工作和留学的中国天文学者合影。左起：崔向群、刘晓为、王力帆、朱能鸿、赵刚
4. 1985年，在英国Jodrell Bank射电天文台访问工作
5. 2003年，与南京天文光学技术研究所的专家们一起参加在澳大利亚悉尼召开的国际天文学联合会大会（左起：李国平、朱永田、崔向群、苏定强、羿美良、杨德华）
6. 2007年6月，LAMOST的4位倡议人合影于即将建成的LAMOST前（左起：王亚男、苏定强、王绶琯、崔向群）
7. 2010年12月，崔向群（右1）42年来第一次回家与父母和妹妹一起过自己的生日

31

李安民

Li Anmin

数学家

1946年9月20日生于四川大竹
1969年毕业于北京大学
1981年获北京大学硕士学位
2009年当选为中国科学院院士
四川大学教授

从事整体微分几何的研究与教学，在仿射微分几何、辛拓扑、环簇上的极值Kahler度量等方面作出了重要成果。与Udo Simon等人合作撰写的专著《Global Affine Differential Geometry of Hypersurfaces》已成为该领域的基本文献；与阮勇斌合作提出并建立了相对GW不变量理论，证明了辛切割下的黏合公式，该工作在很多方面有重要应用并得到国际同行的广泛引用。1993年获国家自然科学奖三等奖，1995年获求是科技基金会求是杰出青年学者奖。

数学物理学部

1. 与学生交流
2. 在办公室
3. 李安民（左）与柯召院士（中）和陆文端教授（右）在四川大学数学所门前亲切交谈
4. 在德国洪堡基金组织的活动期间在莱茵河上留影
5. 李安民（右2）在德国洪堡基金组织的活动期间与其他几位中国学者合影
6. 授课
7. 李安民（前排右1）与张恭庆院士（前排右2）、刘应明院士（前排右3）和四川大学数学学院的领导一起合影

中国科学院院士

罗 俊 *Luo Jun*

引力物理学家

1956年11月6日生于湖北仙桃
1982年毕业于华中理工大学
1999年获中国科学院测量与地球物理研究所博士学位
2009年当选为中国科学院院士
中山大学教授、校长

长期从事引力实验的精密测量物理研究。开展的牛顿万有引力常数G的精确测量，实验结果被国际科技数据委员会（CODATA）基本物理常数任务组收录；开展的光子静止质量的实验检验，实验结果被国际粒子物理数据组（PDG）收录；开展的近距离牛顿反平方定律的实验检验，实验结果将国际同行的实验精度提高8倍；自主研制的空间加速度计已成功进行卫星搭载实验；研制的冷原子干涉重力仪达到国际先进水平。

数学物理学部

1. 在实验室
2. 2004年1月，应邀访问欧洲核子研究中心期间，罗俊（左）在丁肇中教授（右）家中做客
3. 罗俊（左）与外籍专家讨论
4. 在意大利比萨斜塔
5. 1998年3月，罗俊（右2）与研究生讨论测量牛顿万有引力常数G
6. 2010年2月，周济院士（右）参观实验室，李培根校长（左）、罗俊（中）陪同，正式启动精密重力测量基础设施申报工作
7. 与夫人合影

35

中国科学院院士

孙昌璞
Sun Changpu

理论物理学家

1962年7月17日生于辽宁新金
1984年毕业于东北师范大学
1992年获南开大学博士学位
2009年当选为中国科学院院士
中国工程物理研究院北京计算科学研究中心研究员

主要从事量子物理、数学物理和量子信息的基础理论研究。提出q变形玻色子概念，由此构造杨-Baxter方程新型解，给出其微观解释，并应用到量子信息存储；建立退相干的因子化模型，发现量子临界环境的动力学敏感性及其对诱导退相干的增强效应，得到实验多次验证；研究纳米机械冷却和基于超导量子电路的量子信息处理，提出固体系统实现量子态传输的理论方案；建立量子绝热过程的非绝热修正理论，指出诱导规范场可观测效应和利用它分离手征分子的方案。曾当选为全国先进工作者，获国家自然科学奖二等奖、中国科学院青年科学家奖一等奖等。2011年当选为发展中国家科学院院士。

数学物理学部

1. 2007年，指导学生和博士后
2. 1992年，在杨振宁教授（右）指导下从事研究
3. 2013年，工作中交流讲解
4. 2011年，孙昌璞（左2）在学生论文答辩会上
5. 1989年，孙昌璞（右）在南开大学读书的日子，与导师葛墨林教授等在一起
6. 2010年，孙昌璞（前排左2）与国内外部分合作者合影
7. 2011年，与夫人白雪秋教授合影

37

中国科学院院士

席南华

Xi Nanhua

数学家

1963年3月13日生于广东英德
1981年毕业于怀化师范高等专科学校
1988年获华东师范大学博士学位
2009年当选为中国科学院院士
中国科学院数学与系统科学研究院研究员

研究代数群和量子群。对仿射A型Weyl群证明了Lusztig关于双边胞腔的基环的猜想；确定了Deligne-Langlands关于仿射Hecke代数的猜想成立的充要条件；与Lusztig合作发现了典范左胞腔；与Tanisaki合作对仿射A型Hecke代数证明了Ginzburg教授的一个猜想，并证明了Ginzburg教授的这个猜想在有理数域上成立；证明了特征p上的非单位根处的量子群的有限维表示的性质与特征0的代数群的表示类似；对单位根处的量子群的不可约表示给出一个清楚具体的实现；与Chari合作构造了量子群的单项基。2001年获晨兴数学银奖，2005年获中国数学会陈省身数学奖，2007年获国家自然科学奖二等奖。

数学物理学部

1. 与日本Shoji教授（左）合影
2. 1998年，博士毕业时
3. 1990年，与学长合影
4. 2001年，在台湾台北参加华人数学家大会
5. 2007年，席南华（左4）与怀化师范高等专科学校同学在一起
6. 2010年，在母校怀化师范高等专科学校（现怀化学院）座谈
7. 席南华（左2）与家人和Shoji教授（右）、Ariki教授（左）合影

中国科学院院士

郑晓静

Zheng Xiaojing

力学家

1958年5月12日生于湖北武汉
1982年毕业于华中科技大学
1987年获兰州大学博士学位
2009年当选为中国科学院院士
西安电子科技大学教授、校长
兰州大学教授

从事弹性力学、电磁固体力学和风沙环境力学的教学和科研，解决了非线性圆薄板方程的精确求解，提出了可变形铁磁材料的磁力表征和本构模型，揭示出风沙电现象的规律和影响，定量预测出不同条件下风成地貌过程和沙漠扩展速度。2010年当选为发展中国家科学院院士。曾获国家自然科学奖二等奖、国家科学技术进步奖二等奖和何梁何利基金科学与技术进步奖。

数学物理学部

1. 在甘肃民勤风沙监测现场
2. 郑晓静（中）在加拿大从事访问研究期间与合作者合影
3. 郑晓静（左）向来访的美国工程院院士F.C.Moon教授介绍团队研究工作进展
4. 作为第一完成人的项目"电磁材料结构多场耦合非线性力学行为的理论研究"获2008年国家自然科学奖二等奖
5. 2011年，郑晓静（前排右）在发展中国家科学院总部接受发展中国家科学院院士证书
6. 2011年9月，应邀赴德国科隆出席"Dust Cycle and Climate Change：Past，Present and Future"风蚀与环境力学国际学术会议期间留影
7. 2013年，在西安电子科技大学研究生学位授予仪式上致辞

41

陈永川

Chen Yongchuan

数学家

1964年3月3日生于四川南充
1984年毕业于四川大学
1991年获美国麻省理工学院博士学位
2011年当选为中国科学院院士
南开大学教授

主要从事组合数学的研究和教学工作。提出了一种树的结构和树的计数方法；建立了上下文无关文法与微分算子的联系，为一类经典哑演算方法奠定了严格的基础；解决了G. Andrews关于Ramanujan恒等式的问题、P. Shor关于树的Cayley公式的问题、R. Stanley关于斜分拆的秩的猜想；解决了集合划分上嵌套数与交叉数的同分布问题，引发了计算生物学中伪扭结研究的重要进展；将组合数学用于量子角动量理论的研究，建立了Schwinger公式与MacMahon定理之间的联系，证明了斜阶乘Schur函数的对称性猜想。1997年获联合国教育、科学及文化组织"侯赛因"青年科学家奖，2011年获中国数学会陈省身数学奖。

数学物理学部

1. 2012年，与吴文俊院士（右）出席天津大学应用数学中心成立仪式
2. 1999年，在南开大学与陈省身先生（右）交流
3. 1998年，与导师Gian-Carlo Rota教授（左）在一起
4. 2013年，在"The Combinatorics of q-Series and Partitions"会议上，与美国科学院院士、美国数学会前任会长George Andrews教授（右）合影
5. 1997年，陈永川在法国巴黎获联合国教育、科学及文化组织"侯赛因"青年科学家奖
6. 2013年，陈永川（右4）和毕业生合影
7. 登山留影

43

中国科学院院士

鄂维南
E Weinan

数学家

1963年9月11日生于江苏靖江
1982年毕业于中国科学技术大学
1989年获美国加利福尼亚大学洛杉矶分校博士学位
2011年当选为中国科学院院士
北京大学教授
美国普林斯顿大学教授

主要从事计算数学、应用数学及其在大数据分析、力学、物理、化学和工程等领域中的应用等方面的研究。将数学模型、分析和计算美妙地结合起来，并对现实世界的重要现象提供了新的见解。1996年获美国青年科学家和工程师总统奖，1999年获冯康科学计算奖，2003年获第五届国际工业与应用数学家大会科拉兹奖（Collatz Prize），2009年获美国工业与应用学会Kleinman奖，2014年获美国工业与应用学会von Karman奖等。

数学物理学部

1. 与北京大学学生讨论
2. 2013年，在北京大学应用数学教学实验室第一届学术研讨会上作报告
3. 2013年10月，鄂维南（左）在湖南长沙参加2013年中国计算机大会
4. 鄂维南（前排右）漫步北京大学校园
5. 1996年，鄂维南（中）获美国青年科学家和工程师总统奖
6. 2013年，鄂维南（前排左5）与北京大学应用数学教学实验室第一届学术研讨会与会者合影
7. 与家人合影

45

中国科学院院士

高鸿钧
Gao Hongjun

凝聚态物理学家

1963年8月1日生于安徽怀远
1994年获北京大学博士学位
2011年当选为中国科学院院士
中国科学院物理研究所研究员

主要从事实验凝聚态物理和扫描探针显微学等方面的研究。首次在Au表面构造了具有固定偏心轴的单个分子转子及其大面积有序阵列，并实现了调控；首次在1 nm尺度上分别实现了可逆的电导转变和可逆的单个自旋态转变，原理上实现了280 Tb/in^{2}的超高密度信息存储；发现了获得毫米级、高度有序Graphene的方法，进一步实现了在外延石墨烯和Ru间的硅插层，为石墨烯在与硅基融合的未来信息技术中的应用开辟了新途径。曾任国际真空科学技术与应用联合会纳米科学委员会主席。曾获德国洪堡基金"洪堡研究奖"、发展中国家科学院"物理奖"、全球华人物理学会"亚洲成就奖"以及中国科学院杰出科技成就奖、国家自然科学奖二等奖等。2012年当选为发展中国家科学院院士。

数学物理学部

1. 在实验室做实验
2. 1991年，高鸿钧（中）在北京大学-北京真空物理开放联合实验室学习
3. 2002年，高鸿钧（左1）等搭建低温扫描探针显微镜
4. 2010年，高鸿钧（左1）陪同诺贝尔奖获得者A.Geim教授（中）访问实验室
5. 2010年，在印度接受印度辛格总理颁发的发展中国家科学院物理奖
6. 2012年，高鸿钧（前排右）向中国科学院院长白春礼院士（前排左）汇报实验室工作
7. 2010年，高鸿钧（右2）参与国际合作团队会议后的考察活动

潘建伟 Pan Jianwei

物理学家

1970年3月11日生于浙江东阳
1992年毕业于中国科学技术大学
1999年获奥地利维也纳大学博士学位
2011年当选为中国科学院院士
中国科学技术大学教授

主要从事量子信息和量子力学基础问题检验等方面的研究和教学工作。利用量子光学手段，在量子非定域性检验、量子通信、量子计算、量子模拟和量子度量学等方面取得了一系列有重要意义的研究成果，特别是首次实验实现了量子隐形传态，在多光子纠缠操纵、实用化光纤量子通信、自由空间量子通信和冷原子量子中继的研究中取得了重要的突破。2005年获欧洲物理学会菲涅尔奖、求是科技基金会求是杰出科学家奖，2012年获国际量子通信、测量与计算学会"国际量子通信奖"，2013年获何梁何利基金科学与技术成就奖。2012年当选为发展中国家科学院院士。

数学物理学部

1. 2009年10月，在中国科学技术大学多光子纠缠实验室
2. 2012年11月，在中国科学技术大学冷原子实验室
3. 2013年10月，潘建伟（左）在北京获颁2013年何梁何利基金科学与技术成就奖
4. 2008年8月，担任北京奥运会第73号火炬手
5. 2011年7月，潘建伟（中）与时任奥地利科学院院长Helmut Denk教授（右3）、副院长Arnold Suppan教授（左2）、现任奥地利科学院院长Anton Zeilinger教授（右2）调研讨论双方洲际量子通信实验合作方案时合影
6. 2001年，潘建伟（中）入选中国科学院"百人计划"回国工作，在中国科学技术大学近代物理系开始建设量子信息实验室，与实验室早期主要成员合影
7. 与夫人、女儿合影

中国科学院院士

王广厚
Wang Guanghou

物理学家

1939年11月1日生于安徽肥西
1963年毕业于北京师范大学
2011年当选为中国科学院院士
南京大学教授

主要从事原子分子团簇物理及粒子与固体相互作用的研究。1984年起，在国内率先开展团簇的实验和理论研究，取得了一系列创造性成果。发现了溅射离子团簇的同位素效应。首先观察到硅团簇表面振动模及其量子特性、氟化锂团簇一阶和多阶拉曼散射及声学声子增强效应。发现了包裹团簇的纳米喷射以及金团簇在硅晶表面形成的纳米结构具有多道共振隧穿特性。建立了过渡金属团簇经历金属—非金属、磁性—非磁性转变的尺寸方程。揭示了金属原子线的生长序列及其由原子链状经螺旋多壳向晶态的演变规律。带领研究组自行设计和研制成功多台团簇实验装置，并以团簇为基元制备了多种具有奇异性质的纳米结构和纳米材料。著有《粒子同固体相互作用物理学》《团簇物理学》等专著。获2010年国家自然科学奖二等奖、2003年胡刚复物理奖以及教育部科学技术进步奖一等奖等9项奖励和10多项发明专利。

数学物理学部

1. 2010年，"原子团簇和团簇组装的尺寸效应及奇特物性"获国家自然科学奖二等奖
2. 2012年4月，在澳门科技大学访问并作学术报告
3. 2004年，王广厚(前排右19)在南京主持召开"第12届小颗粒与无机团簇国际会议"（ISSPIC·XⅡ）
4. 1988年6月，王广厚（右1）在香港出席第三届亚洲及太平洋物理学大会，与魏荣爵教授（左1）、杨振宁教授（左2）、郭可信教授（右2）在一起
5. 1981年，在美国费米国家实验室作科研实验时，与诺贝尔奖获得者Georges Charpak教授（左）在一起
6. 1995年，在自行设计研制成功的低能团簇束流装置（LECBD）上工作
7. 2009年5月，王广厚（右2）访问美国南加利福尼亚大学，与该校物理学教授讨论研究成果

51

中国科学院院士

武向平
Wu Xiangping

天体物理学家

1961年1月27日生于陕西黄龙
1982年毕业于西北电讯工程学院
1989年获中国科学院北京天文台博士学位
2011年当选为中国科学院院士
中国科学院国家天文台研究员

主要从事天体物理和宇宙学的研究，在理论天体物理和观测宇宙学等方面做出了出色成绩，在新疆天山地区领导建设了用于"宇宙第一缕曙光探测"的低频射电望远镜阵列21CMA。已在国际学术期刊发表论文近百篇。1999年获中国科学院自然科学奖一等奖，2000年获国家自然科学奖二等奖，1994年获中国青年科学家奖，1999年获科技部"野外科技工作者先进个人"称号，2011年获何梁何利基金科学与技术进步奖。

数学物理学部

1. 2011年10月，在北京何梁何利基金科学与技术进步奖的颁奖大会现场
2. 2011年4月，重返法国巴黎墨东天文台，享受着久违了的阳光和草地
3. 2015年，在北京清华大学附属中学与参加夏令营的中学生交流
4. 2003年11月，为寻选适合21CMA的台址，深入新疆天山深处，风餐露宿，测量电波环境
5. 作学术报告
6. 2008年5月，在俄罗斯普希诺天文台与正副两位台长讨论合作研究事宜
7. 2013年12月，与女儿合影

中国科学院院士

袁亚湘
Yuan Yaxiang

数学家

1960年1月20日生于湖南资兴
1981年毕业于湘潭大学
1986年获英国剑桥大学博士学位
2011年当选为中国科学院院士
中国科学院数学与系统科学研究院研究员

主要从事计算数学、应用数学、运筹学等方面的研究工作。在最优化计算方法的构造、理论分析以及应用等方面取得了系统的重要研究成果。特别是在信赖域法、拟牛顿法、非线性共轭梯度法等方向上做出了突出的贡献。1996年获中国青年科学家奖，1998年获"中国十大杰出青年"称号，2006年获国家自然科学奖二等奖，2011年获中国数学会陈省身奖，2014年获发展中国家科学院数学奖。2015年当选为发展中国家科学院院士。曾任中国科学院计算数学与科学工程计算研究所所长。

数学物理学部

1. 2006年，袁亚湘（右2）获国家自然科学奖二等奖
2. 给学生授课
3. 1985年，获首届青年国际数值分析奖时，袁亚湘（左1）与英国牛津大学L. Fox教授（左3）及其他获奖者合影
4. 与MATLAB软件创始人Moler教授（左）交流
5. 作学术报告
6. 参加国际会议时带学生参观德国柏林
7. 与女儿袁瑗合影于美国麻省理工学院

中国科学院院士

张维岩

Zhang Weiyan

物理学家

1956年3月18日生于北京
1982年毕业于北京大学
1988年获比利时布鲁塞尔自由大学博士学位
2011年当选为中国科学院院士
中国工程物理研究院北京应用物理与计算数学研究所研究员

长期从事激光驱动惯性约束聚变大科学工程研究，是我国激光聚变研究的主要领导人、技术决策人和工程实施组织者之一，在激光聚变靶物理研究以及激光聚变大科学工程的战略目标确定、技术路线选择、组织实施策划等方面发挥了关键作用和做出了重要贡献。2001年获军队武器装备科技进步奖二等奖，2009年获国家科学技术进步奖二等奖。

数学物理学部

1. 在"神光-Ⅲ"主机装置首束出光庆祝会上讲话
2. 2013年5月,在"神光"青年论坛上作报告
3. 2013年1月,张维岩(前排左)代表中国工程物理研究院与中国科学院签署战略合作框架协议
4. 2012年7月,张维岩(左)在"神光"装置15KJ实验现场
5. 1976年,张维岩(前排右1)到北京延庆下乡
6. 2013年8月,张维岩(右3)在北京参加惯性约束聚变技术主题20周年学术报告会
7. 2000年,在北京应用物理与计算数学研究所与周光召先生(中)、贺贤士先生(右)讨论问题

57

中国科学院院士

张肇西

Zhang Zhaoxi

粒子物理学家

1940年7月9日生于广西，籍贯河北唐山
1963年毕业于中国科学技术大学
2011年当选为中国科学院院士
中国科学院理论物理研究所研究员

主要从事理论物理和粒子物理理论研究。基于微扰量子色动力学，独立发表的关于J/ψ粒子强产生的研究论文原创性地提出了直接强产生J/ψ粒子的"色单态机制"，成为重夸克偶素研究中提出该机制的代表性论文常被引用；理论上系统研究了标准模型中唯一明显"双重味"介子Bc的性质，正确地计算了b夸克到Bc介子的碎裂函数；Z玻色子衰变中和强子对撞中产生Bc介子及其激发态的横动量分布和截面；计算了Bc介子的主要衰变道及直接计算Bc介子的衰变寿命等，在此基础上，预言了实验观测Bc介子的可能途径和方法。在其理论指导下，美国费米国家实验室如预言于1998年在高能强子对撞机上发现了Bc介子。之后又撰写（并及时升级）了蒙特卡罗强子产生Bc介子和"双重味重子"的理论"产生子"程序等，对相关实验研究极其有用。曾获中国科学院自然科学奖一等奖、中国物理学会吴有训物理奖等。

数学物理学部

1. 在办公室专心工作
2. 张肇西（右2）与学生一起观赏北京香山红叶
3. 1996年，出席亚太理论物理中心（APCTP）成立学术会议时与J. Ellis教授合影
4. 1986年，在北京重味强子物理讨论会上作学术报告
5. 1986年，张肇西（左）与赵光达院士（中）在美国纽约祝贺诺贝尔奖获得者李政道教授（右）六十寿辰会上合影
6. 在办公室指导学生
7. 1990年，全家福

59

中国科学院院士

陈十一

Chen Shiyi

流体力学家

1956年10月1日生于浙江天台
1981年毕业于浙江大学
1987年获北京大学博士学位
2013年当选为中国科学院院士
南方科技大学教授、校长

主要从事湍流研究领域的教学和科研工作，其相关研究成果已被国际湍流界广泛引用。首次精确计算出湍流的标度指数和对流扩散过程的标度指数；提出了湍流中的映射封闭理论，成为燃烧和湍流扩散的重要理论与数值计算基础；提出了自然界中大尺度旋涡形成机理，解释了能量反积蓄；利用多尺度混合算法研究了跨越多个空间、时间尺度的流体物理，首次精确计算了有奇异性的流动现象，微纳米流体流动、燃料电池、生物系统等会有广阔的应用；发展了湍流中的混合算法，给出了阻力和分离流的精准的湍流计算模型。在大飞机外形设计方面取得了重要进展，并应用于国家重大项目。在可压缩湍流的基础研究上也取得了突破，领导的湍流研究团队获得国家自然科学基金"创新团队"称号；主持国家工业和信息化部"民用飞机气动力预测新方法和优化设计"的研究项目，开展了工业计算流体力学软件的开发研究工作，该软件已用于中国商用飞机的设计。

数学物理学部

1. 2011年，主持在北京大学召开的全球工学院院长大会并致辞
2. 2015年，在上海给中学生作演讲
3. 2010年，北京大学工学院毕业典礼上为学生拨穗
4. 2015年，在南方科技大学第一届理事会第五次会议上发言
5. 2015年，在南方科技大学开学典礼上发言
6. 课堂上

61

中国科学院院士

陈恕行
Chen Shuxing

数学家

1941年6月20日生于上海，籍贯浙江镇海
1962年毕业于复旦大学
1965年复旦大学研究生毕业
2013年当选为中国科学院院士
复旦大学教授

长期从事偏微分方程理论与应用的研究，特别是关于高维非线性守恒律方程组与激波的数学理论研究。给出了三维尖前缘机翼和尖头锥体的超音速绕流问题含附体激波解的局部存在性与稳定性的严格数学论证，在解决这一长期悬而未决的难题中取得突破性进展，为实验与计算结果提供了严密的数学基础；应用偏微分方程理论证明了在激波反射中频繁出现的马赫结构的局部稳定性，其研究成果发表在有很高知名度的《Journal of the American Mathematical Society》等国际数学杂志上。曾获国家自然科学奖二等奖2项，在2010年召开的国际数学家大会上作45分钟邀请报告。

数学物理学部

1. 2013年，为研究生做讲解
2. 1986年4月，在天津南开大学举行的"偏微分方程主题年"期间与瑞典皇家科学院院士Lars Garding教授讨论数学问题
3. 2010年8月，在印度海德拉巴参加国际数学家大会
4. 2001年12月，在上海复旦大学主持召开偏微分方程会议期间与美国科学院院士P.D.Lax合影
5. 1987年，到美国杜克大学访问，与该校数学系主任M.Reed教授合影
6. 2000年1月，代表复旦大学师生联合代表队参加国际高校围棋邀请赛
7. 2008年7月，与夫人王莲珠登上长城山海关

励建书 *Li Jianshu*

数学家

1959年11月8日生于浙江萧山
1981年毕业于浙江大学
1987年获美国耶鲁大学博士学位
2013年当选为中国科学院院士
香港科技大学教授

主要从事李群的无穷维表示、数论、自守型理论等领域的研究和教学工作。在非交换调和分析、自守型的谱理论、局部对称空间、半单群的奇异酉表示等方面做出了重要贡献，特别是建立了算术流型的一些关键同调群的非零性，对Thurston关于双曲流型的第一贝蒂数的猜想及相应的正交群的同余子群问题取得了重要的突破；与合作者一起提出和发展了自守对偶的理论，构造了典型群的奇异酉表示，并对这些表示作出了刻画和分类。曾获美国斯隆研究奖。应邀参加1994年国际数学家大会并作邀请报告。

数学物理学部

1. 2006年，与数学家杨乐院士（右）和 J. Coates教授（中）在一起
2. 1996年，访问香港科技大学
3. 2008年，与数学家M. Atiyah教授在一起
4. 2007年，与大学时的英语老师钟小满先生在一起
5. 1994年，瑞士国际数学家大会期间，与第一位美国导师、康奈尔大学的 W. Fuchs教授在一起
6. 1994年，励建书（右）参加瑞士国际数学家大会，左为数学家李俊教授
7. 2012年，在母校浙江大学讲课

中国科学院院士

欧阳颀
Ouyang qi

非线性科学与生物物理学家

1955年7月19日生于江苏南京，籍贯安徽天长
1982年毕业于清华大学
1989年获法国波尔多第一大学博士学位
2013年当选为中国科学院院士
北京大学教授

主要从事非线性科学及物理生物交叉科学研究和教学工作。在非线性动力学实验研究中首次发现二维图灵斑图，证实了图灵在1952年提出的斑图形成机制；在反应扩散系统中发现了一系列螺旋波失稳现象并对其机制做出理论解释；将非线性科学方法运用于系统生物学与合成生物学研究，在对酵母菌细胞周期网络的研究中发现重要的动力学特征；在生物调控网络研究中发现调控网络的功能、动力学性质与拓扑结构之间存在强关联；应用非线性动力学方法设计并实现了一系列生物控制器件。2007年获北京市自然科学奖一等奖，2009年获国家自然科学奖二等奖。

数学物理学部

1. 1994年，在清华大学和李如生老师（右）合影
2. 2012年，在周培源物理奖颁奖大会上，接受陈佳洱院士颁奖
3. 1999年，欧阳颀（前）在北京大学工作后与招收的第一批博士后、博士生和本科生合影
4. 1990年，博士后学习期间在美国得克萨斯大学非线性动力学实验室开展研究
5. 教学期间与学生交流
6. 1987年，博士学习期间在法国波尔多Pascal研究所做非线性动力学实验研究
7. 2006年，登山小憩

孙鑫 Sun Xin

凝聚态物理学家

1938年7月15日生于江苏扬州
1960年毕业于复旦大学
2013年当选为中国科学院院士
复旦大学教授

主要从事统计物理和凝聚态理论研究，近年着重将凝聚态物理和高分子化学相结合，研究有机光电功能的机理。曾解析求得相变理论中的临界指数 $\delta = 7$，并表明其能满足全部七个Scaling等式；与合作者预言了孤子存在一类新的振动模，后来得到实验证实；发展了宽能带的π电子关联理论，澄清了高分子"共轭结构"产生原因的争论；提出高分子具有"光致极化反转"、自旋载子的"光致电荷变号"等一系列独特的光电功能。曾获国家教委科学技术进步奖二等奖。

数学物理学部

1. 1995年，在德国斯图加特市马普实验室，与瓦尔夫教授讨论问题
2. 1994年，孙鑫（二排右2）与学生们在一起
3. 1995年，在母校扬州中学
4. 1999年，在新年晚会上献唱
5. 2002年，与A.Epstein教授交谈
6. 1998年，孙鑫（右）在日本参加学术会议出席晚宴
7. 2009年，与家人合影

69

汪景琇 Wang Jingxiu

太阳物理学家

1944年5月21日生于辽宁抚顺
1969年毕业于北京大学
1987年获中国科学院北京天文台博士学位
2013年当选为中国科学院院士
中国科学院国家天文台研究员

长期从事太阳磁场和太阳活动研究。与合作者系统地提出了对太阳向量磁场研究的方法、概念和表征量，定量描述太阳活动区磁能积累过程；发现活动区磁剪切具有总体规则性，对活动区磁螺度最早给出定量估计。由向量磁场观测，发现太阳低层大气中磁重联存在的证据，提出太阳活动中存在两阶段磁重联的思想。通过前所未有的定量测量，提出太阳网络内磁场是区别于黑子和网络磁场的内禀弱磁场分量，对太阳总磁通量有重要贡献。2009年获国家自然科学奖二等奖，2012年获中国天文学会张钰哲奖。

数学物理学部

1. 2010年1月，出席国家科学技术奖励大会，获奖后参观获奖成果展并留影纪念
2. 2009年7月，汪景琇（左2）在浙江杭州天荒坪观测日全食，与印度天体物理研究所、法国巴黎天文台的太阳物理学同事合影
3. 1964年秋，汪景琇（前排左1）与北京大学地球物理系63级2班同学在香山合影
4. 2012年10月，汪景琇（后排右2）参加"中国天文过去、现在和未来"研讨会期间，庆贺导师王绶琯院士（前排左）90华诞
5. 2011年12月，第7次访问美国加利福尼亚理工学院，参加"日珥2012"学术会议
6. 2009年7月，汪景琇（右1）到青海德令哈考察紫金山天文台13.7米毫米波射电望远镜运行情况
7. 2012年夏，在北京奥林匹克森林公园与妻子孟秋芬和外孙女容容看百亩葵花展

向涛 Xiang Tao

物理学家

1963年4月12日生于湖北兴山
1984年毕业于清华大学
1990年获中国科学院理论物理研究所博士学位
2013年当选为中国科学院院士
中国科学院物理研究所研究员

主要从事凝聚态理论研究。提出并建立了动量空间密度矩阵重正化群、量子转移矩阵重正化群以及基于虚时演化和二次重正化变换的张量重正化群方法，解决了多体量子模型的热力学量及其他物理量的计算问题；提出了高温超导电子层间相干运动的微观模型，正确预言了高温超导层间电子结构和超流密度等物理量随温度的变化规律；提出了求解基塔耶夫模型的约旦－维格纳变换方法。

数学物理学部

1. 给学生作讲解
2. 2010年，在中国科学院物理研究所作学术报告
3. 2010年，向涛（左）在美国加利福尼亚大学伯克利分校与李东海教授（右）、挪威奥斯陆大学Jon Magne Leinaas教授（中）合影
4. 1979年，在清华大学的水木清华留影
5. 2012年，向涛（前排左4）在西班牙参加国际会议
6. 2013年，与美国莱斯大学的戴鹏程教授（左）讨论铁基超导中子散射的实验结果
7. 2013年10月，向涛（左5）与家人和朋友们在坝上草原合影

73

中国科学院院士

赵政国
Zhao Zhengguo

实验粒子物理学家

1956年12月28日生于湖南靖县
1982年毕业于中国科学技术大学
1988年获中国科学技术大学博士学位
2013年当选为中国科学院院士
中国科学技术大学教授

长期从事粒子物理实验研究。与合作者建造了特殊结构的弯晶谱仪并精确测量了奇异 π 氢、π 氘原子因强相互作用引起的基态能级的偏移并首次观测到其谱线展宽。与合作者通过对飞行 π 介子束的测量，否定了KARMEN实验报道的发现重中性粒子的结果。在北京谱仪上主持进行了2～5GeV能区R值的精确测量，其结果对由弱电数据间接寻找Higgs粒子及其质量拟合以及精确检验标准模型起到极其重要的作用。R值的结果被国际粒子数据手册收录且被写入教科书。在大型强子对撞机上的ATLAS实验中，为精密缪子谱仪的建造做出了重要贡献，并为双玻色子物理及希格斯玻色子的发现做出了直接贡献。曾获国家自然科学奖二等奖、中国科学院杰出青年科学家奖、北京市科学技术进步奖一等奖等。

数学物理学部

1. 在中国科学技术大学授课
2. 赵政国（左3）参加中外联合培养博士生答辩
3. 赵政国（左）辅导学生
4. 赵政国（左2）求学期间留影
5. 与导师梅镇岳教授（右）进行中微子质量测试实验
6. 赵政国（前）在ATLAS探测器建造中与美国密歇根大学同事合影
7. 全家福

周向宇

Zhou Xiangyu

数学家

1965年3月14日生于湖南郴州，籍贯湖南洞口
1985年毕业于湘潭大学
1990年获中国科学院数学研究所博士学位
1998年获俄罗斯科学院Steklov数学研究所国家科学博士学位
2013年当选为中国科学院院士
中国科学院数学与系统科学研究院研究员

主要从事多复变与复几何的研究。解决了在苏联《数学百科全书》被列为未解决问题的扩充未来光管猜想，该工作被写入史料性著作《二十世纪的数学大事》《数学的发展：1950—2000》；与学生合作解决了一个关于L^2-解析延拓最优估计的重要问题；证明了关于全纯包单叶性问题的Sergeev猜想，被评价为"是关于全纯包单叶性困难问题的一个主要结果"。2004年获国家自然科学奖二等奖，1999年获中国科学院自然科学奖一等奖。

数学物理学部

1. 周向宇（前排右）与导师陆启铿院士（前排左）以及学生合影
2. 与法国科学院院士Demailly教授合影
3. 讲课
4. 与俄罗斯科学院斯捷克洛夫数学所执行所长Sergeev教授交流
5. 作学术报告
6. 与美国科学院院士，中国科学院外籍院士萧荫堂在国际会议上交流
7. 与家人合影

陈仙辉 Chen Xianhui

物理学家

1963年3月8日生于湖南湘潭
1992年获中国科学技术大学博士学位
2015年当选为中国科学院院士
中国科学技术大学教授

发现了涵盖铜氧化物、富勒烯、铁基和有机超导体等的一系列新型超导体，特别是在铁基超导体中实现了常压下40K以上高温超导电性；系统研究了铁基超导体的电子相图并给出了SDW与超导共存的实验证据；发现了铁基超导体中大的铁同位素效应；在黑磷薄层中成功实现了场效应晶体管，并观察到量子震荡现象以及整数量子Hall效应，证实其为晶体二维电子气；在黑磷块体材料中观察到压力诱导的电子结构拓扑转变。1998年获国家杰出青年科学基金，2009年获叶企孙奖、教育部"长江学者"成就奖及求是科技基金会求是杰出科技成就集体奖，2013年获国家自然科学一等奖，2015年获Bernd T. Matthias Prize。

数学物理学部

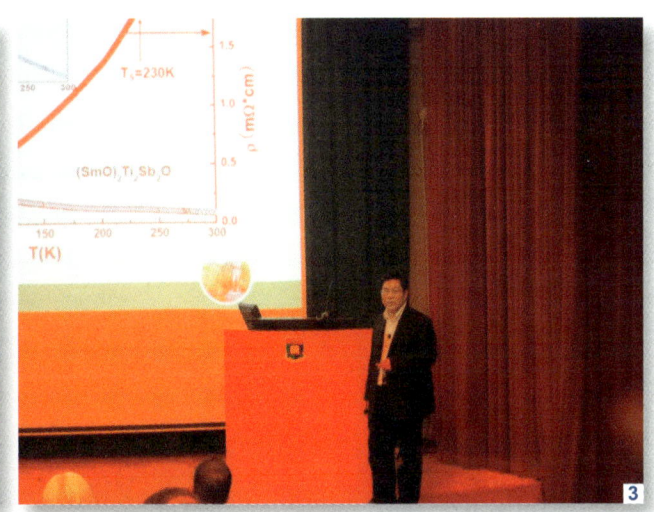

1. 2015年，在指导研究生实验
2. 1986年，陈仙辉（左2）在浙江大学研究生求学期间与同学合照
3. 2015年，在瑞士日内瓦超导材料及机理国际大会上作学术报告
4. 2015年，陈仙辉（左）接受朱经武教授（右）颁发Bernd T. Matthias Prize
5. 2008年，在与博士生讨论
6. 2010年，在韩国平昌郡滑雪
7. 2007年，与夫人刘新玉（右1）及两个女儿（中）在日本北海道

中国科学院院士

邓小刚
Deng Xiaogang

空气动力学家

1960年9月29日生于四川绵阳，籍贯四川中江
1987年毕业于西北工业大学
1992年获中国空气动力研究与发展中心博士学位
2015年当选为中国科学院院士
国防科学技术大学教授、校长

长期从事空气动力学数值模拟研究。解决了高精度紧致格式捕捉激波的难题，构造了以WCNS为代表的系列高精度格式；提出了对称守恒网格导数计算原则(SCMM)，解决了高精度算法工程应用难题；主持研发了基于天河高效能计算机的"高精度数值风洞"和"高超声速CFD软件平台"，解决了包括大型飞机、先进战斗机/导弹、高超声速飞行器等国家重大工程中的关键气动问题。获军队科技进步奖一等奖2项。带领的研究群体，获首届军队科技创新群体奖及首届全国专业技术人才先进集体。

数学物理学部

1. 2015年12月，参加中国科学院新当选院士座谈会
2. 2016年7月，在西北工业大学作学术报告
3. 2014年11月，访问澳大利亚昆士兰大学
4. 2013年3月，参加全国政治协商会议
5. 2012年11月，访问新加坡国立大学
6. 2012年3月，代表国防科学技术大学与广州市政府签署"天河"二号高性能计算机研究协议
7. 2014年11月，访问新西兰奥克兰大学

81

中国科学院院士

杜江峰
Du Jiangfeng

物理学家

1969年6月6日生于江苏无锡
1990年毕业于中国科学技术大学
2000年获中国科学技术大学博士学位
2015年当选为中国科学院院士
中国科学技术大学教授

主要从事量子物理及其应用的实验研究。发展了自旋量子调控及动力学解耦等量子物理实验技术，结合系列高性能磁共振实验装备的自主研制，将磁共振探测的灵敏度和分辨率提升到国际领先水平。在量子物理应用于精密测量科学和信息科学的领域取得了重要进展，包括率先使用动力学解耦技术实现了真实噪声环境下固态电子自旋量子相干时间三个数量级的提升、首次在室温大气环境下获取单个蛋白质分子的顺磁共振谱及动力学性质、完成了大数质因数分解等系列量子算法和量子模拟实验等。曾获国家自然科学奖二等奖、教育部自然科学奖一等奖、中国物理学会黄昆物理奖等。

数学物理学部

1. 杜江峰（右）调试设备
2. 杜江峰（左）向中国科学院院长白春礼（右）介绍实验
3. 2014年，杜江峰（右）接待诺贝尔奖获得者Roy J. Glauber参观实验室
4. 杜江峰（左2）与科研人员一起做实验
5. 2015年，在"多波段脉冲单自旋磁共振谱仪研制——单核自旋探测"项目中期检查会上作报告
6. 生活照

83

中国科学院院士

江松 *Jiang Song*

应用数学家

1963年1月5日生于四川达州，籍贯四川平昌
1982年毕业于四川大学
1988年获德国波恩大学博士学位
2015年当选为中国科学院院士
中国工程物理研究院北京应用物理与计算数学研究所研究员

主要从事流体力学数学理论、算法及应用研究，在可压缩Navier-Stokes与热弹性力学方程的适定性和解的性态研究等方面，取得一系列重要的成果。针对武器物理数值模拟的多介质大变形、网格畸变等计算难点，与同事一起提出了若干实用的新算法，并研制完成重大武器型号数值模拟软件平台。曾获国家自然科学奖二等奖、军队科技进步奖一等奖等。

数学物理学部

1. 2014年，在"中-德可压缩流的现代数值方法及相关问题"国际会议上作报告
2. 2003年，在"高精度高分辨流体力学数值方法及实现"研讨会上发言
3. 2010年，在"第13届国际双曲问题会议"上与E.F. Toro教授交谈
4. 2004年，在日本召开的"第10届国际双曲问题会议"上与Z.P. Xin和W.Z. Bao教授合影
5. 2011年，参加"第十五届全国流体力学数值方法研讨会"
6. 2015年，在"中俄聚变科学技术研讨会"上
7. 2006年，与家人在敦煌阳关

中国科学院院士

景益鹏
Jing Yipeng

天文学家

1964年1月9日生于浙江绍兴，籍贯浙江慈溪
1984年毕业于杭州大学
1992年获意大利高等研究生院博士学位
2015年当选为中国科学院院士
上海交通大学教授

主要从事宇宙结构和星系形成的数值模拟、理论研究和观测分析。在数值模拟方面，自主建立了一套针对宇宙高密度区域的多层网格、自适应P3M方法，开展国际领先的宇宙学数值模拟。在理论研究方面，提出描述暗物质内部结构的三轴椭球模型，被观测证实，已被广泛应用于宇宙结构的观测和理论研究。在观测分析方面，提出暗晕占有数模型方法，并首次应用于星系巡天，建立了星系与暗物质分布之间的关系，增进了对宇宙暗物质结构的认识，该方法已成为测量星系周围暗物质分布的标准方法。2005年获国家自然科学奖二等奖。

数学物理学部

1. 2012年，在第28届国际天文学大会295号专题会议上作特邀综述报告
2. 2015年，在上海交通大学天文与天体物理中心给研究生、博士后讲课
3. 在办公室查阅资料
4. 1994年，和夫人赵玲丽参加洪堡基金会年会
5. 2002年6月，时任马普学会主席Markl教授（左3）组织国际专家评估组，对景益鹏（左2）领衔的马普小组进行中期评估
6. 2003年，与上海天文台马普伙伴小组部分成合影（右4为景益鹏，右3为Gerhard Boerner教授）
7. 与家人合影

87

罗民兴 Luo Minxing

理论物理学家

1963年6月18日出生于浙江湖州
1983年毕业于浙江大学
1990年获美国宾夕法尼亚大学博士学位
2015年当选为中国科学院院士
浙江大学教授

主要从事量子场论和粒子物理理论的研究。确定物理学基本常数弱电混合角和基本粒子顶夸克的质量上限，发现弱强电三种耦合常数在超对称框架下得到统一。理清标准模型不同重整化方案的等同性，为检验量子规范场论提供了自洽的基础；提出系统分析高精度实验的理论分析框架，为理论指导实验和实验验证理论提供了重要依据。给出规范场论二阶重整化群方程完整结果，是标准模型精确计算的重要检验基准，并被广泛应用于希格斯粒子质量与真空稳定性分析。提出并证明超对称规范场论和量子色动力学的散射振幅递推关系，将递推关系应用于现实物理理论。

数学物理学部

1. 2007年，与贺贤土院士（右2）、王乃彦院士（右3）和叶高翔教授（右4）在人民大会堂参加王淦昌先生诞辰百年学术思想座谈会
2. 1979年，在浙江大学求学
3. 2013年，在家中工作
4. 1986年，在Hoover Dam
5. 1990年，与A.Mann教授（右）和P. Langacker教授（左）在科罗拉多大学
6. 2015年，在浙江大学浙江近代物理中心讲授量子场论
7. 2006年，与妻子叶筱霞（右）和儿子罗睿（中）在青海湖附近

89

中国科学院院士

莫毅明
Mo Yiming

数学家

1956年5月22日生于香港，籍贯广东东莞
1980年获美国斯坦福大学博士学位
2015年当选为中国科学院院士
香港大学明德教授

致力于多复变函数论、复微分几何与代数几何研究。利用里奇流与有理曲线理论解决了广义弗兰克尔猜想。引进了完备凯勒流形的代数几何化，并与钟家庆合作证明了有限体积完备凯勒流形的紧致化定理。透过极小有理曲线簇的几何理论证明了不可约紧埃尔米特对称空间在凯勒形变下的刚性定理。2007年获自然科学奖二等奖。2009年获美国数学会伯格曼奖。被国际数学联盟委任为2010年国际数学家大会的菲尔兹奖选委。

数学物理学部

1. 2005年，莫毅明（右）在美国哥伦比亚大学与 Masatake Kuranishi 教授参加"复分析、微分几何与偏微分"会议
2. 1980年，莫毅明（左）在北京与钟家庆教授合影
3. 2007年，在厦门大学举行的"多复变函数论国际会议"上作报告
4. 2001年，莫毅明（左）与美国普林斯顿高等研究所Armand Borel教授（右）摄于香港
5. 莫毅明（自下而上第3排左起第1人）1973年中学（五年级）毕业照，摄于圣保罗男女中学礼堂
6. 2000年，与博雷尔和李群项目的讲者、参与者及学生摄于香港大学中山阶。前排左2为莫毅明，前排中间为博雷尔
7. 2008年初，获2007年度国家自然科学奖（二等奖）后与父母亲及妻子高君尧摄于香港

中国科学院院士

王贻芳
Wang Yifang

实验粒子物理学家

1963年2月20日生于江苏南京，籍贯江苏南通
1984年毕业于南京大学
1991年获意大利佛罗伦萨大学博士学位
2015年当选为中国科学院院士
中国科学院高能物理研究所研究员、所长

长期从事粒子物理实验研究。领导完成了北京正负电子对撞机上新的北京谱仪（BESⅢ）的设计、建造及前期的科学研究，并发现了一系列新粒子和新现象。在中微子实验研究方面，提出了大亚湾实验方案，领导完成其设计、建设与科学研究，观察到一种新的中微子振荡模式，并精确测得其振荡几率参数theta13；提出并领导了江门中微子实验，以测量中微子质量顺序和振荡参数，研究超新星中微子、地球中微子等。曾获周光召基础物理学奖、何梁何利科学与技术进步奖、美国物理学会"潘诺夫斯基实验粒子物理学奖"、日本经济新闻"亚洲成就奖-科学技术与环境"、美国"基础物理学突破奖"等。

数学物理学部

1. 2011年10月，在大亚湾中微子实验站
2. 1985年，在意大利佛罗伦萨大学攻读博士期间
3. 2006年，大亚湾实验国际合作组会期间，向李政道（左）介绍项目进展情况
4. 2014年，在"希格斯粒子之后，基础物理学向何处去"论坛作报告
5. 2006年，王贻芳（前排右三）在大亚湾中微子实验开工典礼现场
6. 与导师和丁肇中教授及丁肇中夫人
7. 全家在美国旧金山合影

谢心澄 Xie Xincheng

物理学家

1959年2月23日生于江苏南京，籍贯江苏常州
1982年毕业于中国科学技术大学
1988年获美国马里兰大学博士学位
2015年当选为中国科学院院士
北京大学教授

长期从事凝聚态物理理论研究，并特别致力于促进理论与实验研究的深度融合。在量子霍尔效应、电荷及自旋输运、低维量子体系等领域中，对新型量子现象的发现及理解做出了重要创新性贡献。在低维体系电输运研究方面，他用光子辅助模型对二维电子系统中微波诱导的"零电阻"现象作出了系统解释；提出用电子droplet态来解释二维金属至绝缘体相变现象；预言了双层体系中可能存在填充因子为1/2的态，为相关实验所证实。在自旋电子学领域，深入讨论了自旋流定义；提出低维体系中关于自旋极化产生和自旋输运调控的新方案、新模型；提出"自旋超导"等具有重大潜在影响的新型量子态等。

数学物理学部

1. 在北京大学物理百年庆典上讲话
2. 工作研讨
3. 在办公室
4. 参加国际学术研讨会
5. 2015年12月，北京大学新当选中国科学院院士合影
6. 诺贝尔奖获得者崔琦教授来访北京大学量子材料科学中心时合影
7. 和杜瑞瑞教授合影

95

张平文 Zhang Pingwen

计算数学家

1966年7月24日生于湖南长沙
1988年毕业于北京大学
1992年获北京大学博士学位
2015年当选为中国科学院院士
北京大学教授

主要从事计算数学与科学计算等方面的研究和教学工作。在复杂流体的数学理论与计算方法、移动网格方法及应用、多尺度算法与分析等方面取得了重要研究成果。特别是为液晶领域的Doi-Onsager模型奠定了数学基础，建立了一系列不同层次、不同尺度的液晶理论模型之间的关系；针对嵌段聚合物自洽场理论模型设计了有序相变成核算法。1999年获冯康科学计算奖，2014年获国家自然科学奖二等奖。

数学物理学部

1. 2014年7月，受邀在美国工业与应用数学学会（SIAM）年会作邀请报告
2. 1983年10月，长沙县一中参加全国数学竞赛的获奖学生跟数学老师刘葵合影（后排左1张平文，左2邓伟，左3陈树东，前排刘葵老师）
3. 2012年12月，参加韩国大田市召开的液晶数学研讨会，与数学家John Ball教授讨论学术问题
4. 2010年10月，与研究生导师应隆安教授合影
5. 2010年8月，在学生办公室指导研究生科研
6. 2008年12月，高中同学在深圳看望化学老师赵静茹（左1王正军，左2王学军，左3赵静茹老师，左4张平文，左5金灿光）
7. 2008年4月，与夫人胡晓阳在未名湖散步后休息

97

中国科学院院士

朱诗尧
Zhu Shiyao

量子光学家

1945年12月生于上海，籍贯江苏镇江
1968年毕业于华东师范大学
1986年获上海交通大学博士学位
2015年当选为中国科学院院士
浙江大学教授

长期从事量子光学领域的研究。在量子相干方面，特别在无翻转激光和自发辐射相消方面作出了重要创新性贡献。目前从事量子相干，特别是相位衰退的干涉效应；特殊材料中的量子相干现象；以及相干光和部分相干光传播的研究。1999年获国家自然科学奖三等奖，2004年获伊朗政府花拉子模国际二等奖，2014年获量子光学"兰姆奖"。

数学物理学部

1. 与诺贝尔奖获得者Roy Glauber教授（中）、沈学础院士（右）合影
2. 1985年，在人民大会堂留影
3. 与量子光学界开创人物Wills E. lamb教授、Roy Glauber教授讨论学术问题
4. 获得兰姆奖合影
5. 1984年，第一次全国量子光学讨论会合影
6. 2015年，组织量子光学和量子信息系列会议（前排左4）
7. 2012年，游览青海鸣沙山

陈 懿	冯守华	江 明	李洪钟	麻生明	田中群	吴云东
颜德岳	姚建年	柴之芳	段 雪	高 松	宋礼成	张 希
赵东元	包信和	陈小明	江 雷	江桂斌	唐本忠	涂永强
万立骏	周其林	李亚栋	刘忠范	田 禾	严纯华	杨学明
张俐娜	赵进才	丁奎岭	方维海	冯小明	韩布兴	李永舫
谢 毅	杨秀荣	张 涛	张洪杰	安立佳	李玉良	刘云圻
孙世刚	谭蔚泓	唐 勇	席振峰	于吉红	张锁江	

化学部

中国科学院院士

陈 懿 Chen Yi

物理化学家

1933年4月11日生于福建福州
1955年毕业于南京大学
2005年当选为中国科学院院士
南京大学教授

主要从事多相催化研究。对氧化物和氧化物载体间的相互作用提出考虑被分散物种本征性质和载体表面结构的嵌入模型,对非晶态合金催化剂和低维纳米材料化学制备的反应机理进行研究,为了解相关材料制备条件、结构与性能间的关系及其科学设计提供了参考依据。十多年来,联合有关同志倡导介观化学研究以及高校与产业部门的合作,所组建的介观化学教育部重点实验室和南京大学–中石化上海石化院联合实验室在研究介观结构材料合成及其在催化和多种功能材料中的应用,在理论和实验的结合、化学和化工的结合等方面持续进行探索。发表论文约400篇,国内外发明专利授权30件,专著有《物理化学》《穆斯堡尔谱学基础和应用》等。获国家和省部级科学技术奖励5项。曾任南京大学代校长、中国化学会理事长、《Journal of Catalysis》编委等。

化学部

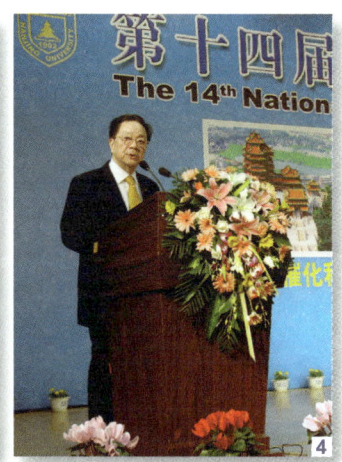

1. 1979~1981年，在美国威斯康星大学做访问学者进行表面化学实验
2. 2007年，为南京大学本科生作报告
3. 2014年，接受中国化学会催化委员会颁发的最高学术奖励"中国催化成就奖"
4. 2008年，主持第十四届全国催化学术会议
5. 2003年，在第三届亚太催化会议上，陈懿（右）与《Journal of Catalysis》副主编、荷兰J.W. Niemantsverdriet教授联合主持会议报告
6. 1992年，陈懿（右）与国际催化协会前主席、法国M.Che教授在匈牙利第十届国际催化大会上
7. 2006年，陈懿、柳海澄伉俪家庭合影

103

中国科学院院士

冯守华
Feng Shouhua

无机化学家

1956年3月14日生于吉林磐石
1978年毕业于吉林大学
1986年获吉林大学博士学位
2005年当选为中国科学院院士
吉林大学教授

主要从事无机合成与材料化学方面的研究工作。发展了无机功能材料的水热合成新路线，系统地开展了无机功能材料水热合成化学研究，制备并发现三重混合价态和原子尺度p-n结，获得一批新型无机功能材料，揭示了无机功能材料和生物分子水热合成反应的规律。1994年获首届"国家杰出青年科学基金"，1998年任首批教育部"长江学者奖励计划"特聘教授，2001年被国家自然科学基金委员会授予"创新研究群体"学术带头人。获国家自然科学奖三等奖1项，教育部科学技术进步奖一等奖3项。

化学部

1. 工作照
2. 学习期间照片
3. 冯守华（中）在无机合成与制备化学国家重点实验室揭牌仪式上致辞
4. 在北京"水立方"留影
5. 作学术报告
6. 2003年，冯守华（左4）在实验室主办的第七届国际水热（溶剂热）反应研讨会上同国际友人在一起，时任大会主席
7. 冯守华夫妇

105

中国科学院院士

江 明 Jiang Ming

高分子化学家

1938年8月22日生于江苏扬州
1960年毕业于复旦大学
2005年当选为中国科学院院士
复旦大学教授

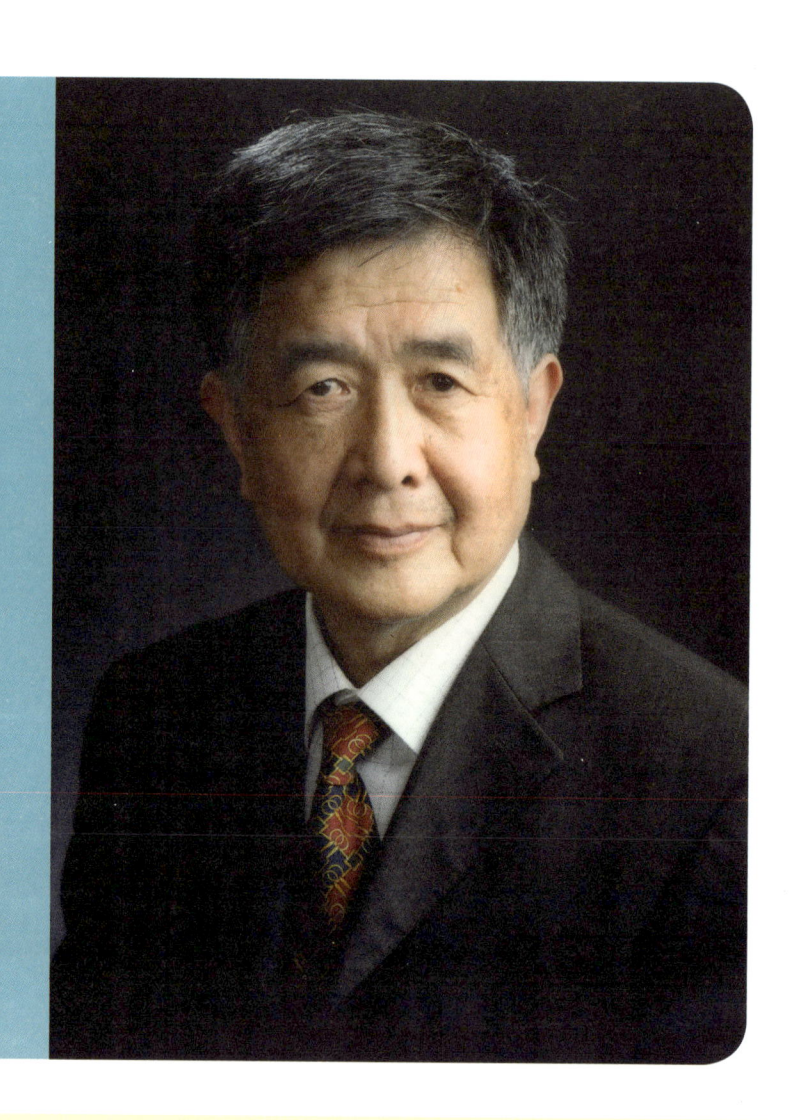

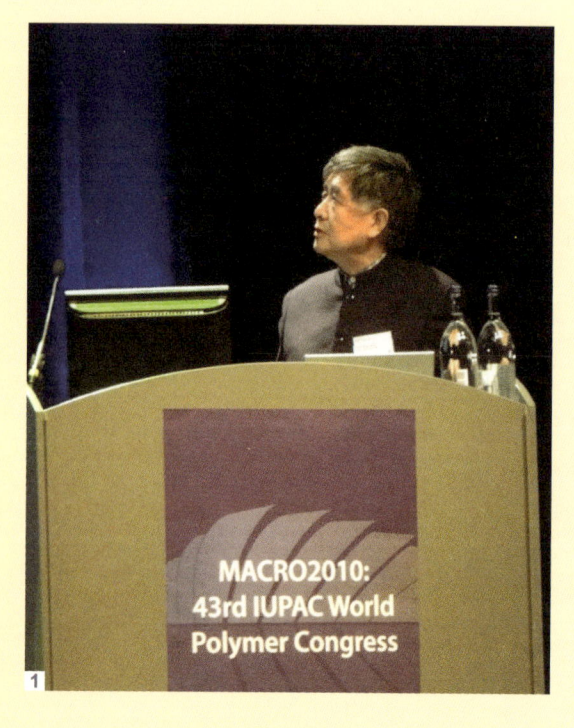

主要从事高分子间的相互作用与大分子自组装的研究。发现和证实了嵌段共聚物/相应均聚物体系的链密度梯度模型和其相容性的链构造效应。依据大量实验结果，提出了氢键相互作用导致高分子共混物的"不相容—相容—络合转变"的概念。在大分子自组装方面，提出和证实了基于分子间特殊相互作用的大分子胶束化的新途径，获得了核—壳间由非共价键连接的聚合物胶束（NCCM）并进而获得空心纳米球，从而建立了大分子自组装的非嵌段共聚物的新路线。近年来，更进一步发展了含糖基元的聚合物的自组装及其纳米组装体生物学功能的研究。获国家自然科学奖二等奖（2011年和2003年）、上海市自然科学奖一等奖（2010年）、国家教委科技进步奖一等奖（1996年）和二等奖（1989年）及中国化学会高分子基础研究王葆仁奖（1987年）。2009年当选为英国皇家化学会会士。

化学部

1. 2010年7月，在英国召开的第43届国际纯粹与应用化学联合会（IUPAC）世界高分子大会上作大会报告
2. 1979～1981年，在英国利物浦大学做访问学者期间做核磁共振（NMR）实验
3. 2006年，拜访大学物理化学课授课老师吴征铠院士
4. 工作室里的休闲时分
5. 江明（中）与陈道勇、姚评获2011年国家自然科学奖二等奖和2010年上海市自然科学奖一等奖
6. 江明（左2）和博士生讨论
7. 江明伉俪于故乡扬州

中国科学院院士

李洪钟
Li Hongzhong

化学工程学家

1941年1月21日生于山西昔阳
1965年毕业于太原工学院
1986年获中国科学院化工冶金研究所博士学位
2005年当选为中国科学院院士
中国科学院过程工程研究所研究员

主要研究气固流化床和移动床理论与技术。建立了移动床气固两相流理论；提出了颗粒设计、流体设计、外力场设计、内构件和床型设计等旨在抑制气泡和聚团生长，实现气固散式流态化的理论与方法；提出了流动结构预测理论和结构-传递关系模型。曾获中国科学院自然科学奖一等奖、二等奖各1项，中国石油和化学工业联合会科技进步奖一等奖3项。主编的我国首部《流态化手册》于2011年获第二届中国出版政府奖图书奖。

化学部

1. 1988年，在加拿大不列颠哥伦比亚大学从事科学研究
2. 2006年，在第三届全国化工工程与生物化工年会上作特邀报告
3. 2009年，在唐山钢铁公司参观考察
4. 2010年，李洪钟（左）在新疆石河子考察流化床氯乙烯生产装置
5. 1995年，李洪钟（正面右1）在临界移动床输送成果鉴定会现场讲解
6. 2010年，李洪钟（左2）在攀枝花钢铁公司考察钛精矿流化床氧化还原中试装置
7. 2010年，春节合照全家福

109

麻生明

Ma Shengming

有机化学家

1965年5月29日生于浙江东阳
1986年毕业于杭州大学
1990年获中国科学院上海有机化学研究所博士学位
2005年当选为中国科学院院士
复旦大学教授
中国科学院上海有机化学研究所研究员

主要从事有机化学方面的研究和教学工作。发展基于不饱和烃和二氧化碳等的原子经济性反应，揭示反应中的选择性调控规律；发展新型配体及催化剂，实现原子经济性反应中有关立体、区域和化学选择性的有效调控，并将原子经济性反应应用到目标分子的合成中；特别是开展了金属催化的联烯反应、联烯的亲核及亲电加成反应、联烯自由基化学、酶化学和联烯的合成化学的研究并取得重要成果。获2004年上海市科学技术进步奖一等奖和Mr. and Mrs. Sun Chan Memorial Award、2005年IUPAC OMCOS Award、2006年国家自然科学奖二等奖、2010年上海市自然科学奖一等奖。2008年当选为发展中国家科学院院士。

化学部

1. 2005年，在实验室
2. 1995年，在美国普渡大学实验室
3. 2005年，作IUPAC OMCOS 13 Award 获奖报告
4. 2005年，雪天在家乡的山上
5. 2013年11月，在韩国首尔2013韩国首尔科学院间科学论坛（2013 IASSF）上作报告
6. 1987年2月，麻生明（前排右2）与导师陆熙炎院士（后排右3）在中国科学院上海有机化学研究所与科研小组合影
7. 麻生明伉俪

111

中国科学院院士

田中群
Tian Zhongqun

物理化学家

1955年12月21日生于福建厦门
1982年毕业于厦门大学
1987年获英国南安普顿大学博士学位
2005年当选为中国科学院院士
厦门大学教授

主要从事表面增强拉曼光谱、谱学电化学、纳米化学等方面的研究。深入研究了表面增强拉曼散射（SERS）效应和一些具有重要应用背景的电化学体系，发展了电化学拉曼光谱的实验及理论研究方法，提出并建立了壳层隔绝纳米粒子增强拉曼光谱（SHINERS）方法，发展了化学纳米加工和抛光新技术，提出可控分子组装的催组装概念。1999年获求是科技基金会求是杰出青年学者奖，2012年获英国皇家化学会（电化学分会）法拉第奖章，2013年被英国南安普顿大学授予荣誉科学博士，2013年获国际电化学会Tacussel奖。2005年当选为英国皇家化学会会士，2010年当选为国际电化学会会士，现任《Chemical Society Review》副主编及《Journal of the American Chemical Society》等11个国际刊物顾问编委。

化学部

1. 开展实验工作
2. 调试仪器
3. 2007年，田中群（左）代表中国化学会电化学委员会与国际电化学会（ISE）主席J. Feliu教授签署合作协议
4. 2013年，田中群（右1）与课题组部分成员合影
5. 1986年，田中群（左）在英国南安普顿大学留学期间与导师Martin Fleischmann教授合影
6. 2012年5月，田中群（右4）在英国参加《Chemical Society Review》主编及副主编会议合影
7. 全家福

113

吴云东 Wu Yundong

计算化学家

1957年5月10日生于江苏溧阳
1982年毕业于兰州大学
1986年获美国匹兹堡大学博士学位
2005年当选为中国科学院院士
北京大学教授

主要从事理论与计算化学的研究，包括有机化学反应机理及不对称催化、发展精确的蛋白质分子力场，以及基于蛋白-蛋白相互作用的药物设计。研究亮点包括：提出Sharpless环氧化反应的机理，用理论方法解决一系列过渡金属不对称催化机理及其立体化学；在脯氨酰胺催化的不对称Aldol反应方面，与合作者共同提出Gong-Wu模型；提出oxa-多肽概念，并设计合成出多种结构的oxa-多肽；率先开展了对β-多肽二级结构的理论研究；发展了一套全新的蛋白质分子力场，可对一系列蛋白质进行精确模拟。曾获国家自然科学奖（1999年、2013年），香港裘槎奖（2000年），亚太理论与计算化学家协会福井奖章（Fukui Medal，2014年）等奖项。2010年入选国家"千人计划"。

化学部

1. 1988年5月，在美国加利福尼亚大学洛杉矶分校作博士后研究工作
2. 1982年，吴云东（左1）与兰州大学中国合作化学研究生项目（CGP）同学
3. 1992年，吴云东（左）在美国加利福尼亚大学洛杉矶分校与导师Ken Houk教授
4. 参加香港科技大学教职员跑步比赛
5. 2013年5月，吴云东（右1）在深圳组织举办有机反应机理国际研讨会上
6. 2006年5月，吴云东（前左1）在香港新当选中国科学院院士证书颁发典礼暨院士论坛上
7. 2000年11月，在贵州黄果树瀑布与家人合影

中国科学院院士

颜德岳
Yan Deyue

高分子化学家

1937年3月5日生于浙江永康
1961年毕业于南开大学
2002年获比利时鲁汶天主教大学博士学位
2005年当选为中国科学院院士
上海交通大学教授

主要从事高分子化学与物理的研究和教学工作。在聚合反应动力学、链分子统计构象、超支化聚合物的可控制备和超分子自组装方面取得了重要研究成果。特别是比较系统地发展了聚合反应的非稳态动力学理论，建立了从反应机理和条件计算聚合物分子量分布等分子参数的方法；实现了具有不规则结构的超支化聚合物的多尺度、多维自组装，在实验室观察到自然界广泛存在的分子宏观自组装现象。1989年获国家自然科学奖二等奖，1999年获国家自然科学奖四等奖，2005年获国家级教学成果奖二等奖，2009年获国家自然科学奖二等奖，2011年获何梁何利基金科学与技术进步奖。

化学部

1. 2010年，在北京人民大会堂领取国家自然科学奖二等奖
2. 在华东化工学院任助教
3. 颜德岳（右）与好友德国拜罗伊特大学Axel Müller教授合影
4. 2007年，在上海交通大学校园
5. 给上海交通大学致远学院本科生讲课
6. 2007年，颜德岳（中）与应届毕业硕士、博士合影
7. 2012年，与妻儿、孙女合影

117

姚建年
Yao Jiannian

物理化学家

1953年9月27日生于福建晋江
1982年毕业于福建师范大学
1993年获日本东京大学博士学位
2005年当选为中国科学院院士
中国科学院化学研究所研究员

主要从事新型光功能材料的研究。将纳米科学研究对象从半导体扩展到有机体系，开创了有机低维光功能材料科学的研究先河。最早证明了有机纳晶的激子手性和荧光量子尺寸效应，发现了介观激子效应对能带结构的调控规律，掀起了近20年来国际上的研究热潮；同时从化学动力学和热力学的基本规律出发，提出了基于有机分子组装的微纳结构制备的新观念，其中分子设计-作用调控-控制合成的研究思路成为该领域的普遍共识。在有机低维材料中发现了高效发光、传光和光限域的新现象，率先实现了微纳白光光源、有机纳米激光、深紫外探测器等基本光子学器件；从Frenkel激子特点出发，首次利用电场调制实现对光传导的非互易控制。这些成果为突破衍射极限、实现纳米尺度上新型光电器件互联集与成奠定了基础。2004年、2014年两次获国家自然科学奖二等奖。2006年5月当选为英国皇家化学会会士，2010年9月当选为国际纳米制造学会会士。现任中国化学会理事长。

化学部

1. 在实验室
2. 2006年7月，姚建年（左2）与课题组学生讨论
3. 2014年5月，在"北洋大讲堂"作报告
4. 2013年10月，姚建年（右）访问法国化学会，与其会长共同签署"中法化学讲座奖"协议
5. 2014年8月，在中国化学会第29届学术年会上致辞
6. 2013年6月，姚建年（前排中）与课题组成员合影
7. 姚建年伉俪

柴之芳 Chai Zhifang

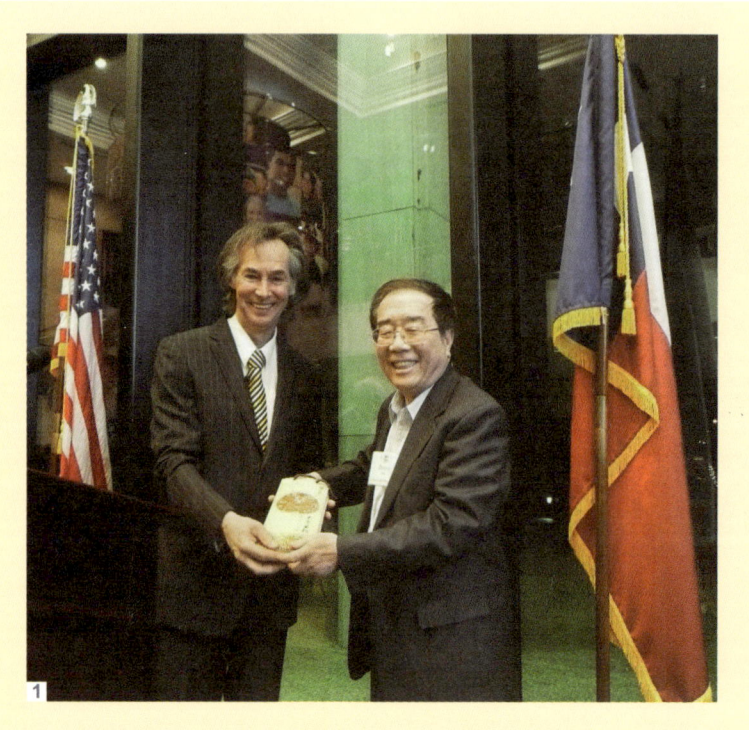

放射化学家

1942年9月1日生于上海，籍贯浙江鄞县
1964年毕业于复旦大学
2007年当选为中国科学院院士
中国科学院高能物理研究所研究员
苏州大学教授

主要从事放射化学和核技术研究。在中子和分子活化方法，用核技术研究金属组学和纳米生物效应、锕系元素化学和核能化学等方面开展了较系统的研究。特别是建立了高准确度和灵敏度的铂族元素中子活化方法，可用于研究元素化学种态的分子活化方法，发展了研究纳米材料生物安全性和金属组学的核技术。1980～1982年作为洪堡基金奖学金获得者在德国科隆大学核化学所工作。曾获全国科学大会奖、国家自然科学奖二等奖、国家科学技术进步奖二等奖、中国科学院自然科学奖一等奖、国际放射分析和核化学最高奖George von Hevesy奖（2005年）。

化学部

1. 2012年，柴之芳（右）向新的Hevesy奖获奖者Peter Bode表示祝贺
2. 2011年，在北京科学会议中心作"从福岛核事故说起"报告
3. 2005年，Hevesy奖评审委员会主席A.Chatt教授授予柴之芳（左）Hevesy奖
4. 2012年，担任纳米分析香山科学会议执行主席
5. 2012年国家自然科学奖二等奖获奖者合影（左起：王海芳、陈春英、柴之芳、赵宇亮、丰伟）
6. 2012年4月，在美国活化分析国际会议上，柴之芳（右）与其他10位Hevesy奖获奖者集体合影
7. 2013年5月，柴之芳夫妇在千家苗寨

121

段雪

Duan Xue

应用化学家

1957年1月14日生于北京
1982年毕业于吉林大学
1988年毕业于北京化工学院获中国科学院博士学位
2007年当选为中国科学院院士
北京化工大学教授

主要从事"插层组装与产品工程"研究，凝炼了"以性能为导向设计插层结构"和"以产品为导向控制组装过程"两类关键科学问题，开展了应用基础和工程化研究，发展了系列插层结构功能材料，提出了成核晶化分离等系列插层组装方法，形成了系统的研究体系。将研究成果应用于大规模工业实践，实现了多项科技成果的工业转化，推动了溶解乙炔多孔吸附材料、汽车制动液和功能性插层材料等行业的发展和科技进步。获国家发明专利授权60余件和美国专利授权5件。曾获国家技术发明奖二等奖2项和国家科学技术进步奖二等奖1项。先后获国家有突出贡献中青年专家、中国青年科技奖、全国杰出专业技术人才、教育部"长江学者奖励计划"特聘教授等荣誉称号。

化学部

1. 2008年，指导博士生工作
2. 1978年，在吉林大学学习
3. 2004年，在中国化工学会年会上作大会报告
4. 2013年，参加"科学与中国"院士专家巡讲团活动
5. 2013年，段雪（前排左2）参加"辽宁营口院士专家行"，在营口镁化工基地
6. 2009年，在中国科学院院士增选大会上投票
7. 2012年，段雪伉俪在内蒙古湿地

123

中国科学院院士

高松 *Gao Song*

无机化学家

1964年2月1日生于安徽泗县
1985年毕业于北京大学
1991年获北京大学博士学位
2007年当选为中国科学院院士
北京大学教授

长期从事配位化学与分子固体及其磁性研究，在发展新的分子纳米磁体和铁电分子磁体等方面做出了重要贡献。系统地发展了构筑单链磁体的新策略；开创性地发展了新的稀土单离子磁体和新的过渡金属单离子磁体，开辟了金属有机单离子磁体研究新领域；发现铁磁有序和铁电有序共存的金属有机框架化合物等。2004年获中国青年科技奖、2006年和2011年两次获国家自然科学奖二等奖、2013年获何梁何利基金科学与技术进步奖等科技奖项。2013年当选为发展中国家科学院院士。现任北京大学副校长、中国科学技术协会副主席、中国晶体学会理事长。

化学部

1. 2007年1月，在磁测量实验室
2. 1985年，在北京大学作本科毕业论文实验
3. 2010年10月，在北京作为会议主席主持召开国际分子磁体会议
4. 2007年，在北京人民大会堂领取国家自然科学奖二等奖证书
5. 2008年1月，高松（右3）参加中国高校化学院长-系主任代表团访问美国时在哈佛大学和美国化学会主席合影
6. 2012年7月，在北京大学本科生毕业典礼上
7. 2010年8月，全家在内蒙古草原合影

125

中国科学院院士

宋礼成
Song Licheng

有机化学家

1937年7月15日生于山东济南
1962年毕业于南开大学
2007年当选为中国科学院院士
南开大学教授

长期从事金属有机化学研究。在金属有机原子簇化学方面，提出了合成铁硫硒碲原子簇化合物的多种新试剂、新反应及新合成方法，发现了双蝶状铁硫络盐的形成反应和双等瓣置换及环化等瓣置换反应，展示了合成桥连及大环四面体簇合物的新方法；设计合成了唯铁氢化酶"三铁三硫"模型物，含光敏剂卟啉环系的模型物，为进一步研究催化产氢功能奠定基础；提出了适于合成富勒烯金属有机物单一导构体的"松散"配体交换法。1989~1999年3次获得国家教委科学技术进步奖二等奖，2005年获天津市自然科学奖一等奖，2004年获中国化学会第一届黄耀曾金属有机化学奖等。

化学部

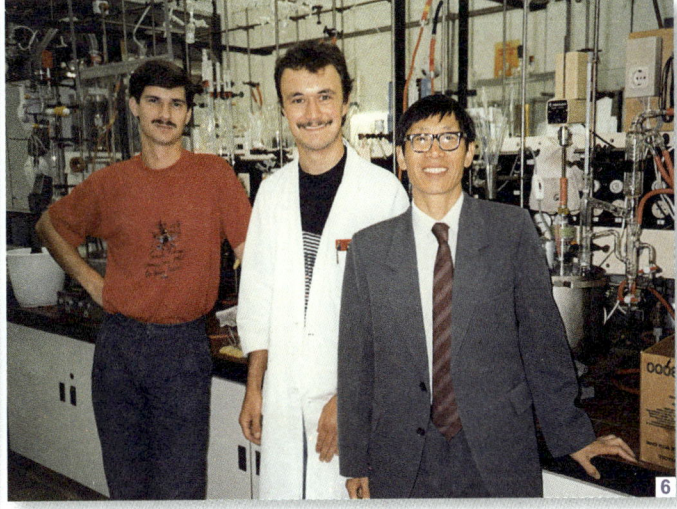

1. 1995年，宋礼成（左）在南开大学元素有机化学国家重点实验室指导博士生研究工作
2. 1980年，在美国麻省理工学院化学系实验室做实验
3. 1994年11月，赴台湾参加"国际华人有机化学研讨会"，在成功大学作学术报告
4. 1980年，宋礼成（中）在导师Seyferth教授（右）家中过圣诞节
5. 2008年，在中国化学会第26届学术年会上作大会报告
6. 1990年8月，宋礼成（右）在德国访问讲学期间，与慕尼黑煤炭研究所研究生合影
7. 2011年，与夫人胡青眉在海南博鳌合影

127

张希 Zhang Xi

高分子化学家

1965年12月2日生于辽宁本溪，籍贯湖南长沙
1986年毕业于吉林大学
1992年获吉林大学博士学位
2007年当选为中国科学院院士
清华大学教授

主要从事超分子组装与聚合物薄膜方面的研究，建立了超两亲分子的新概念，为分子自组装提供了新的构筑基元；建立了基于主体增强电荷转移作用的超分子聚合新方法；制备了一系列含硒两亲性嵌段高分子，提供了一类新型响应性功能材料；建立了基于氢键等不同分子间相互作用的界面分子组装方法，并用以制备有机薄膜材料和功能表面；基于单分子力谱技术，研究超分子体系的分子内和分子间相互作用，为从单分子水平认识分子结构、超分子结构及组装驱动力提供了实验依据。2004年获国家自然科学奖二等奖。

化学部

1. 2012年9月，在北京中德科学中心出席第3届中德化学前沿论坛，并代表中国化学会致辞
2. 2013年12月，日本东京大学工学部化学与生物技术系主任T.Kato教授向张希（右）赠送工学部会员纪念牌
3. 2013年11月，张希（右）在台湾高雄当选为太平洋地区高分子联合会副主席，为候任主席
4. 2001年10月，张希（左1）在超分子香山科学会议上
5. 2013年4月，张希（右2）在美国新奥尔良出席美国化学会年会，并代表中国化学会与美国化学会签署合作备忘录
6. 2011年11月，张希（中）在德国美因茨出席中德双边生物高分子学术讨论会
7. 1992年，和夫人林志宏同获吉林大学博士学位

129

赵东元

Zhao Dongyuan

物理化学家

1963年6月3日生于辽宁沈阳
1984年毕业于吉林大学
1990年获吉林大学博士学位
2007年当选为中国科学院院士
复旦大学教授

主要从事微、介孔分子筛材料和纳米材料的合成与结构表征研究。发明了FDU-15等介孔材料，采用三嵌段共聚物表面活性剂，通过调节嵌段共聚物的疏水和亲水的比例，合成了17种三维孔穴结构的、大孔径的、立方相的介孔分子筛；提出了单元分步组装机理，将无机介孔材料的合成扩展到有机组成体系；提出了"酸碱对"理论，合成了一系列介孔材料；提出了热处理和提高孔壁的交联度的方法，改进了介孔分子筛的水热稳定性和表面酸性。2004年获国家自然科学奖二等奖，2005年获杜邦"青年教授奖"等。2006年入选"新世纪百千万人才工程"国家级人选。2010年当选为发展中国家科学院院士。

化学部

1. 2009年10月，赵东元（右）由于在介孔材料合成、结构研究做出了突出贡献，获2008年度发展中国家科学院化学奖
2. 2011年11月，赵东元（右）在中国科学院理化技术研究所交流访问并作学术报告
3. 2010年，在意大利国际分子筛大会作大会报告
4. 为本科生教授普通化学
5. 赵东元（中）与毕业的博士研究生合影
6. 赵东元（右）与澳大利亚昆士兰大学签署联合培养研究生合作协议
7. 与儿子合影

中国科学院院士

包信和
Bao Xinhe

物理化学家

1959年8月26日生于江苏扬中
1987年获复旦大学博士学位
2009年当选为中国科学院院士
中国科学院大连化学物理研究所研究员
中国科学技术大学校长

从事物理化学研究，在催化基础理论研究和能源高效转化过程、新型催化剂开发利用等方面做出了开创性研究成果。发现并从实验和理论上证实了碳纳米管孔道的电子限域效应，提出碳纳米管的"协同限域"调变催化性能的新概念，创制出合成气转化的高效催化剂；提出金属氧化物纳米结构与贵金属表面强相互作用的新模式，制备出高性能的贵金属和过渡金属氧化物复合催化剂，在一氧化碳等低温选择氧化过程中显示了独特的催化性能；在甲烷无氧芳构化取得突破的基础上，首创了甲烷无氧条件下直接制取低碳烯烃的催化剂和催化过程，为天然气高效利用开辟了新途径。1996年获求是科技基金会求是杰出青年学者科学奖、2005年获国家自然科学奖二等奖、2009年获辽宁省自然科学奖一等奖、2012年获何梁何利基金科学与技术进步奖。2009年当选为英国皇家化学会会士，2011年当选为发展中国家科学院院士。

化学部

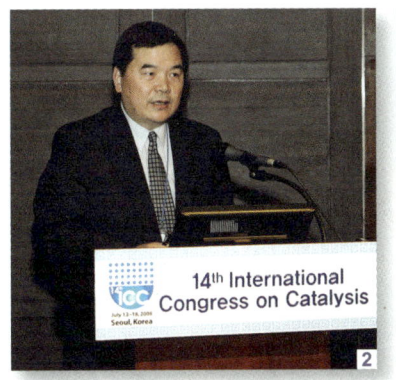

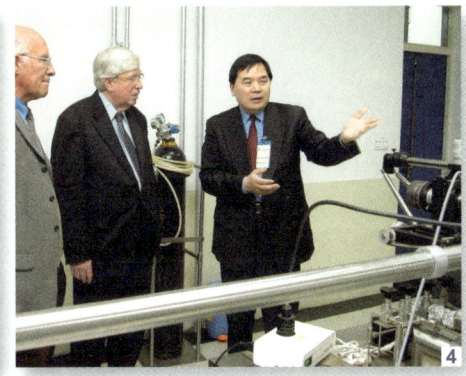

1. 2010年，包信和（左）指导博士研究生
2. 2008年7月，参加第14届国际催化大会作主题邀请报告
3. 1998年，包信和（左）与闵恩泽院士讨论问题
4. 2004年，中德马普伙伴合作小组专家访问交流，（左起：Helmut Knoezinger、Gerhard Ertl、包信和）
5. 1982年，包信和（后排右2）在复旦大学学习期间参加唐敖庆院士主办的量子化学讲习班（前排左起：吴浩青院士、唐敖庆院士、邓景发院士）
6. 2005年11月，包信和（前排右2）代表中国科学院大连化学物理研究所与英国石油公司签署战略合作伙伴协定
7. 2015年3月，全家在北京天安门广场合影

133

中国科学院院士

陈小明
Chen Xiaoming

无机化学家

1961年10月5日生于广东揭阳
1983年毕业于中山大学
1992年获香港中文大学博士学位
2009年当选为中国科学院院士
中山大学教授

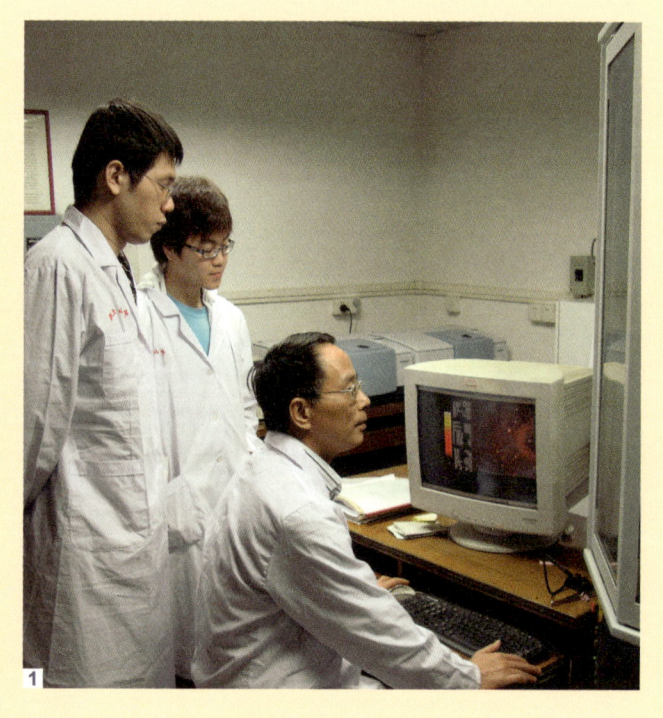

主要从事功能配位化学与晶体工程研究。在原位金属/配体反应，功能配合物和配位聚合物的设计与合成，晶体结构和性质（吸附、传感、光电磁性质等）研究方面，取得重要研究成果。特别是发现了多种用传统方法难以进行的金属离子诱导的有机分子反应，率先设计合成了若干具有天然分子筛拓扑结构和动态响应的微孔配位聚合物。发表论文350多篇；论文他引2万多次，H指数达81。1999年获求是科技基金会求是杰出青年学者奖、2007年获国家自然科学奖二等奖、2012年获发展中国家科学院化学奖。

化学部

1. 2011年，陈小明（右）指导博士生
2. 2012年，参加中山大学毕业典礼
3. 1992年，陈小明（左）博士毕业时在香港中文大学与导师麦松威院士合影
4. 2010年，在香港中文大学作学术报告
5. 陈小明（左2）接受2012年度发展中国家科学院化学奖
6. 1999年，陈小明（中）与首届博士毕业生合影
7. 2012年，与夫人郑建瑜及女儿合影

135

江雷 *Jiang Lei*

无机化学家

1965年3月24日生于吉林长春
1987年毕业于吉林大学
1990～1994年作为中日联合培养的博士生在日本东京大学留学，回国获吉林大学博士学位
2009年当选为中国科学院院士
中国科学院理化技术研究所研究员

主要从事仿生功能界面材料的制备及物理化学性质的研究。揭示了自然界中具有特殊浸润性表面的结构与性能的关系，提出了"二元协同纳米界面材料"设计体系；在超双亲/超双疏功能材料的制备、表征和性质研究等方面，发明了模板法、相分离法、自组装法、电纺丝法等多种有实用价值的超疏水性界面材料的制备方法；制备出多种具有特殊功能的仿生超疏水界面材料。2005年获国家自然科学奖二等奖、2012年获北京市科学技术奖一等奖、湖北省自然科学奖一等奖、2013年获何梁何利基金科学与技术成就奖等科技奖项。2012年当选为发展中国家科学院院士。

化学部

1. 做实验
2. 作学术报告
3. 江雷（左）与2000年诺贝尔化学奖获得者Heeger教授合影
4. 2015年1月，获中国科学院杰出科技成就奖
5. 1999年，江雷（中）回国后与同事合影
6. 2010年7月，江雷（后排中）与中国科学院化学研究所毕业博士生合影
7. 全家福

137

江桂斌 Jiang Guibin

分析化学、环境化学家

1957年11月8日生于山东莱阳
1982年毕业于山东大学
1991年获中国科学院生态环境研究中心博士学位
2009年当选为中国科学院院士
中国科学院生态环境研究中心研究员、主任

主要从事分析化学和环境化学研究。建立了较系统的持久性有机污染物（POPs）分析方法体系，在新POPs的污染水平、传输与演变趋势、累积机理和毒性效应方面开展了长期研究，为我国履行关于持久性有机污染物的《斯德哥尔摩公约》国家目标做出了贡献；发展了系列的色谱与原子光谱联用技术，基本解决了有机汞、有机锡和有机砷等常见化学形态的分析问题，部分技术实现了产业化；参加过我国南极和北极科学考察。曾获国家杰出青年科学基金、中国科学院青年科学家奖、国家自然科学奖二等奖（两次）、教育部"长江学者成就奖"、安捷伦公司"思想领袖奖"和中国科学院杰出成就奖。任《环境化学》主编，美国化学会《Environmental Science & Technology》杂志副主编。

化学部

1. 2009年，参加南极科学考察
2. 2009年8月，在第29届国际二噁英大会作大会报告
3. 江桂斌（右）主持ES&T Beijing Office成立仪式
4. 2010年，参加北极科学考察
5. 2003年，江桂斌（右1）获国家自然科学奖二等奖
6. 与张玉奎院士（左）、陈洪渊院士（中）合影
7. 1987年，全家福

139

中国科学院院士

唐本忠
Tang Benzhong

高分子化学家

1957年2月6日生于湖北潜江，籍贯湖南津市
1982年毕业于华南理工大学
1988年获日本京都大学博士学位
2009年当选为中国科学院院士
香港科技大学化学讲座教授

主要从事高分子化学、材料科学、生物传感等方面的研究。发明了绿色高效的催化体系，开拓了合成共轭高分子的新聚合途径，开发了一系列新型先进功能材料；发现了奇特的聚集诱导发光（AIE）现象，提出了分子内运动受限的AIE工作机理，并将AIE效应应用到智能材料、光电器件、生物探针等技术领域。曾获香港裘槎高级研究成就奖和国家自然科学奖二等奖等科技奖项。

化学部

1. 2014年4月，在香港科技大学实验室
2. 2013年12月，在香港科技大学实验室
3. 2014年5月，伊朗总统向唐本忠（右）颁奖
4. 2010年7月，在日本京都国际会馆作学术报告
5. 2012年10月，唐本忠（2排中）在香港科技大学天一泉与学生合影
6. 2013年5月，在香港科技大学网球场
7. 2013年12月，全家福

中国科学院院士

涂永强
Tu Yongqiang

有机化学家

1958年10月1日生于贵州遵义
1982年毕业于兰州大学
1989年获兰州大学博士学位
2009年当选为中国科学院院士
上海交通大学教授
兰州大学教授

长期致力于碳–碳键形成与重排反应及其在复杂天然产物全合成中的应用研究。发展了十几种新颖的基于碳正离子诱导的重排串联反应，并首次实现了该类反应的对映选择性控制；应用上述合成方法，系统地设计、发展了合成多类天然产物的新策略，完成了30多个具有重要生物活性分子的全合成；为季碳结构单元的构筑开辟了新颖、多样化的合成方法。在国际著名学术期刊发表论文200余篇。曾获中国化学会青年化学奖、国家教委科学技术进步奖二等奖、求是科技基金会求是杰出青年学者奖、美国礼来公司"礼来"科研成就奖及甘肃省自然科学奖一等奖。现任英国皇家化学会重要学术期刊《Chemical Communications》副主编。

化学部

1. 2013年6月，在兰州大学给本科生作学术报告
2. 1982年3月，兰州大学学生照
3. 2013年5月，涂永强（左1）与实验室学生讨论
4. 2013年8月，涂永强（左）在加拿大韦仕敦大学工程学院Western Engineering University参观化工实验室
5. 2011年5月，涂永强（左5）主持召开第5届Chem Comm国际论坛
6. 2011年9月，涂永强（右1）在天津参加绿色化学与工程国际高端研讨会2011会议，与Sharpless教授等合影
7. 2013年5月，涂永强（左2）指导研究生开展实验

143

万立骏 Wan Lijun

物理化学家

1957年7月23日生于辽宁新金
1982年毕业于大连理工大学
1996年获日本东北大学博士学位
2009年当选为中国科学院院士
中国科学院化学研究所研究员
中华全国归国华侨联合会主席、党组书记

主要从事扫描探针显微学、电化学和纳米材料科学的研究。发展了化学环境下的扫描探针技术，在表面分子吸附和组装规律、纳米图案化、表面手性研究等方面取得系列成果；致力于能源转化和存储器件的表界面化学、电极材料制备方法学和材料结构性能的研究，设计制备了系列高性能纳米金属材料、金属氧化物材料和锂离子电池正负极材料等，并应用于能源和水处理领域。曾任中国科学院化学研究所所长。2005年获北京市科学技术进步奖一等奖、2007年获国家自然科学奖二等奖、2009年获发展中国家科学院化学奖。2010年当选为发展中国家科学院院士。

化学部

1. 指导学生实验
2. 2005年，在瑞典参加"诺贝尔论坛"期间留影
3. 2010年，中国科学院院士大会期间参加院士座谈会
4. 2008年，出席国家科学技术奖励大会
5. 2010年，参加发展中国家科学院颁奖大会，领取化学奖证书
6. 作学术报告
7. 2010年，全家于浙江千岛湖畔

145

周其林

Zhou Qilin

有机化学家

1957年2月19日生于江苏南京，籍贯安徽无为
1982年毕业于兰州大学
1987年获中国科学院上海有机化学研究所博士学位
2009年当选为中国科学院院士
南开大学教授

　　主要从事有机化学方面的研究和教学工作，在金属有机化学、有机合成和不对称催化等方面取得了重要成果，特别是在手性催化剂的研究方面取得了突破，设计合成的高效手性螺环催化剂在手性化合物和手性药物的合成中得到了广泛应用。1999年任教育部"长江学者奖励计划"特聘教授，2005年获中国化学会"有机合成创造奖"，2006年获中国化学会"黄耀曾金属有机化学奖"，2007年获天津市自然科学奖一等奖，2012年获中国化学会"手性化学奖"。

化学部

1. 1991年，在德国美因茨马-普研究所学习
2. 1984年，在中国科学院上海有机化学研究所学习
3. 2010年，作学术报告
4. 1993年，在瑞士滑雪
5. 2008年，周其林（左）和导师Pfaltz教授在法国阿尔萨斯国际学术会议上
6. 1994年，周其林（后排右3）在美国三一大学学习
7. 2008年，全家在法国米歇尔

中国科学院院士

李亚栋
Li Yadong

无机化学家

1964年11月25日生于安徽宿松
1986年毕业于安徽师范大学
1998年获中国科学技术大学博士学位
2011年当选为中国科学院院士
清华大学教授

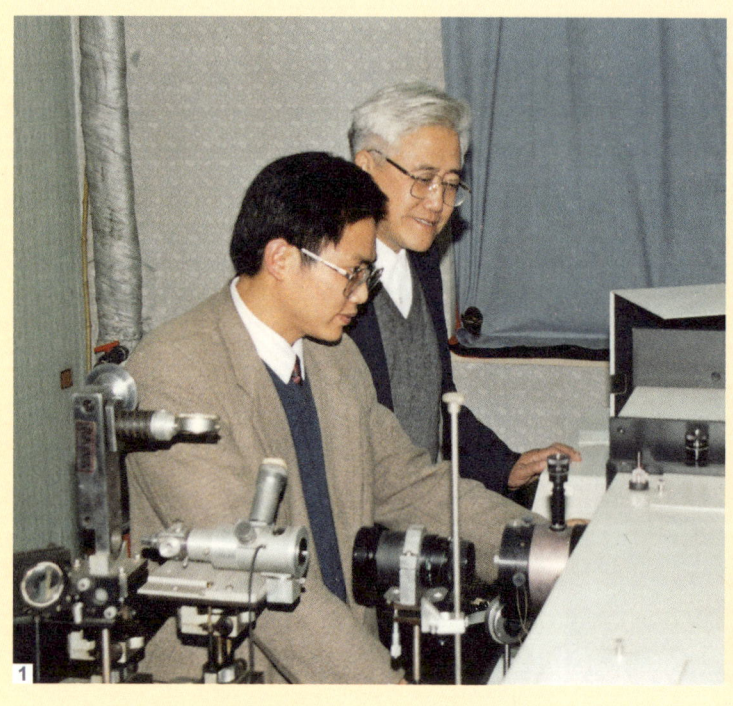

主要从事无机纳米材料合成化学研究。提出了纳米晶"液相-固相-溶液"界面调控机制，实现了不同类型纳米晶的可控制备，揭示了液相条件下纳米晶的取向生长规律性；提出金属间化合物、合金表观电负性概念及其计算经验公式，建立了比传统高温合成金属间化合物、合金材料低400～500℃的低温合成方法，在金属团簇与纳米催化及其应用等方面取得了重要进展。在国际学术期刊发表论文200余篇，他引2万多次。2001年和2008年两次获国家自然科学奖二等奖等。

化学部

1. 1998年10月，李亚栋（左）在中国科学技术大学实验室与导师钱逸泰院士（右）探讨问题
2. 2000年4月，于清华大学的清华学堂留影
3. 2013年5月，在天津大学作学术报告
4. 2012年11月，李亚栋（中）与企业探讨纳米技术产研结合
5. 2013年7月，参加中国科学院学部会议
6. 2003年5月，与Kenneth Poeppelmeier教授合影
7. 1994年2月，与孩子在中国科学技术大学合影

刘忠范 Liu Zhongfan

物理化学家

1962年10月30日生于吉林九台
1983年毕业于长春工业大学
1990年获日本东京大学博士学位
2011年当选为中国科学院院士
北京大学教授

主要从事低维碳材料、二维原子晶体材料和纳米化学研究。在低维碳材料的控制生长方法、碳材料化学、自组装及其光电化学等领域取得了系统性的研究成果，建立了低维碳材料的CVD生长过程工程学方法和自由基光化学反应方法以及纳米物性研究的针尖化学方法。发表学术论文450余篇，获授权发明专利26项。2013年入选"万人计划"杰出人才。1997年获求是科技基金会求是杰出青年学者奖，2008年获国家自然科学奖二等奖，2012年获中国化学会-阿克苏诺贝尔化学奖和宝钢优秀教师特等奖。2015年当选发展中国家科学院院士。英国皇家化学会会士，英国物理学会会士。

化学部

1. 2008年11月，指导研究生
2. 1980年，刘忠范（后排左2）大学期间留影
3. 刘忠范（前）与2012届博士毕业生合影
4. 2009年8月，作为大会主席主持第60届国际电化学年会
5. 在2008年国家科学技术奖励大会上（左起：高松院士、徐光宪院士、刘忠范院士、黄春辉院士）
6. 刘忠范伉俪

151

田禾 Tian He

化学家

1962年7月22日生于新疆乌鲁木齐，籍贯江苏常熟
1982年毕业于南京理工大学
1989年获华东理工大学博士学位
2011年当选为中国科学院院士
华东理工大学教授

长期从事功能染料的基础与应用研究。重点围绕"共轭π体系染料结构与荧光功能精细调控"，探索构建功能性超分子机器、有机荧光探针、有机光信息存储和有机太阳电池敏化等功能染料的设计合成与应用。至今在国外学术刊物发表SCI论文380余篇，在化学和材料科学领域均是2014国际高被引用论文学者（highly cited researchers 2014, Thomson Reuters Web of Science）。针对功能染料新品种及其关键中间体、高性能有机颜料开发了清洁生产工艺，构筑了自主知识产权体系，已获国家发明专利授权50项。现任国际学术刊物《Dyes and Pigments》主编，《Polymer Chemistry》《Chemical Science》《Advanced Optical Material》《Chemistry－An Asian Journal》等国际学术期刊的顾问编委。曾获国家科学技术进步奖二等奖，国家自然科学奖二等奖等科技奖项。2013年当选为发展中国家科学院院士。

化学部

1. 为本科生授课
2. 2012年，诺贝尔化学奖获得者Heeger教授受聘华东理工大学名誉教授，与田禾（左1）合影
3. 田禾（左1）向评估专家作实验室介绍
4. 2012年3月，在光电功能分子国际研讨会上作大会报告
5. 2007年，田禾（左）在"分子机器与传感器国际学术会议"上与J. F. Stoddart教授交流
6. 田禾（右）在瑞士访学，与M.Grätzel教授合影
7. 全家福

153

严纯华 Yan Chunhua

无机化学家

1961年1月30日生于上海，籍贯江苏如皋
1982年毕业于北京大学
1988年获北京大学博士学位
2011年当选为中国科学院院士
北京大学教授

主要从事稀土分离理论、应用及稀土功能材料研究。发展了"串级萃取理论"，实现了中重稀土串级萃取工艺参数的准确设计，实现了高纯重稀土的大规模工业生产；提出了"联动萃取工艺"的设计和控制方法；建立了稀土纳米晶的可控制备方法，系统研究了"镧系收缩"效应对稀土纳米晶的结构影响规律；发现稀土晶发光主要受到表面晶格对称性破损控制，实验上率先证实了CeO_2对CO的催化活性与其外露晶面有关的理论预测；实现了不同结构与组成的稀土氟化物纳米晶的多色上转换发光。曾获国家自然科学奖3次、国家科学技术进步奖二等奖2次，以及中国青年科技奖、求是科技基金会求是杰出青年学者奖、中国化学会–阿克苏诺贝尔化学奖等。2012年当选为发展中国家科学院院士。现任南开大学副校长。

化学部

1. 给学生演示实验
2. 2013年3月，在十二届全国人大一次大会上投票
3. 2010年，主持稀土国际会议
4. 2008年，严纯华（左）在法国参加国际发光学术会议
5. 研究生期间，严纯华（中）向导师徐光宪院士（右）、李标国教授（左）汇报计算结果
6. 2013年12月，严纯华（右）参加香港理工大学杰出中国学人表彰活动
7. 2014年春，与父母在海南三亚海边

155

杨学明

Yang Xueming

物理化学家

1962年10月11日生于浙江湖州
1982年毕业于浙江师范大学
1991年获美国加利福尼亚大学圣塔芭芭拉分校博士学位
2011年当选为中国科学院院士
中国科学院大连化学物理研究所研究员

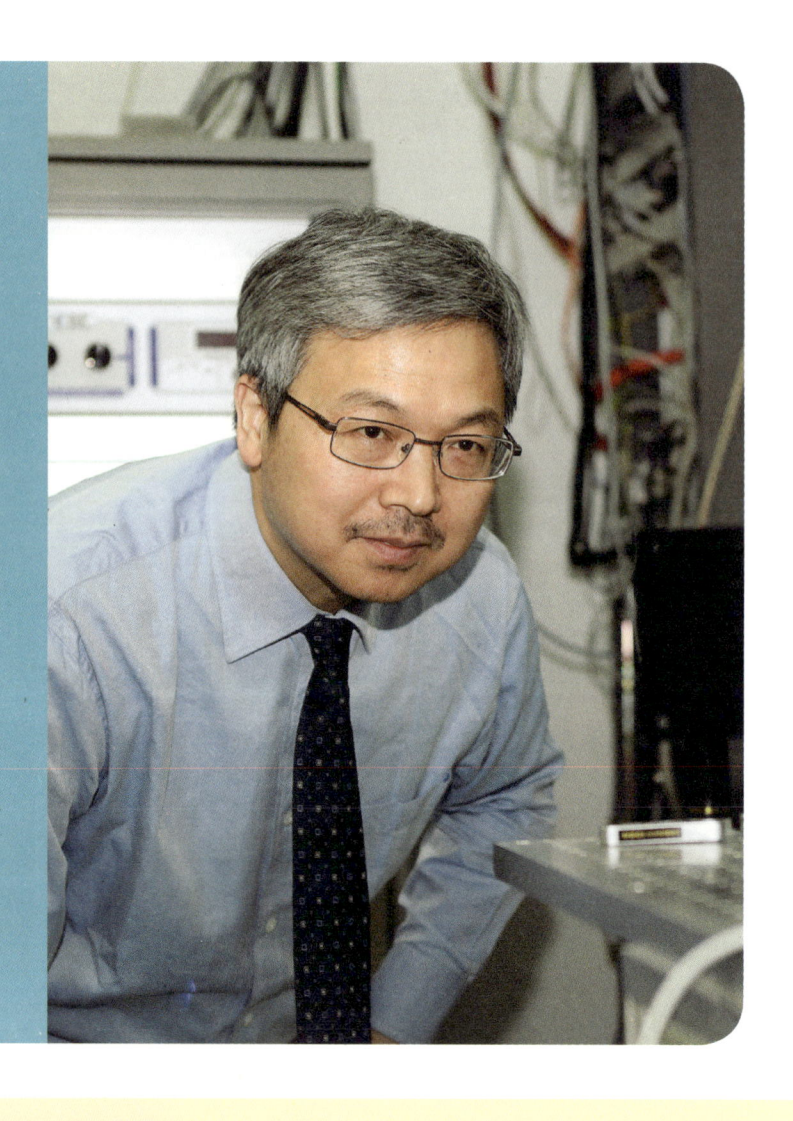

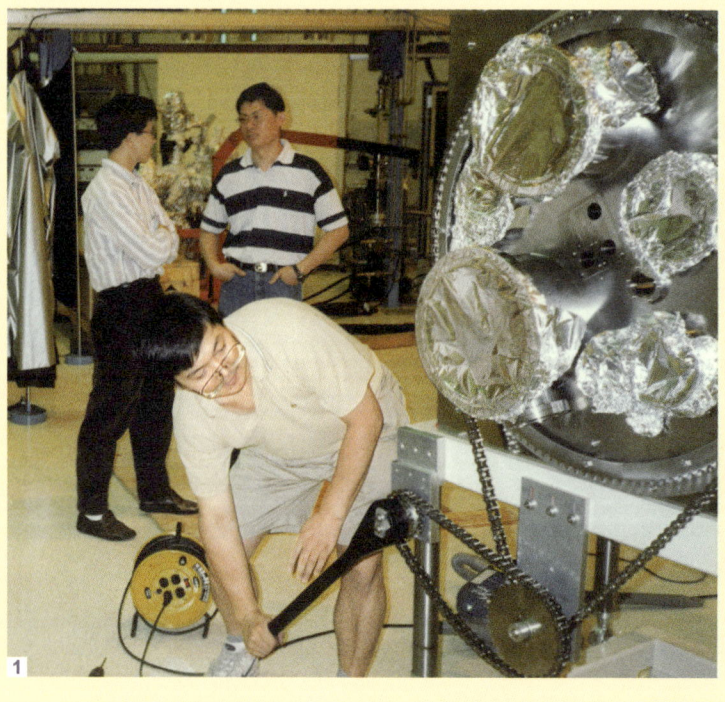

主要从事气相及表面化学反应动力学的实验研究。利用自行研制具有国际领先水平的科学仪器和实验技术在化学反应过动力学以及表面光催化机理等方面取得重要系列性研究成果；特别是在量子态分辨水平上观测化学反应过渡态的量子结构及基元反应非绝热动力学的研究中取得了化学动力学领域突破性研究成果。2007年获中国科学院杰出科技成就奖、2008年获国家自然科学奖二等奖和何梁何利基会科学与技术进步奖、2009年获教育部"长江学者成就奖"、2010年获陈嘉庚化学科学奖，2011年获德国洪堡研究奖。

化学部

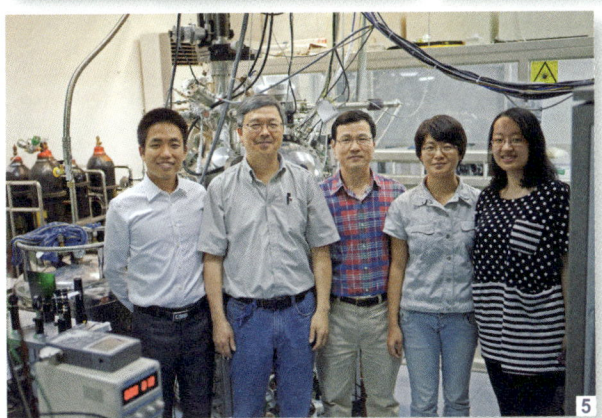

1. 2002年，杨学明（后右）在台湾新竹同步辐射研究中心
2. 2012年10月，在陈嘉庚科学奖报告会上作报告
3. 2003年，杨学明（右）与诺贝尔化学奖获得者鲁道夫·马库斯在实验室讨论问题
4. 2009年8月，在贵州施承杉木河漂流
5. 2012年9月，杨学明（左2）在中国科学院大连化学物理研究所实验室和学生在一起
6. 2012年3月，杨学明（前排左6）在国家自然基金委员会国家重大科研仪器设备研制专项"基于可调极紫外相干光源的综合实验研究装置"项目启动会上
7. 2003年12月，和女儿杨慧珏参加迎新活动

157

中国科学院院士

张俐娜
Zhang Lina

高分子化学家

1940年8月14日生于福建光泽，籍贯江西萍乡
1963年毕业于武汉大学
2011年当选为中国科学院院士
武汉大学教授

主要从事高分子物理与天然高分子材料的基础和应用研究，用高分子物理理论和方法研究天然高分子的结构、分子尺寸、链构象、性能和生物功能；开创了低温溶解法，提出低温下大分子与溶剂形成新的氢键配体导致溶解的新机理；创建了天然高分子转化为材料的绿色途径；成功解决了难溶性大分子（如纤维素、甲壳素、聚苯胺）在水体系低温溶解问题，由此构建出一系列新功能材料，这些材料在生物医用、光电储能很分离等领域具有应用前景。曾获美国化学会2011年度Anselme Payen 奖、国家自然科学奖二等奖，以及全国劳动模范（2000年）等荣誉。

化学部

1. 2002年，张俐娜（左2）在实验室指导博士生和来自印度的博士后R.Kumar（左）做实验
2. 1962年，在武汉大学学习
3. 1985年，在日本大阪大学做实验
4. 2012年3月，张俐娜在美国圣迭戈为她举行的Anselme Payen奖颁奖仪式上作视频答谢
5. 1986年，张俐娜（右2）作为翻译陪同日本环保专家菱田一雄（右3）到武汉钢铁（集团）公司考察环境污染问题
6. 2007年，张俐娜（右2）在日本东京出席第二届国际纤维素学术会议
7. 1985年，张俐娜与丈夫杜予民东渡日本留学

赵进才

Zhao Jincai

环境化学家

1960年12月16日生于内蒙古丰镇
1982年毕业于内蒙古大学
1994年获日本明星大学博士学位
2011年当选为中国科学院院士
中国科学院化学研究所研究员

主要从事低浓度、高毒性、难降解有机污染物光催化降解及机理方面的研究。阐明了不同于传统紫外光光催化的染料污染物可见光光催化降解机理；发现了光催化反应过程中氧原子转移的新途径；构建了系列可见光光催化活化环境友好氧化剂 O_2 或 H_2O_2 降解有机污染物的新体系；将光催化原理用于环境中的重要光化学过程研究，阐明了环境中铁物种的光化学循环规律及其环境效应。2005年获国家自然科学奖二等奖，2010年获日本光化学协会"亚洲及太平洋光化学家讲座奖"等。2014年当选为发展中国家科学院院士。

化学部

1. 2013年6月，赵进才（右）与美国佛罗里达理工学院的Virender Sharma教授（左）在辽宁大连主持"2013环境科学与技术国际会议"大会报告
2. 2002年2月，赵进才（右1）获首届中国科学院-拜尔（德国）青年科学家奖
3. 1990年2月，赵进才（左）在日本明星大学实验室与导师Hisao Hidaka教授（右）合影
4. 2006年9月，赵进才（右）参观美国普渡大学土木工程学院环境工程课题组实验室，与课题组长Ernest Blatchley教授（左）合影
5. 2009年6月，赵进才（中）在中国科学院化学研究所与09级毕业研究生合影
6. 2002年10月，赵进才（前排左5）在北京组织举办"第9届光电智能材料及分子电子学中日双边会议"
7. 2006年1月，赵进才（左）获2005年国家自然科学奖二等奖，右侧为夫人王令萱

161

중国科学院院士

丁奎岭
Ding Kuiling

有机化学家

1966年3月15日生于河南永城
1985年毕业于郑州大学
1990年获南京大学博士学位
2013年当选为中国科学院院士
中国科学院上海有机化学研究所研究员、所长

主要从事不对称催化研究，在基于组合方法与组装策略的新型手性催化剂研究和新型手性配体的设计、合成与应用研究方面做出了突出贡献，在国内外产生了重要影响，对有机化学学科特别是不对称催化领域的发展起到了重要推动作用。发展的多个新型手性配体与催化剂的性能达到或超过国内外最好同类配体或催化剂的水平，并实际应用于工业生产。2009年获国家自然科学奖二等奖，2008年获上海市自然科学奖一等奖，2011年被评选为上海市科技精英并获上海市自然科学牡丹奖。

化学部

1. 在实验室工作
2. 1985~1990年读研期间，丁奎岭（右）与导师吴养洁教授（左）合影
3. 2011年7月，作为共同主席之一，主办第16届IUPAC导向有机合成的金属有机化学国际会议
4. 丁奎岭（右）在实验室指导研究生
5. 2010年1月，在国家科学技术奖励大会上
6. 2012年12月，丁奎岭（左2）与中国科学院上海有机化学研究所同事访问美国哈佛大学Corey教授（左2）
7. 与家人在上海体育公园

中国科学院院士

方维海
Fang Weihai

物理化学家

1955年12月22日生于安徽定远
1982年毕业于阜阳师范学院
1993年获北京师范大学博士学位
2013年当选为中国科学院院士
北京师范大学教授

主要从事光化学过程的理论和计算模拟及物理化学教学工作。发展和改进了势能面极小能量交叉结构优化方法、旋-轨耦合矩阵元计算方法、直接从头算和基于QM/MM框架的非绝热动力学方法。系统研究了羰基化合物光解离，率先预测了芳香族羰基化合物光反应涉及的"暗态"结构和特性，发现并优化得到三个电子态的势能面交叉结构，被证明是芳香族羰基化合物共有的拓扑结构特征；率先开展了溶液中光反应的从头算模拟，在溶液光反应动力学模拟方面取得了突破性进展。作为第一完成人分别于2003年和2009年获教育部自然科学奖一等奖。

化学部

1. 教师节，方维海（前）和学生合影
2. 为学生授课
3. 2008年，在广西桂林举办的全国量子化学大会上作报告
4. 2010年12月，方维海（右）访问英国卡迪夫大学并作学术报告，与卡迪夫大学校长交流
5. 2013年，方维海（右1）代表北京化学会承办第27届中国化学奥林匹克竞赛
6. 2014年3月，方维海（二排右2）参加国际研讨会
7. 方维海与夫人马书勤游览日本姬路城

中国科学院院士

冯小明
Feng Xiaoming

有机化学家

1963年10月7日生于四川武胜
1985年毕业于兰州大学
1996年获中国科学院化学研究所博士学位
2013年当选为中国科学院院士
四川大学教授

主要从事手性合成方法研究，在新型手性催化剂的设计合成和新的不对称催化反应研究方面做出了系统的开创性工作。设计合成了具有柔性烷基链接的C_2对称性双氮氧酰胺化合物配体，建立了结构多样、中心金属种类丰富、可满足不同反应需求的手性双氮氧–金属配合物催化剂库；利用自主设计合成的手性催化剂，实现了多种不对称催化新反应，包括第一例不对称催化α-取代重氮酯与醛的反应，并被冠名为Roskamp-Feng反应；发展的新型手性催化剂和不对称催化合成新反应，为手性化合物的合成提供了新的高效、高选择性方法，并被用于手性天然产物和手性药物的合成。2002年获国家杰出青年科学基金资助，2005年任教育部"长江学者奖励计划"特聘教授，2012年获国家自然科学奖二等奖。

化学部

1. 2006年11月，冯小明（右1）指导学生实验
2. 1988年5月，冯小明（右1）作硕士学位论文答辩
3. 2012年4月，在中国化学会第28届学术年会 大会上作邀请报告
4. 2013年1月，在国家科学技术奖励大会上
5. 2011年11月，冯小明（左3）在中国化学会第七届有机化学学术会议上获有机合成创造奖
6. 2005年1月，在实验室做实验
7. 2014年2月，与夫人陈荣及儿子在成都市植物园

中国科学院院士

韩布兴
Han Buxing

物理化学家

1957年7月20日生于河北遵化
1982年毕业于河北科技大学
1988年获中国科学院化学研究所博士学位
2013年当选为中国科学院院士
中国科学院化学研究所研究员

长期从事化学热力学与绿色化学的交叉研究，重点围绕一系列超临界流体、离子液体等绿色溶剂体系化学热力学及其应用开展研究。自行设计和建立了多种实验方法与技术，阐明了多组分绿色溶剂体系化学热力学性质的变化规律和机理；发展了离子液体、超临界流体/离子液体微乳液研究的新方向，创制了多种新型功能微乳液体系，实现了用超临界CO_2调控表面活性剂体系的可逆相转变；以绿色化学反应和技术开发为目标，开展了绿色溶剂体系化学热力学研究，揭示了绿色溶剂反应体系的特殊热力学行为和溶剂效应规律，发展了多个清洁高效的化学反应。曾获国家自然科学奖二等奖。2007年当选为英国皇家化学会会士。

化学部

1. 韩布兴（右）与博士后一起做实验
2. 2012年10月，在中国化学会第16届全国化学热力学与热分析学术会议上
3. 2012年8月，韩布兴（左）在第4届国际纯粹与应用化学联合会绿色化学学术会议上为青年获奖者颁奖
4. 2009年8月，韩布兴（右）在组织召开第4届国际绿色与可持续化学学术会议期间与参会学者交谈
5. 2012年8月，韩布兴（左）作为主席主持召开国际纯粹与应用化学联合会绿色化学分会委员会会议
6. 2005年10月，韩布兴（左）出席第4届国际暨第6届中日双边热化学与热分析学术会议
7. 全家福

中国科学院院士

李永舫
Li Yongfang

高分子化学家和物理化学家

1948年8月10日生于重庆，籍贯河南睢县
1986年获复旦大学博士学位
2013年当选为中国科学院院士
中国科学院化学研究所研究员
苏州大学教授

主要从事聚合物太阳电池光伏材料和器件以及导电聚合物电化学等方面的研究。提出通过共轭支链来拓展聚合物共轭程度从而拓宽其吸收光谱的分子设计思想；合成了茚双加成富勒烯衍生物（ICBA）新型受体光伏材料，显著提高了基于P3HT光伏器件的效率。在吡咯电化学聚合和导电聚吡咯电化学等方面也取得了一系列具有重要影响的研究成果。1995年获国家自然科学奖二等奖（第二完成人）、2005年获北京市科学技术进步奖一等奖（第一完成人）。

化学部

1. 1996年春天,李永舫(左)与钱人元院士(右)一起讨论实验结果
2. 1968年,高中毕业离校下乡前在河南商丘留影
3. 1998年4月,在美国加利福尼亚大学圣巴巴拉分校高分子和有机固体研究所访问研究期间在实验室工作
4. 1998年6月,李永舫(右)美国加利福尼亚大学圣塔芭芭拉分校访问研究期间与2000年诺贝尔化学奖获得者A.J.Heeger教授(中)和曹镛院士(左)合影
5. 1996年2月,李永舫(前排右2)由于"导电聚吡咯的研究"获国家自然科学奖二等奖
6. 2008年6月,李永舫(左2)与毕业博士研究生合影
7. 2003年夏,李永舫夫妇与孙子在自家庭院内

171

中国科学院院士

谢毅 Xie Yi

无机化学家

1967年7月23日生于安徽阜阳，籍贯安徽安庆
1988年毕业于厦门大学
1996年获中国科学技术大学博士学位
2013年当选为中国科学院院士
中国科学技术大学教授

主要从事无机固体化学研究。建立了溶剂热制备非氧化物材料的方法，提出了多种二元特征结构协同策略，实现了系列复杂结构的功能纳米材料的构筑；提出了利用无机固体中丰富的相变行为及半导体二维超薄结构等新思路来实现电、声输运的同步调制，获得了高效热电材料；发展了无机类石墨烯化学，解决了其超薄结构无法给出精确原子位置的难题；揭示了系列半导体二维超薄结构的精细结构、电子结构与热电、光电基本性能之间的调控规律。曾获国家自然科学奖二等奖、中国青年科学家奖、中国青年女科学家奖、IUPAC化学化工杰出女性奖，以及欧莱雅-联合国教科文组织世界杰出女科学家成就奖。2013年当选为英国皇家化学会会士。

化学部

1. 在实验室和学生讨论
2. 1996年，在博士生毕业典礼后留影
3. 1998年，在美国布鲁克海文国家实验室做实验
4. 2006年，在自家庭院
5. 2015年，谢毅（右4）获欧莱雅-联合国教科文组织世界杰出女科学家成就奖
6. 2013年，谢毅（左1）在土耳其与IUPAC化学化工杰出女性奖的获奖者合影
7. 2008年，谢毅（前排中）与课题组成员在一起

中国科学院院士

杨秀荣
Yang Xiurong

分析化学家

1946年4月17日生于北京
1968年毕业于中国科学技术大学
1991年获瑞典隆德大学博士学位
2013年当选为中国科学院院士
中国科学院长春应用化学研究所研究员

主要从事电分析化学、生物分子识别和相互作用及微流控分析化学的研究。发展了基于微生物的微纳结构材料及重要电化学碳材料的制备方法；对生物分子相互作用的动力学、构型变化与定量关系的测量与表征进行了创新研究；发展了系列新型分子识别探针；研制出实时、在线的分子识别电化学电容分析仪；合作研制了毛细管电泳电化学发光检测仪以及远程在线水质自动监测系统。曾获国家自然科学奖二等奖2次（一次排名第一，一次排名第三）及吉林省科学技术进步奖一等奖4次（2次排名第一，2次排名第三）。

化学部

1. 2012年12月，杨秀荣（中）获吉林省科学技术进步奖一等奖
2. 1991年，在瑞典隆德大学博士学位加冕典礼后
3. 1990年，杨秀荣（左2）与博士生导师、瑞典著名分析化学教授 Gillis Johansson（右2）和德国著名生物传感器教授Frieder W. Scheller（左1）共进晚餐
4. 1993年，杨秀荣（左）在美国新奥尔良与博士后合作教授、《Analytical Letters》前主编George G. Guilbault教授畅谈
5. 1995年，杨秀荣（中排左2）在美国夏威夷与博士后合作教授Garry A. Rechniz（中左1）小聚
6. 2009年，杨秀荣（右）向学术委员会汇报实验室工作
7. 杨秀荣（前排右2）与学生们一起郊游

175

中国科学院院士

张涛
Zhang Tao

化学家

1963年7月8日生于陕西安康
1982年毕业于陕西理工大学
1989年获中国科学院大连化学物理研究所
　　博士学位
2013年当选为中国科学院院士
中国科学院大连化学物理研究所研究员
中国科学院副院长

主要从事催化化学基础和应用研究工作。发明了负载型高分散亚纳米催化剂和单原子催化剂的制备方法，提出"单原子催化"概念；探索贵金属替代，拓展了航天航空催化剂的新应用；发现纤维素一步法催化转化制乙二醇新反应并阐明反应机理，为从生物质制备大宗化学品开辟了新途径；带领团队研制出飞机燃料分解催化剂，获广泛应用并形成国家标准；发明过氧化氢分解催化剂，实现了我国无毒推进剂过氧化氢催化分解技术的工程应用；发明快速大容量高效脱氧剂，研制耐受振动和冲击的特殊结构反应器，应用于神舟飞船；发明丙烯液相脱氧剂，解决了丙烯液相脱氧飞温烧塔的难题。曾获国家技术发明奖二等奖3次。当选为英国皇家化学会会士。

化学部

1. 2000年，张涛（右2）与科研人员一同讨论学术问题
2. 1988年，在中国科学院大连化学物理研究所研究生宿舍学习
3. 2013年，担任第2届 International Congress on Catalysis for Biorefineries大会主席
4. 2012年，张涛（前2）登山
5. 2003年，介绍火箭结构
6. 1999年，张涛（左）与周光召院士（中）、包信和院士（右）合影
7. 2011年，张涛、黄燕夫妇

中国科学院院士

张洪杰
Zhang Hongjie

无机化学家

1953年9月22日生于吉林榆树，籍贯吉林长春
1978年毕业于北京大学
1993年获法国波尔多第一大学博士学位
2013年当选为中国科学院院士
中国科学院长春应用化学研究所研究员

主要从事稀土材料的基础与应用研究。解决了稀土杂化材料制备中的关键科学和技术问题，制备出一系列性能优异的稀土杂化光电材料；解决了稀土发光材料温敏涂层全表面精确测量和快速获得表面热流分布的关键科学和技术问题，制备出一系列风洞测温的稀土发光材料；探索稀土离子对交流LED发光的影响机制，从源头上解决了交流LED频闪的难题，实现从基础研究到产业化的跨越；突破稀土镁合金大尺寸无缝挤压关键技术，制备出系列稀土镁合金，满足了国防的重大需求。曾获国家自然科学奖二等奖。

化学部

1. 进行稀土杂化光电材料研究
2. 主持"中国稀土科技战略发展研讨会",并作大会报告
3. 指导研究生工作
4. 2009年1月,参加乒乓球运动
5. 张洪杰(右)向诺贝尔奖获得者、美国加利福尼亚大学圣塔芭芭拉分校 A.J. Heeger教授(左)介绍稀土科研成果和进展
6. 张洪杰(前排右6)与课题组同事和研究生合影
7. 张洪杰夫妇

179

安立佳

An Lijia

高分子物理学家

1964年11月20日生于吉林前郭，籍贯山东东平
1986年毕业于吉林大学
1992年获吉林大学博士学位
2015年当选为中国科学院院士
中国科学院长春应用化学研究所研究员、所长

主要从事高分子物理基础理论研究。在高分子非线性流变学、特性黏度理论、含刚性嵌段共聚物微相分离、过冷流体及玻璃化转变、高分子薄膜相分离与去润湿、高分子物理凝胶化机理、高分子混合物相行为等方面取得了系统、创新的研究成果。特别是首次提出了"缠结高分子流体剪切抑制解缠结"的新概念，揭示了传统理论无法描述的快速大形变下缠结高分子流体非线性流变行为的分子机理；首次推导了任意拓扑结构柔性高分子特性黏度的普适性理论公式，为不同拓扑结构高分子链的结构表征和分级提供了理论基础。

化学部

1. 2002年，在开展剪切激光光散射仪的研制工作
2. 2015年，安立佳（右）进行缠结高分子流体非线性流变学研究
3. 2009年8月12日，安立佳（右）与诺贝尔奖获得者Rudolph A. Marcus教授进行亲切交流
4. 安立佳（左）与石彤非博士讨论高分子复杂体系多尺度计算机模拟的学术问题
5. 2012年9月12日，安立佳（左3）在山东神驰集团考察稀土异戊橡胶（合成天然橡胶）成果转化情况
6. 2014年10月8日，在对中国科学院长春应用化学研究所进行国际评估时，安立佳（左）向评估组组长、美国工程院院士、马萨诸塞大学Thomas P. Russell教授（中）介绍研究所科技产出情况
7. 全家福

中国科学院院士

李玉良
Li Yuliang

无机化学家

1949年10月1日生于山东青岛，籍贯山东高密
1975年毕业于北京化工学院
2015年当选为中国科学院院士
中国科学院化学研究所研究员

主要从事以无机化学为基础的交叉科学研究。首次合成了具有本征带隙sp杂化的二维碳石墨炔，实现了人工化学合成全碳材料，引领了国际上该领域的研究；建立了无机/有机半导体异质结共生长方法学，解决了纳米科学中异质结构相容生长的关键问题，成为国际上生长低维异质结构的经典方法；率先在国际上建立了富勒烯低维结构生长方法学，实现了大面积、高有序富勒烯纳米管的制备，开辟了富勒烯研究的新途径等。三次获国家自然科学奖二等奖。

化学部

1. 2015年，获国家自然科学二等奖
2. 2015年，在美国国际会议上作大会邀请报告
3. 2009年，应邀访问波兰科学院与波兰著名科学家Graja学术交流
4. 2011年，作为首席科学家主持科技部重大科学研究计划项目启动会
5. 2003年，李玉良（2排右2）作为国际专家与诺贝尔奖获得者野依良治（前排左6）等出席COE会议
6. 2008年，李玉良（左3）与获博士学位学生合影
7. 2013年，和夫人在美国

刘云圻

Liu Yunqi

物理化学家

1949年2月22日生于江苏靖江
1975年毕业于南京大学
1991年获日本东京工业大学博士学位
2015年当选为中国科学院院士
中国科学院化学研究所研究员

主要从事分子材料与器件的研究。总结发展了高性能分子材料的设计思想和提出了性能调控的新方法。证实了扩展p体系是实现高迁移率的重要途径，合成了具有优异光电性能的新型p共轭分子材料。首次提出了液态铜催化剂生长石墨烯的概念，获得了高质量单晶石墨烯；制备了第一个氮掺杂的石墨烯，实现了对石墨烯电学性能的调控；开拓了在介电层上直接生长石墨烯的新方法。揭示了界面对器件性能的影响规律，开发了新的溶液法加工技术，实现了器件的多功能化。曾获国家自然科学奖二等奖和入选全球高被引科学家名录等。

化学部

1. 2007年，获国家自然科学奖二等奖
2. 求学期间，在日本理化学研究所，与导师山田瑛（左排3）、雀部博之（左排2）等合影
3. 2009年，国家自然科学基金会中国-丹麦国际合作项目启动会，刘云圻（中）与丹麦科技与创新部长Helge Sander（左），哥本哈根大学副校长Thomas Bjornholm（右）合影
4. 2007年，访问美国，刘云圻（左）与诺贝尔奖获得者Alan J. Heeger（右）交谈
5. 2008年，与日本索尼公司第四年度合作协议签字仪式
6. 2011年，接待美国工程院院士、斯坦福大学鲍哲楠教授（左4）访问中国科学院化学研究所
7. 1987年，家庭合影[父亲（2排右3），母亲（2排左3）]

孙世刚

Sun Shigang

物理化学家

1954年7月16日生于重庆万州
1982年毕业于厦门大学
1986年获法国巴黎居里大学国家博士学位
2015年当选为中国科学院院士
厦门大学教授

主要从事电催化、表界面过程、能源电化学等方面的研究和教学工作。在表面原子排列结构与电催化性能的构效规律，分子水平电催化反应机理，电极纳米材料的结构和性能调控等方面取得了系统的重要研究成果。特别是创建了电化学结构控制合成方法，首次制备出由高指数晶面围成的高表面能铂二十四面体纳米晶，显著提高了铂催化剂的活性，在纳米催化剂合成研究中取得了重大突破。曾获得2013年国家自然科学奖二等奖，2008年教育部自然科学奖一等奖，2009年中国电化学贡献奖，2010年国际电化学Brian Conway奖章，2015年中法化学讲座奖。曾任中国化学会电化学委员会主任，厦门大学副校长。

化学部

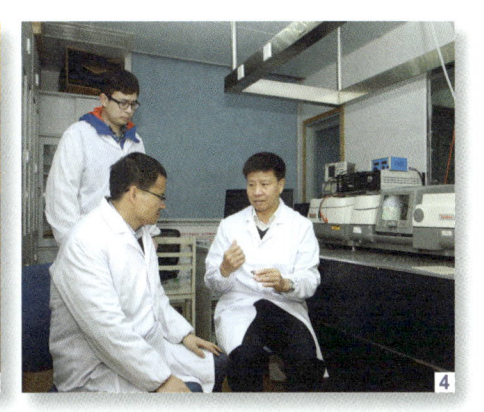

1. 科学研究
2. 留法时期留影
3. 参加全国劳模表彰大会
4. 人才培养
5. 讲授物理化学课
6. 30年后，孙世刚（中）与法国导师 Clavillier夫妇合影
7. 家庭合影

谭蔚泓

Tan Weihong

化学家

1960年5月12日生于湖南益阳
1982年毕业于湖南师范大学
1993年获美国密西根大学博士学位
2015年当选为中国科学院院士
湖南大学教授

主要从事生物分析化学、分子医学等方面的研究和教学工作，在核酸适体、分子识别、纳米生物传感等领域做了大量系统的原创性工作，在生物分子识别的医学应用上取得突破性研究进展。首次提出了核酸适体活细胞筛选的新概念，建立了以活细胞为靶标的核酸适体筛选方法，提出了系列核酸适体分析化学新原理，探索了纳米生物学和分析化学交叉研究新方向，为生命分析化学提供了新工具。2012年获美国ACS Florida成就奖，2013年获湖南省自然科学奖一等奖，2014年获国家自然科学奖二等奖。

化学部

1. 2013年，在香港浸会大学作学术报告
2. 1978年，湖南师范大学入学照
3. 2010年6月，在湖南长沙主持生物分析、生物医学工程与纳米技术国际会议
4. 在湖南大学分子科学与生物医学实验室指导学生实验
5. 973计划项目课题验收会
6. 2012年，参加生物分析、生物医学工程与纳米技术国际会议学术交流
7. 家庭合影

中国科学院院士

唐勇 Tang Yong

有机化学家

1964年9月12日生于四川乐山
1986年毕业于四川师范大学
1996年获中国科学院上海有机化学研究所博士学位
2015年当选为中国科学院院士
中国科学院上海有机化学研究所研究员

主要从事金属有机化学研究。针对均相催化领域的选择性控制与催化等核心科学问题，发展了在催化剂的活性中心区域装载配位基团以调控其催化行为的方法，提出了边臂策略设计金属有机催化剂的理念。运用该策略，设计了系列新型手性配体并成功应用于十余类重要的不对称催化反应；发展了叶立德反应选择性调控的一些新方法；设计了新型单中心聚烯烃催化剂，为聚乙烯多样性链结构的选择性合成提供了高效的途径。研究并阐明了边臂的作用机制和规律，部分基础研究成果实现了转移转化。曾获国家自然科学奖二等奖、中国青年科技奖等。

化学部

1. 2003年，唐勇（左）与孙秀丽博士（中）和学生周剑（右）讨论工作
2. 2004年，在办公室修改文章
3. 2012年，获得国家自然科学奖二等奖时在人民大会堂留影
4. 1995年11月30日，唐勇（左）在博士论文答辩结束与两位导师黄耀曾院士（中）和戴立信院士（右）的合影
5. 2014年，在RSC组织的ISACS-14上作学术报告
6. 2012年，访问哈佛大学，与诺贝尔奖获得者E. J. Corey 合影 左起：胡金波；丁奎岭、E.J. Corey、马大为、唐勇、曹阿明
7. 2005年，与家人到镜泊湖旅游

席振峰 Xi Zhenfeng

化学家

1963年4月2日生于河南虞城
1983年毕业于厦门大学
1996年获日本综合研究大学院大学分子科学研究所博士学位
2015年当选为中国科学院院士
北京大学教授

主要从事金属有机化学、有机合成化学等方面的研究和教学工作。提出并系统开展了双金属有机试剂化学研究，发现了双金属有机试剂的氧化反应、协同稳定化转金属反应、芳构化形成芳香金属杂环等新反应类型和协同切断不饱和化学键等新反应模式，揭示了双金属有机试剂独特的反应机制并提出了"协同效应"理念，建立了多种金属有机杂环结构的高效合成方法。2000年获求是科技基金会求是杰出青年学者奖，2004年获首届黄耀曾金属有机化学奖，2007年获药明康德生命化学研究奖一等奖，2014年获中国化学会-阿克苏诺贝尔化学奖。

化学部

1. 2015年11月，当选为中国科学院院士
2. 2010年1月，参加国际会议
3. 2010年6月，在北京大学主持召开国际会议
4. 2008年4月，参观洛阳牡丹园
5. 2002年11月，在办公室
6. 2015年12月，在研究室展板前
7. 2012年10月，全家合影

中国科学院院士

于吉红
Yu Jihong

化学家

1967年1月2日生于辽宁鞍山，籍贯山东肥城
1989年毕业于吉林大学
1995年获吉林大学博士学位
2015年当选为中国科学院院士
吉林大学教授

主要从事无机多孔功能材料的合成化学及其催化与分离等应用基础研究，在分子筛多孔晶体材料的结构设计与定向合成研究中作出了重要创新性贡献：创建了限定禁区设计分子筛结构的新方法，解决了特定孔道结构设计的难题，预测了分子筛的可能结构，发现并提出了判断分子筛结构可行性的局域原子间距规则；提出了基于模板诱导、杂原子取代、计算机辅助设计合成特定孔道结构多孔晶体材料的若干新途径，其研究推动了功能导向无机晶体材料定向设计与合成的发展。获2012年国家自然科学奖二等奖、2010年全球华人无机化学"Bau Family Award"奖、2009年中国青年女科学家奖等。

化学部

1. 指导学生实验
2. 在办公室
3. 与学生讨论
4. 2013年，参加第17届国际分子筛大会（俄罗斯）期间留影
5. 为学生讲学
6. 2010年4月10日，在吉林大学-西班牙巴伦西亚理工大学多孔材料分子工程国际联合实验室成立仪式上发言
7. 于吉红（中排右2）和学生一起进行户外活动

195

张锁江

Zhang Suojiang

化学工程专家

1964年11月25日生于河南林州
1986年毕业于河南大学
1994年获浙江大学博士学位
2015年当选为中国科学院院士
中国科学院过程工程研究所研究员、所长

主要从事离子液体与绿色化工研究工作。在离子液体构效关系、工程放大和工业应用等方面取得了系统的重要研究成果。特别是揭示了离子液体中特殊的氢键作用及其网络结构，提出了离子液体周期性变化规律，形成了功能化离子液体的设计方法；建立了离子液体规模化制备装置，研发了离子液体系列反应/分离新体系，形成了离子液体多尺度调控的理论和方法；研发了多项具有自主知识产权的绿色化工成套技术并实现了产业化应用。2010年获国家自然科学奖二等奖，2014年获侯德榜化工科技成就奖等多项奖励。

化学部

1. 2011年4月，张锁江（左）在实验室指导学生
2. 1998年3月，张锁江（左）在日本大学与导师Kazuo Kojima（右）交流课题
3. 1998年3月，张锁江参加会议做墙报
4. 2005年5月，张锁江与著名学者Robin D. Rogers 进行学术交流
5. 2011年11月，张锁江去美国进行学术交流和访问
6. 2012年5月，张锁江（中）调研山东易达利化工有限公司甲基丙烯酸甲酯（MMA）生产线
7. 2011年4月，指导学生

常文瑞	陈晓亚	邓子新	方精云	贺　林	童坦君	汪忠镐
王大成	王恩多	王正敏	曾益新	赵国屏	陈润生	段树民
孟安明	武维华	谢华安	杨焕明	赵进东	侯凡凡	林鸿宣
尚永丰	隋森芳	庄文颖	葛均波	黄路生	康　乐	李　林
舒红兵	张明杰	张学敏	赵玉沛	朱玉贤	程和平	高　福
桂建芳	韩　斌	韩家淮	赫　捷	金　力	施一公	赵继宗
曹晓风	陈国强	陈孝平	陈义汉	李　蓬	邵　峰	宋微波
王福生	徐国良	阎锡蕴	张　旭	周　琪		

生命科学和医学学部

常文瑞 Chang Wenrui

结构生物学家

1940年9月2日生于辽宁锦州
1964年毕业于南开大学
2005年当选为中国科学院院士
中国科学院生物物理研究所研究员

主要从事生物大分子结构与功能研究。全程参加了我国第一个蛋白质结构——胰岛素三维结构的测定，并在高分辨率胰岛素及其类似物、蚓激酶、金属蛋白酶及藻类天线蛋白的系列研究中取得一系列重要成果。1997年开始高等植物光合作用膜蛋白的系统研究。2004年，在世界上率先解析了高等植物捕光蛋白LHC II的高分辨率的晶体结构，填补了我国膜蛋白结构测定的空白，推动了我国在该领域研究的深入和扩展。曾获国家自然科学奖二等奖（1982年、1989年、2014年），中国科学院科技进步奖一等奖（1987年），北京市科技进步奖一等奖（2003年、2013年），何梁何利基金科学与技术进步奖（2004年），中国科学院杰出科学技术成就奖（2005年）等。

生命科学和医学学部

1. 2006年，接受时任中国科学院院长路甬祥（左）颁发的2005年度中国科学院杰出科技成就奖
2. 1985年，在美国匹兹堡大学做访问学者
3. 2010年，在日本高能加速器研究机构（KEK）与李梅博士（左）收集数据
4. 1999年，常文瑞（左2）在北京香山科学会议期间与荷兰科学家Hans Vliegenthart教授（右2）、饶子和教授（右1）合影
5. 2004年，与毕业学生柳振峰博士（左）、王锋博士（右）合影
6. 2012年，接待诺贝尔奖获得者Deisenhofer夫妇来访
7. 2004年，与夫人一起登山留影

201

陈晓亚

Chen Xiaoya

植物生理学家

1955年8月21日生于江苏扬州
1982年毕业于南京大学
1985年获英国里丁大学博士学位
2005年当选为中国科学院院士
中国科学院上海生命科学研究院研究员

从事植物生理和分子生物学研究，早期曾从事植物分类学研究。在植物次生代谢（特别是倍半萜生物合成）、棉纤维发育和植物抗虫新技术等方面取得了重要成果。克隆鉴定了棉酚合成途径的一系列酶和调控因子，解析了青蒿素等倍半萜成分合成调控机制；鉴定了棉纤维发育过程中的关键转录调控因子和细胞壁伸展蛋白，为阐明棉纤维和表皮毛发育的分子机制作出了重要贡献；利用棉铃虫防御基因，发展了植物介导的RNA干扰抗虫新技术，推动了相关生物技术的发展。曾任中国科学院植物生理生态研究所所长、中国科学院上海生命科学研究院院长。2008年获何梁何利基金科学与技术进步奖，2010年获全国优秀博士学位论文指导教师称号。

生命科学和医学学部

1. 2009年，在上海科技馆作科普报告
2. 1986年，在英国留学期间留影
3. 2009年，在黑龙江伊春与伞形科植物当归合影（"当归"是陈晓亚的博士论文研究课题）
4. 2010年，在上海世博会澳大利亚馆作报告
5. 2011年，与课题组成员在新建的上海辰山植物园合影
6. 2013年，与上海绿化市容局局长（右）一起为V.Heywood教授（中）颁发聘书
7. 2002年，与女儿在上海科技馆留影

邓子新 Deng Zixin

微生物学家

1957年3月23日生于湖北房县
1982年毕业于华中农业大学
1988年获英国东英格兰大学博士学位
2005年当选为中国科学院院士
上海交通大学教授
武汉大学教授

主要从事放线菌遗传学及抗生素生物合成的生物化学和分子生物学研究。在链霉菌质粒和噬菌体的分子生物学，DNA复制调控、限制和修饰系统，微生物代谢途径、代谢工程及生物农（医）药的创新等方面取得了系统的重要研究成果。特别是首次在众多细菌的DNA上发现了硫修饰，这是在DNA骨架上发现的第一种生理性修饰，打开了DNA硫修饰这个全新的科学领域。现任国家973项目首席科学家。2004年任教育部"长江学者奖励计划"特聘教授，2008获全国"五一"劳动奖章，2010年被评为全国先进工作者。2006年当选为发展中国家科学院院士。

生命科学和医学学部

1. 2005年，在上海交通大学实验室与研究生讨论课题
2. 1989年，原英国东英格兰大学John Innes研究所同事Tobias Kiser（左）访问武汉华中农业大学期间在实验室讨论工作
3. 1990年，在华中农业大学实验室观察细菌生长情况
4. 2002年，邓子新（右1）在上海交通大学实验室指导研究生
5. 三代科学家——邓子新（左2）与博士论文导师、英国爵士和英国皇家学会院士David Hopwood教授（右1）以及孙宇辉博士（左1）、梁晶丹博士（右2）共同讨论科学问题
6. 2012年，与诺贝尔化学奖获得者、以色列科学院院士、美国科学院外籍院士Aaron Ciechanover教授合影
7. 1999年，一家三口在武汉合影

中国科学院院士

方精云

Fang Jingyun

生态学家

1959年7月21日生于安徽怀宁
1982年毕业于安徽农业大学
1989年获日本大阪市立大学博士学位
2005年当选为中国科学院院士
北京大学教授
中国科学院植物研究所研究员、学术所长

主要从事全球变化生态学、生物多样性和生态遥感等方面的科研和教学工作。系统地开展了中国陆地生态系统碳循环的研究，发展了我国陆地生态系统碳储量的计量方法，为评估中国陆地碳收支奠定了方法论基础；对中国植物物种多样性进行过较为系统的调查，完善和发展了生态学代谢理论；较系统地研究了中国植物化学元素的计量特征，提出了"限制元素稳定性假说"。近年来，对中国和世界主要国家的碳排放进行了较为详细的测算，并为我国相关的国际气候谈判政策提出了建议；受邀担任国际科学院理事会IPCC报告评估委员会成员，对IPCC报告进行了独立评估。曾任中国科学院植物研究所所长。曾获国家杰出青年科学基金（1994）、长江学者特聘教授（2002）、国家自然科学二等奖（2004）、教育部"长江学者"成就奖（2006）、何梁何利科学技术进步奖（2007）等。2008年当选为发展中国家科学院院士。

生命科学和医学学部

1. 1992年，方精云（前排左2）在海南热带雨林考察
2. 1993年，方精云（后排左）在日本千叶大学做博士后期间，与导师大泽雅彦教授（前排左2）、郑度院士（前排右1）合影
3. 1996年，在北极考察期间开展冻土冰芯取样工作
4. 2013年，接受美国《科学》杂志采访
5. 2010年，方精云（右1）与美国专家进行森林考察
6. 2006年，赴日本期间与导师吉良竜夫先生合影
7. 2005年，与儿子在江苏苏州

207

中国科学院院士

贺林
He Lin

遗传生物学家

1953年7月17日生于北京
1991年获英国西苏格兰大学博士学位
2005年当选为中国科学院院士
上海交通大学教授

长期从事人类遗传学和各类组学的研究，揭开了有史以来所记载的第一例孟德尔常染色体显性遗传病A-1型短指（趾）症的致病之谜；发现了得到国际公认的第一例以中国人姓氏"贺-赵缺陷"命名的新遗传病并成功对其致病基因进行了定位；发现了怀孕期营养不良的影响可增加胎儿以后的精神分裂症发病率，在中国人群中发现和证实了多个精神疾病易感基因。曾任首届世界转化医学学会主席，东亚人类遗传学联盟主席。被聘为《Experimental Biology and Medicine》副主编、《Human Molecular Genetics》等十多种国际杂志的编委。发表SCI论文400余篇，主编和参编专著16部，申请和已获授权专利20多项。曾获国内外多项科技奖项。2010年当选为发展中国家科学院院士。

生命科学和医学学部

1. 2010年，贺林（左）在发展中国家科学院（TWAS）大会上接受印度总理辛格颁奖
2. 1990年，英国留学期间在意大利水城威尼斯留影
3. 在实验室指导学生
4. 2008年，在南京向师生授课
5. 2013年，在黑龙江哈尔滨出席"中国遗传学会第九次全国代表大会暨学术研讨会"
6. 2006年，与遗传学泰斗James Watson教授（左）一起看望谈家桢先生（中）
7. 1994年，在英国工作期间与父母合影

209

中国科学院院士

童坦君
Tong Tanjun

生物化学家

1934年8月15日生于浙江宁波
1959年毕业于北京医学院
2005年当选为中国科学院院士
北京大学教授

主要从事细胞衰老的分子机理研究。建立了一套国际承认的评估细胞衰老的定量指标，可用于衰老理论研究和药物抗衰效果评价；系统揭示了 $p16$ 等细胞衰老相关基因的表达调控机制，证实环境因素不仅可直接作用也可通过引发基因变化间接影响衰老；发现并克隆了多个衰老相关新基因并进行了功能研究。1978年被教育部选拔为中美建交前首批访美学者。2005年获北京市科技进步奖一等奖，2006年获教育部自然科学奖一等奖，2009年获北京市科学技术进步奖一等奖，2010年获国家科学技术进步奖二等奖。

生命科学和医学学部

1. 2012年，在百年北医庆典"大师讲坛"作报告
2. 1963年，与夫人在北京颐和园
3. 1979年，童坦君（左1）在美国国立卫生研究院（NIH）做访问学者
4. 1996年，在香港大学生化系留影
5. 2009年，童坦君（前排右4）与北京大学衰老研究中心人员合影
6. 2008年，在北京人民大会堂参加"纪念改革开放暨扩大派遣留学生工作三十周年座谈会"活动合影（左起：许卓群、柳百成、姜伯驹、陈俊亮、李衍达、张楚汉、王以铭、童坦君）
7. 2011年，童坦君夫妇与博士毕业生合影

211

汪忠镐 Wang Zhonggao

血管外科学家

1937年9月3日生于浙江萧山
1961年毕业于上海第一医学院
2005年当选为中国科学院院士
首都医科大学教授

为布—加综合征提出全方位诊治体系，术式引入牛津外科学和美国脉管学教科书。在国外62所大学作过70多次特邀报告或手术，建立了我国血管专业并将其推向世界。以网膜内皮和骨髓细胞实现静脉人工血管快速内皮化，提高远期通畅率，基本解决了移植物不可用于静脉系统的举世难题，开创了大动脉炎严重脑缺血的多种术式，首先完成全主动脉夹层和减速伤的腔内治疗。在国内首先完成颈动脉内膜剥脱和糖尿病足的血管重建术。发现严重哮喘常源于胃食管反流，并以劫后余生救治同病相怜者，受益者已成千上万。在我国建立了7个血管外科，首创了跨学科发展的"胃食管反流"学科。曾任亚洲血管学会主席、国际血管联盟副主席。1996年获国家科学技术进步奖二等奖和国际脉管学院研究成就奖，2005年获吴阶平医学奖和《中华医学杂志》创刊90周年金笔奖。

生命科学和医学学部

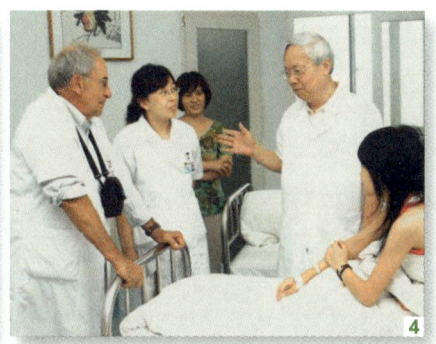

1. 1971年，从北京协和医院带队到大西北巡诊治病，废寝忘食地为当地群众服务（前排左为汪忠镐，右为村支书）
2. 1987年，在美国北卡罗来纳大学作特邀报告后，被聘为Roscow BG Cowper教授
3. 1988年，汪忠镐（左1）代表中国血管外科与德国、丹麦、奥地利等国的血管外科主席共同参加在奥地利Salsburg举行的德奥血管外科大会，并被授予该市荣誉公民
4. 2008年，美国约翰·霍普金斯大学Williams教授（左1）专程到汪忠镐（右2）创立的中国人民解放军第二炮兵总医院胃食管反流中心参观访问，给予高度的赞赏
5. 2012年，汪忠镐（前排左3）与北京宣武医院团队部分医师及国际血管联盟副主席谷涌泉（前排左2）合影
6. 2013年，汪忠镐（右1）应俄罗斯功勋科学家Ignoshov教授（右2）邀请，赴圣彼得堡巴甫洛夫大学做布－加综合征和大动脉炎两项专题演讲
7. 2003年，女儿在美国芝加哥结婚时的全家福

中国科学院院士

王大成
Wang Dacheng

生物物理学家

1940年6月11日生于四川成都
1963年毕业于中国科学技术大学
2005年当选为中国科学院院士
中国科学院生物物理研究所研究员

主要从事生物大分子结构生物学研究，重点研究疾病发生与防御的蛋白质结构与功能基础及基于三维结构的分子机理。在蛋白质激素、多肽生物毒素、动植物防御蛋白，以及一些重要原菌感染宿主的关键蛋白和内源基因突变致病相关蛋白的三维结构及相关机理等方面，开展了系统深入的研究，发现了一系列新结构新机理，取得了具有系统性和创造性的学术成果。作为主要成员之一，参加我国第一个蛋白质晶体结构（猪胰岛素）测定，成果达到当时世界先进水平，在国内外产生了重要影响。作为主要贡献者之一的研究成果曾获1982年和1987年国家自然科学奖二等奖。

生命科学和医学学部

1. 1989年，带领学生对抗肿瘤蛋白晶体进行X射线衍射分析
2. 1983年，作为德国洪堡学者参加在波恩举办的洪堡学术年会留影
3. 1972年，当时国内唯一对外英文刊物《中国建设》以封面文章专文报道胰岛素晶体结构
4. 2005年，在访问德国马普生物物理化学研究所学会Huber实验室时与诺贝尔奖获得者R. Huber教授（左）亲切交谈
5. 2013年，在实验室与研究生共庆教师节
6. 2007年，看望贝时璋先生，握手叙旧
7. 2005年，在新疆与夫人手牵手，搀扶走，相伴随行到白头

中国科学院院士

王恩多
Wang Enduo

生物化学家与分子生物学家

1944年11月18日生于重庆，籍贯山东诸城
1969年中国科学院上海生物化学研究所研究生毕业
1981年获中国科学院上海生物化学研究所硕士学位
2005年当选为中国科学院院士
中国科学院上海生命科学研究院研究员

主要以氨基酰-tRNA合成酶和相关tRNA为对象进行酶与核酸相互作用方面的研究。在亮氨酰-tRNA合成酶精确识别其底物亮氨酸tRNA和亮氨酸、进而质量控制从信使核糖核酸翻译为蛋白质的机理方面做出了系统的重要研究成果，在亮氨酰-tRNA合成酶的编校功能和编校途径的研究中取得了重要的突破。2001年获国家自然科学奖二等奖，2006年获何梁何利基金科学与技术进步奖，6次获得中国科学院优秀研究生导师奖。2006年当选为发展中国家科学院院士。

生命科学和医学学部

1. 2003年，在实验室与学生们讨论
2. 1985年，受美国国立卫生研究院（NIH）Fogarty基金会资助访问美国加利福尼亚大学戴维斯分校
3. 1992年，王恩多（左）访问法国Jean Gangloff实验室开展合作研究
4. 2008年，在国际评估中作学术报告
5. 1993年，在中国科学院生物物理研究所与王应睐院士（右3）、邹承鲁院士（右2）二位老师和夏其昌研究员（右1）合影
6. 2006年，王恩多（中）与来访的1989年诺贝尔化学奖获得者Sidney Altman教授（右）交谈
7. 2010年，王恩多（右2）在上海参加"妇女与城市发展暨纪念第四次世界妇女大会十五周年论坛"

217

中国科学院院士

王正敏
Wang Zhengmin

耳鼻咽喉-头颈外科学家

1935年11月18日生于上海，籍贯浙江宁波
1955年毕业于上海第一医学院
1982年获瑞士苏黎世大学博士学位
2005年当选为中国科学院院士
复旦大学教授

主要从事耳科、颅底外科和听觉等方面的临床、研究和教学工作。在中耳外科、耳神经外科和颅底外科以及听觉医学等方面取得系统的重要研究成果，特别是在中耳炎鼓室成形术、耳硬化激光镫骨外科、周围性面瘫面神经重建手术、侧颅底肿瘤外科和恢复聋残人听力人工耳蜗等临床和科研方面作出了重要贡献。现任复旦大学耳鼻咽喉科研究所所长和卫生部听觉医学重点实验室主任等。曾获国家科学技术进步奖二、三等奖3项，全国先进工作者，全国"五一"劳动奖章和"全国医德楷模"等科技奖励和荣誉称号。

生命科学和医学学部

1. 2008年，讲授耳颅底显微外科
2. 1980年，受教育部公派留学瑞士苏黎世大学，在该校门口留影
3. 1994年，在激光实验室
4. 2014年，在复旦大学附属眼耳鼻喉科医院向医师和研究生展示自制的耳显微手术3D（立体）录像（前排持话筒者为王正敏）
5. 2015年，在中国中西医结合耳鼻咽喉科专业委员会全国年会上作报告
6. 2007年，在复旦大学附属眼耳鼻喉科医院与瑞士苏黎世大学U.Fisch教授（右）为"Fisch国际显微外科基金会中国分部颞骨解剖实验室"揭牌
7. 2012年，与夫人在井冈山合影

中国科学院院士

曾益新
Zeng Yixin

肿瘤学家

1962年10月3日生于湖南涟源
1990年获中山医科大学博士学位
2005年当选为中国科学院院士
国家卫生和计划生育委员会副主任

主要从事恶性肿瘤发病机理和肿瘤的生物治疗研究。在鼻咽癌研究方面，明确了鼻咽癌遗传易感性，定位并鉴定了鼻咽癌家族性遗传易感基因，发现了多个散发性鼻咽癌易感基因，明确了鼻咽癌发病相关的EB病毒亚型，分离鉴定了鼻咽癌肿瘤干细胞，提出基因组不稳定性是肿瘤干细胞起源的新学说。曾任北京协和医学院校长、北京医院院长。曾获国家自然科学奖二等奖、何梁何利基金科学与技术进步奖及广东省科技突出贡献奖。2008年当选为发展中国家科学院院士，2011年当选为国际欧亚科学院院士。

生命科学和医学学部

1. 2012年，在实验室指导学生做实验
2. 2003年，在广东广州参加为促进癌症研究而发起的Terry Fox慈善慢跑活动
3. 曾益新（左）到农村开展流行病学调查
4. 2012年，曾益新（前排右）代表中山大学肿瘤防治中心与美国MD安德森癌症中心主任DePinho教授（前排左）签署合作协议
5. 2006年，在中山大学肿瘤防治中心接待来访的瑞典王后
6. 2012年，在中国科学院学部举办的"生命组学与转化医学"科学与技术前沿论坛上作报告
7. 与姚开泰院士（左）在瑞典合影留念

中国科学院院士

赵国屏
Zhao Guoping

分子微生物学家

1948年8月15日生于上海
1982年毕业于复旦大学
1990年获美国普度大学博士学位
2005年当选为中国科学院院士
中国科学院上海生命科学研究院研究员

早期从事微生物生理生化、代谢调控及酶作用机理的研究。1998年起，领导建立基因组学研究平台及体系，参与人类疾病基因组研究工作，克隆若干人类遗传病致病基因；启动生物芯片、生物信息学、蛋白质组学的研究工作，参与建立人类HapMap研究技术平台；启动中国微生物基因组测序工作并主持若干重要微生物的基因组、功能基因组、比较和进化基因组研究工作；在SARS分子流行病学、SARS冠状病毒的分子进化研究方面做出重要贡献。近年来，积极开拓系统合成生物学研究领域，在微生物代谢调控（包括代谢酶翻译后乙酰化修饰研究）方面，做出开创性工作。

生命科学和医学学部

1. 2008年，在香港中文大学作报告
2. 1982年，在复旦大学读书期间留影
3. 2004年，访问法国马赛
4. 2014年，在美国获普度大学荣誉博士学位并作报告后，手持自己的毕业论文
5. 2004年，赵国屏（左4）在广东广州召开的"SARS分子流行病学研究进展"新闻发布会上
6. 2012年，在美国与大学同学合影
7. 2014年，与导师Somerville教授（左1）合影

223

中国科学院院士

陈润生
Chen Runsheng

生物信息学家

1941年6月18日生于天津
1964年毕业于中国科学技术大学
2007年当选为中国科学院院士
中国科学院生物物理研究所研究员

主要从事生物信息学研究，在基因标注、生物进化、SNP数据分析、生物网络、非编码基因等方面进行了系统、深入的研究。参加我国第一个完整基因组泉生热袍菌B4基因组序列的组装和基因标识；参加"人类基因组计划"1%的测序工作和水稻基因组工作草图的研究。近年来主要从事非编码RNA的系统发现与功能研究。1996年在日本筑波召开的第十五届国际科学技术数据委员会（CODATA）大会上获"小谷正雄"奖，2008年获何梁何利基金科学与技术进步奖，2012年获谈家桢生命科学成就奖，2013年获国家科学技术进步奖二等奖。

生命科学和医学学部

1. 2006年，在实验室与学生一起做实验
2. 2004年，在澳大利亚昆士兰大学合作研究期间访问黄金海岸
3. 2008年，在何梁何利基金颁奖典礼大会上
4. 2008年，在中国驻澳大利亚使馆与时任中国科学院院长路甬祥院士（中）、澳籍华裔科学家张少吾教授（右）合影
5. 2011年，在首都科学讲堂上作科普报告
6. 2008年，与华裔科学家张少吾教授（左）交流讨论
7. 2008年，在内蒙古大草原策马驰骋

中国科学院院士

段树民
Duan Shumin

神经生物学家

1957年10月20日生于安徽蒙城
1982年毕业于蚌埠医学院
1991年获日本九州大学博士学位
2007年当选为中国科学院院士
浙江大学教授

主要从事神经生物学研究，在神经元—神经胶质细胞相互作用、突触发育和功能等研究领域做出系统的创新工作，尤其在神经胶质细胞信号分子释放机制、胶质细胞对神经环路和突触可塑性的调控等方面取得重要研究成果，以通讯作者在科学等国际著名杂志发表系列研究论文，在神经科学领域产生了重要影响，改变了人们对胶质细胞功能的认识。2008年获何梁何利基金科学与技术进步奖，2010年获国家自然科学奖二等奖。指导的学生多次获全国百篇优秀博士论文。多次担任国家973计划项目首席科学家。

生命科学和医学学部

1. 2010年，在实验室做实验
2. 1996年，在美国夏威夷大学做博士后期间与导师Ian Cooke教授（右）在实验室合影
3. 2007年，第一次出席全国政协会议
4. 2012年，在井冈山学习期间重走红军挑粮小道
5. 2011年，段树民（前排右2）访问日本熊本大学
6. 2011年，段树民（右1）与实验室的学生春游漂流
7. 2011年，段树民（中）出席国家科学技术奖励大会，与华中科技大学王建枝教授（左）、上海交通大学陈国强教授（右）合影

227

中国科学院院士

孟安明
Meng Anming

发育生物学家

1963年7月22日生于四川大竹
1983年毕业于西南农业大学
1990年获英国诺丁汉大学博士学位
2007年当选为中国科学院院士
清华大学教授

主要从事胚胎早期发育分子机理方面的研究。利用斑马鱼做模式动物，研究脊椎动物胚胎发育中合子基因组激活、胚层诱导、图式形成的分子机制，希望能加深对胚胎早期发育调控的理解，为了解人类流产和出生缺陷的发生机制提供理论基础。其研究成果发表在《Science》《Developmental Cell》《Cell》《Nature Communications》《Development》《Blood》《EMBO Journal》等国际著名学术刊物上。曾任中国科学院动物研究所所长。曾获谈家桢生命科学成就奖、何梁何利基金科学与技术进步奖、国家杰出青年科学基金、求是科技基金求是杰出青年学者奖、霍英东青年教师基金等奖励。2008年当选为发展中国家科学院院士。

生命科学和医学学部

1. 2009年，在清华大学发育生物学实验室观察斑马鱼胚胎发育情况
2. 1989年，在英国苏格兰攻读博士学位期间采集天鹅样品
3. 2009年，在实验室指导研究生做实验
4. 2009年，在英国爱丁堡国际发育生物学大会上作大会报告
5. 2008年，在清华大学与指导的毕业博士、硕士及本科生合影
6. 2008年，孟安明（右）出席全国政协会议
7. 2008年，孟安明（右2）将获得的2007年"何梁何利基金科学与技术进步奖"奖金20万港元全部捐赠给母校——四川省大竹县安吉乡中心校，并与中小学同学合影（2012年将获得的"谈家桢生命科学成就奖"25万元人民币捐赠给该校）

中国科学院院士

武维华
Wu Weihua

植物生理学家

1956年9月6日生于山西临汾，籍贯山西孝义
1982年毕业于山西大学
1991年获美国新泽西州立大学博士学位
2007年当选为中国科学院院士
中国农业大学教授

主要从事植物磷/钾高效及耐盐、耐旱等重要性状的基因克隆和功能分析方面的研究工作。特别是在植物响应低钾胁迫的信号调控网络机理及植物钾高效性状的分子遗传机制解析方面获得了一系列重要研究成果。现任中国植物学会理事长，国家自然科学基金委员会生命科学部主任。1995年获国家杰出青年科学基金，2007年获"全国优秀教师"称号和何梁何利基金科学与技术进步奖等。

生命科学和医学学部

1. 2013年，在中国农业大学为研究生作"农业生产资源高效利用与可持续发展"的报告
2. 1991年，在美国新泽西州立大学获得博士学位
3. 2009年，武维华（左）在香港中文大学进行学术交流
4. 2005年，武维华（右）在台湾参加学术研讨会
5. 2012年，在全国政协会议上做有关"科技评价体制改革"的大会发言
6. 2007年，获何梁何利基金科学与技术进步奖
7. 2007年，在"生命科学前沿学术研讨会暨华人生物学家协会第5次年会"上与美国著名生物学家吴瑞教授（右）交谈

231

中国科学院院士

谢华安 Xie Huaan

植物遗传育种学家

1941年8月16日生于福建龙岩
1959年毕业于福建龙岩农业学校
2007年当选为中国科学院院士
福建省农业科学院研究员

　　主要从事三系杂交稻和超级杂交稻育种研究，在"恢复系亲本的选择技术""测交配组技术""抗瘟性筛选育种程序"和"杂交水稻中稻制种技术"等方面有重要研究成果，育成我国杂交水稻亲本遗传贡献最大的恢复系"明恢63"。主持育成中国稻作史上种植面积最大的水稻良种"汕优63"，到2010年累计推广9.46亿亩，增产粮食700多亿公斤，新增社会经济效益700多亿元。育成"明恢77"、"明恢86"和"航1"号等系列恢复系，配制的杂交稻品种在生产上得到了广泛的应用。曾任福建省农业科学院院长。1988年获国家科学技术进步奖一等奖，1999年获陈嘉庚农业科学奖，2003年获福建省科学技术突出贡献奖，2003年获何梁何利基金科学与技术成就奖，2012年获国家科学技术进步奖二等奖等。

生命科学和医学学部

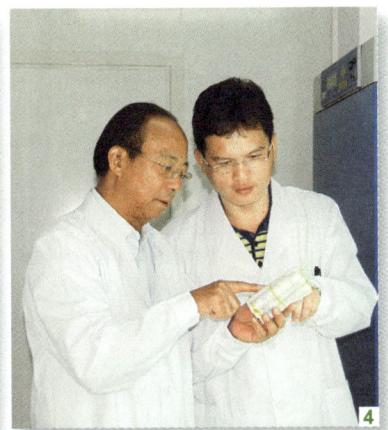

1. 2013年，出席国家科学技术奖励大会
2. 2012年，在实验室查看转基因水稻幼苗生长情况
3. 2010年，与李家洋院士（左）在海南南繁育种基地观察杂交水稻新品种的生长情况
4. 2012年，与助手张建福博士查看耐储藏水稻新材料的发芽情况
5. 2011年，谢华安（右）受聘为厦门大学客座教授
6. 2013年，与游年顺研究员（右）在海南南繁育种基地查看杂交水稻新组合的田间长势
7. 2004年，与"杂交水稻之父"袁隆平院士（左）在海南一同查看水稻长势

233

中国科学院院士

杨焕明
Yang Huanming

基因组学家

1952年10月6日生于浙江乐清
1978年毕业于杭州大学
1988年获丹麦哥本哈根大学博士学位
2007年当选为中国科学院院士
华大基因研究院理事长

长期从事基因组学研究。带领团队创建了"北京华大基因研究中心",领衔完成了"人类基因组序列图"和"人类基因组单体型图"的"中国卷",为我国的水稻、家鸡、家蚕等大型基因组,以及"非典"病毒等微生物基因组的研究做出了重大贡献,为我国基因组学规模化研究的发展起到了重要作用。曾任中国科学院北京基因组研究所所长。2008年当选为发展中国家科学院院士,2009年当选为印度国家科学院外籍院士,2012年当选为德国国家科学院外籍院士,2014年当选为美国国家科学院外籍院士。

生命科学和医学学部

1. 2008年，在实验室做实验
2. 2008年，在授课交流
3. 2009年，杨焕明（右2）在深圳华大基因研究院参与主持中－丹癌症研究中心揭牌仪式
4. 2012年，杨焕明（前排右）考察老挝华大轻木示范地
5. 2002年，杨焕明（前排右2）与"人类基因组计划"的16位负责人等合影
6. 2012年，在老挝国立大学作报告
7. 2001年，接待袁隆平院士（前排左）参观实验室

235

中国科学院院士

赵进东
Zhao Jindong

植物生理学及藻类学家

1956年11月11日生于重庆，籍贯江苏武进
1982年毕业于西南师范大学
1990年获美国得克萨斯大学博士学位
2007年当选为中国科学院院士
中国科学院水生生物研究所研究员、所长
北京大学教授

长期从事藻类生物学研究，对蓝藻细胞分化和格式形成进行系统研究，尤其是对蓝藻异型胞分化中的信号转导和基因表达调控进行了深入研究，揭示了钙结合蛋白和钙离子信号在蓝藻细胞分化中起到的重要调控作用，对蓝藻藻胆体吸收光能在两个光系统间的分配与调节开展了系统研究，对揭示藻胆体吸收光能向光系统1传递的途径和调控方式有重要贡献。中国植物学会常务理事，中国植物生理学会常务理事，中国中学生生物学竞赛委员会主任。2010年当选为发展中国家科学院院士。

生命科学和医学学部

1. 2009年，在香港中文大学作报告
2. 2000年，在北京香山香炉峰留影
3. 2005年，主持第15届国际中学生生物学奥林匹克竞赛
4. 2012年，赵进东（左2）参加中国科学院水生生物研究所梁子湖现代淡水生态渔业研发基地奠基仪式
5. 2010年，在中国科学院水生生物研究所建所80周年纪念会上致辞
6. 2013年，赵进东（左2）与许智宏院士（左3）等考察以色列现代生物质能源公司
7. 2012年，考察自然保护区公园

237

侯凡凡
Hou Fanfan

内科学家

1950年10月16日生于上海，籍贯浙江宁波
1993年获中山医科大学博士学位
2009年当选为中国科学院院士
南方医科大学南方医院教授

主要从事慢性肾脏病防治研究。通过系统的临床随机对照、前瞻性队列等循证医学研究，揭示了我国人群慢性肾脏病及其主要并发症的发病规律和危险因素，创建了防止或延缓慢性肾脏病进展和防治其致死、致残并发症的临床新策略。现任南方医院国家慢性肾病临床医学研究中心主任。作为第一完成人获国家科学技术进步奖二等奖2项、省部级科技进步奖一等奖5项，曾获国家发明专利授权3项及何梁何利基金科学与技术进步奖、广东省科学技术突出贡献奖、中国医师奖等奖励。2012年当选为发展中国家科学院院士。

生命科学和医学学部

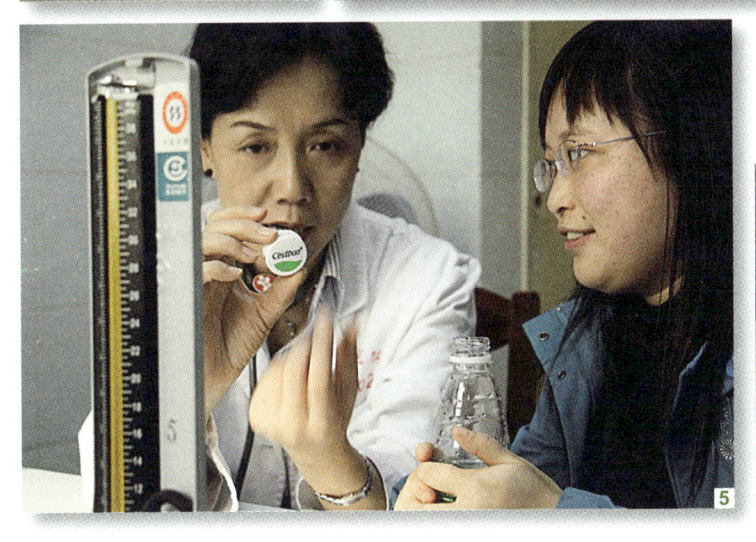

1. 2011年，侯凡凡（前排右2）在疑难病例教学查房中讲解
2. 1988年，随医疗队到革命老区大别山区防病治病
3. 1993年，与美国哈佛大学医学院J.Michael Lazarus教授（侯凡凡的导师之一）合影
4. 1996年，在美国哈佛医学院做访问学者
5. 2007年，在门诊教病人如何用矿泉水瓶盖作量器掌握盐的摄入量
6. 2012年，在北京出席中国共产党第十八次全国代表大会
7. 2005年，在土耳其埃菲索斯（Ephesus）古城遗迹留影

中国科学院院士

林鸿宣

Lin Hongxuan

作物遗传学家

1960年11月24日生于海南海口，籍贯海南文昌
1983年毕业于华南农业大学
1994年获中国农业科学院博士学位
2009年当选为中国科学院院士
中国科学院上海生命科学研究院研究员

长期从事水稻重要复杂性状的分子遗传机理研究，在水稻产量性状及抗逆性状的遗传机理与功能基因研究方面取得了一系列创新性成果。发现了多个控制水稻产量性状和抗逆性状的重要新基因，并深入阐明它们的功能与作用机理，加深了对作物性状分子遗传调控机理的认识，为该领域的发展做出了贡献，同时为作物分子育种提供多个有自主知识产权的重要基因。2007年获上海市自然科学奖一等奖，2010年获何梁何利基金科学与技术进步奖，2012年获国家自然科学奖二等奖。

生命科学和医学学部

1. 2013年，在北京人民大会堂被授予国家自然科学奖二等奖
2. 1994年，获中国农业科学院研究生院博士学位时留影
3. 2013年，参加香港中文大学"中国科学院院士访校计划"活动并作报告
4. 2009年，在上海交流科研工作
5. 2009年，在上海田间观察水稻遗传材料
6. 2007年，林鸿宣（前）指导研究生和助手工作
7. 2011年，在浙江千岛湖留影

尚永丰 Shang Yongfeng

医学分子生物学家

1964年6月16日生于甘肃通渭
1986年毕业于甘肃农业大学
1999年获美国宾夕法尼亚州立大学博士学位
2009年当选为中国科学院院士
首都医科大学教授、校长

主要从事基因转录调控的表观遗传机制及性激素相关妇科肿瘤分子机理的研究。提出、验证并从分子机理上诠释了雌激素受体转录起始复合体在靶基因启动子上循环反复结合的假说，以及雌激素受体所介导的基因转录具有"双相性"和"两维性"的特点，为基因转录调控的理论增添了新的内容；揭示了雌激素受体拮抗剂三苯氧胺诱发子宫内膜癌的分子机理，克隆了多个肿瘤相关基因，为肿瘤分子生物学的理论发展作出了贡献；揭示了组蛋白修饰在染色质重塑中协调作用的机理，对认识表观遗传调控的分子机制具有创新性的理论意义；在世界上首次建立了哺乳动物细胞染色质免疫沉淀技术，为研究DNA与蛋白质的相互作用作出了重要贡献。在《Cell》《Nature》《Science》等杂志上发表了一系列论文。曾任天津医科大学校长。曾获何梁何利基金科学与技术进步奖、国家自然科学奖二等奖等。

生命科学和医学学部

1. 2007年，在海南医学院作学术报告
2. 2000年，在美国哈佛大学和Dr. Myles Brown合影
3. 2001年，在美国哈佛大学工作
4. 2014年，在天津医科大学毕业典礼上为留学生扶正流苏
5. 2009年，在北京大学医学部实验室与Dr. Robert Weinberg进行学术讨论
6. 2003年，在北京大学医学部办公室阅读文献
7. 2008年，在北京郊区留影

243

隋森芳 Sui Senfang

生物物理学家

1945年2月4日生于黑龙江哈尔滨，籍贯山东黄县
1970年毕业于清华大学
1988年获德国慕尼黑技术大学博士学位
2009年当选为中国科学院院士
清华大学教授

长期从事蛋白质及生物膜的结构与功能的研究。主要利用电子显微学和三维重构技术，并结合生物物理学、生物化学和分子生物学等技术手段研究蛋白质复合物的结构与功能、囊泡运输中的分子机制、蛋白质与膜脂的相互作用、生物膜与重大疾病的关系等。在重要蛋白质复合物参与膜运输的分子机制、膜对蛋白质结构与功能的影响，以及蛋白质寡聚化与其功能的关系等方面取得系统的重要研究成果。2005年获国家自然科学奖二等奖，2006年获"北京市教育创新标兵"称号。

生命科学和医学学部

1. 2006年，在清华大学生物系电子显微镜实验室工作
2. 1974年，在河北省获鹿县，与清华大学固体物理研究生班的同学下部队学军合影（前排右1为顾秉林院士，后排左2为范守善院士，前排左2为隋森芳）
3. 1988年，隋森芳（中）完成博士学位答辩后与导师Erich Sackmann教授（左）等在德国慕尼黑Sackmann的办公室合影
4. 1985年，隋森芳（右）在德国留学期间，与实验室同事在慕尼黑南郊滑雪场
5. 2004年，与研究生们讨论研究课题进展
6. 2010年，在中国科学院学部学术年会上作学术报告
7. 2008年，隋森芳（前排右1）在清华大学组织举办"第一届冷冻电镜与结构生物学国际研讨会暨第一届郭可信电子显微学夏季学习班"

245

中国科学院院士

庄文颖
Zhuang Wenying

真菌学家

1948年7月27日生于北京
1975年毕业于山西农学院
1988年获美国康奈尔大学博士学位
2009年当选为中国科学院院士
中国科学院微生物研究所研究员

长期从事真菌学研究，在子囊菌的物种多样性及分子系统学研究方面取得了创新性的成果。发现大量新分类群，丰富了对真菌物种多样性的认知；采用综合性状分析的方法，完成了3个属的世界性研究，揭示了柔膜菌目等类群的系统发育关系，建立了清晰的物种概念，完善了现行的分类系统；在真菌资源发掘、分类与物种多样性、分子系统学、数据库建设等方面开展了综合性研究，为生物资源的利用和真菌进化理论研究提供了本底资料和科学依据。2010年当选为发展中国家科学院院士，2013年当选为美国真菌学会荣誉会士。

生命科学和医学学部

1. 1999年，在实验室工作
2. 1990年，庄文颖（左）在美国康奈尔大学校园植物楼前花园
3. 1995年，庄文颖（前排右1）与研究室同事在北京百花山考察野外真菌资源
4. 1997年，在广西热带地区进行野外真菌标本采集
5. 2013年，庄文颖（中）与研究组成员及研究生合影（中）
6. 2005年，庄文颖（右2）与国内同行在台湾参加两岸真菌学会议和采集标本
7. 2003年，在新疆吉木萨尔进行野外考察

247

中国科学院院士

葛均波
Ge Junbo

心血管病学家

1962年11月8日生于山东五莲
1984年毕业于青岛医学院
1993年获德国美因茨大学博士学位
2011年当选为中国科学院院士
复旦大学附属中山医院教授

在国际上首次发现心肌桥特异性超声影像学诊断指标"半月现象"和"指尖现象";主持研制了我国首例可降解涂层新型冠脉支架;作为首位国内学者在美国TCT会议上首创"逆行钢丝对吻技术";成功实施国内首例经皮主动脉瓣置入术、经皮二尖瓣修复术及经皮肺动脉成形术。为教育部"长江学者奖励计划"特聘教授,全国"五一"劳动奖章获得者。现任上海市心血管病研究所所长、中华医学会心血管病学分会候任主任委员、亚太介入心脏病学会主席、美国心脏病学会国际顾问。发表SCI收录的通讯/第一作者论文176余篇,以第一完成人获国家科学技术进步奖、国家技术发明奖等省部级以上奖励10余项;主编卫生部《内科学》全国统编教材、《Intravascular Ultrasound》等中英文学术著作6部。

生命科学和医学学部

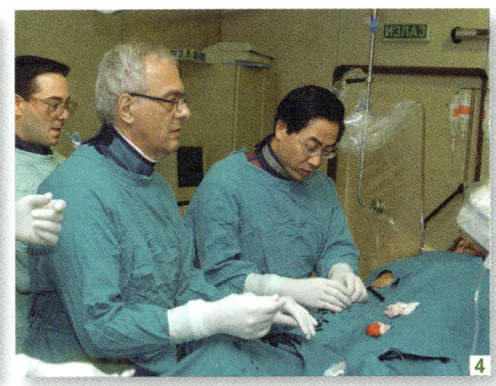

1. 2006年，在北京人民大会堂被授予国家科学技术进步奖二等奖
2. 1999年，回国后在上海市心血管病研究所图书室查阅资料
3. 在塞尔维亚进行手术演示后，塞尔维亚王储授予葛均波（右）"心脏卫士"奖
4. 2007年，葛均波（右）在欧洲进行手术演示
5. 葛均波与心导管室医护人员讨论病例
6. 葛均波（左）在政协会议上建言
7. 海边小憩

249

中国科学院院士

黄路生
Huang Lusheng

动物遗传育种学家

1964年12月24日生于江西上犹
1984年毕业于江西农业大学
1995年获俄罗斯国家农业科学院科学博士学位
2011年当选为中国科学院院士
江西农业大学教授

长期从事家猪的遗传育种研究，在中国地方猪种质特性的系统评价和猪重要经济性状的遗传解析与分子育种方面取得了系统性的创新成果。主持构建了覆盖《中国猪品种志》记载的所有现存地方猪种的基因组DNA库，系统测定了中国代表性地方猪种生长、抗病、肉质、繁殖等重要经济性状的表型特征，并深入阐明了中国地方猪环境适应性、耳型和毛色形成的分子机理；主持构建了多个用于家猪经济性状遗传基础解析的大规模实验群体，以此全面系统地定位了养猪生产中主要经济性状的基因位点，并在此基础上在国际上创建了抗仔猪断奶前腹泻、多肋、酸肉改良和健康脂肪酸组成等4项具有重要育种价值的猪基因育种专利技术，推广应用于全国生猪主产省份，取得了显著的经济效益和社会效益。曾任江西农业大学校长。

生命科学和医学学部

1. 2002~2004年，在英国剑桥大学病理学系任Research Fellow时工作照
2. 1991~1995年，在俄罗斯莫斯科学习时留影
3. 1997年，黄路生（左1）为构建中国及世界地方猪种基因库，在一线采集科研数据
4. 2010年，在生猪产业技术体系中负责分子育种技术岗位时作工作报告
5. 2010年，黄路生（左3）与抗断奶前仔猪腹泻小组部分研究生一起讨论
6. 2011年，黄路生（右）获江西省最高科技奖
7. 2006~2007年，获得德国洪堡基金奖学金在德国哥廷根大学做学者期间，在柏林受到德国总统克勒接见

251

康乐 Kang Le

生态基因组学家

1959年4月5日生于内蒙古呼和浩特，籍贯河北唐县
1982年毕业于内蒙古农业大学
1990年获中国科学技术大学博士学位
2011年当选为中国科学院院士
中国科学院动物研究所研究员、所长
中国科学院北京生命科学研究院院长

主要从事生态基因组学和适应性研究，在昆虫生态基因组、抗寒性、化学生态学等方面取得了系统性创新成果。发现了飞蝗型变的启动和维持的分子机制及表观遗传学规律；阐明了地理种群、抗冻物质、热激蛋白等对抗寒性的作用；揭示了植物、昆虫、天敌的化学联系及植物防御对策间的平衡关系。在国际上发表论文180余篇。1999年获国家自然科学奖三等奖，2009年获美国内布拉斯加大学荣誉科学博士学位，2011年获何梁何利基金生命科学与技术奖，2012年当选为发展中国家科学院院士，2013年获美国昆虫学会颁发的国际杰出科学家奖。

生命科学和医学学部

1. 2011年，在中国科学院动物研究所养虫室观察蝗虫表型变化
2. 1977年，在内蒙古土默特左旗当插队知青
3. 1990年，康乐（右）在中国科学院动物研究所获博士学位后，与加拿大农业研究中心Owen Olfert博士（左1）、陈永林教授（中）合影
4. 2009年，康乐（右1）被美国内布拉斯加大学授予荣誉科学博士学位
5. 2011年，在中国科学院动物研究所指导研究生
6. 2009年，康乐（左4）在内蒙古草原生态系统研究站开展生态系统功能研究国际合作项目，背后白色部分是蝗虫笼罩试验（左1为Jim Elser教授、左2为Shahid Naeem教授、左3为邬健国教授、右2为白永飞研究员）
7. 2014年，儿子出国留学前一家三口留影

253

中国科学院院士

李林
Li Lin

生物化学家

1961年5月9日生于江苏南京，籍贯山东荣成
1983年毕业于南京大学
1989年获中国科学院上海生物化学研究所博士学位
2011年当选为中国科学院院士
中国科学院上海生命科学研究院研究员、院长

主要从事细胞信号转导研究，在对Wnt信号转导通路的研究中做出了系统性和原创性的工作，取得既有理论意义又有潜在应用价值的重要成果，对该领域的发展做出了重要贡献。曾任中国科学院上海生命科学研究院生物化学与细胞生物学研究所所长。1995年获国家杰出青年科学基金，1996年获求是科技基金会求是杰出青年学者奖，1997年获中国青年科技奖。

生命科学和医学学部

1. 2007年，在实验室工作
2. 大学时代留影
3. 1989年，李林（左2）完成博士论文答辩后与专家合影（左1为导师许根俊院士、右3为所长王应睐院士）
4. 在美国做访问学者时在实验室工作
5. 李林（中）与研究组第一批学生在一起
6. 1998年，李林（右）获求是科技基金会求是杰出青年学者奖时，与基金会创立者查济民先生（中）和获奖者余龙（右）合影
7. 2008年，与夫人张芹合影

舒红兵 Shu Hongbing

细胞生物学与免疫学家

1967年1月20日生于重庆荣昌
1987年毕业于兰州大学
1995年获美国埃默里大学博士学位
2011年当选为中国科学院院士
武汉大学教授

主要从事免疫相关的细胞信号转导研究，在抗病毒天然免疫反应等领域取得了一系列有重要国际影响的成果。发现多个在病毒感染诱导细胞表达Ⅰ型干扰素的过程中发挥关键作用的信号蛋白，为了解细胞抗病毒反应的分子机制做出了重要贡献；发现多个负调控Ⅰ型干扰素过量表达的蛋白和作用机制，这种精细调控机制避免机体产生过激的免疫反应；发现新的肿瘤坏死因子家族成员，阐述了肿瘤坏死因子家族的多个成员信号转导的早期分子事件，为了解相关免疫疾病的分子机制做出了贡献。曾获美国白细胞生物学学会Dolph Adams奖（2004年），教育部自然科学奖一等奖（2005年、2014年），中国细胞生物学学会杰出成就奖（2009年），国家自然科学奖二等奖（2010年）。2012年当选为发展中国家科学院院士。

生命科学和医学学部

1. 2010年，在实验室工作
2. 1995年，在美国埃默里大学完成博士毕业论文答辩后与导师Joshi Harish教授合影
3. 2010年，在实验室指导学生做实验
4. 2011年，作学术报告
5. 2012年，舒红兵（前排右4）与学生合影
6. 2013年，与美国科学院院士、犹他医学研究中心Philippa Marrack教授合影
7. 2012年，在湖北神农架与家人合影

257

中国科学院院士

张明杰
Zhang Mingjie

结构生物学家

1966年9月19日生于浙江宁波
1988年毕业于复旦大学
1993年获加拿大卡尔加里大学博士学位
2011年当选为中国科学院院士
香港科技大学讲座教授

系统研究了架构蛋白在构建神经信号转导复合物中的功能及分子机理；提出了多结构域蛋白质中各结构域相互作用形成蛋白质超结构域的概念；发现PDZ结构域与细胞膜上磷脂相互作用，并阐明了这些相互作用的功能意义；对蛋白质-蛋白质、蛋白质-磷脂的相互作用在神经细胞极性形成、细胞不对称性分裂、囊泡传输与融合、神经细胞信号转导等神经生物学重要问题中所起的作用作了系统深入的研究；研究了一系列由于遗传突变所导致的中枢及外周神经系统疾病的发病机理。2011年获何梁何利基金科学与技术奖，2006年获国家自然科学奖二等奖，2003年获香港裘槎基金会优秀学者奖。

生命科学和医学学部

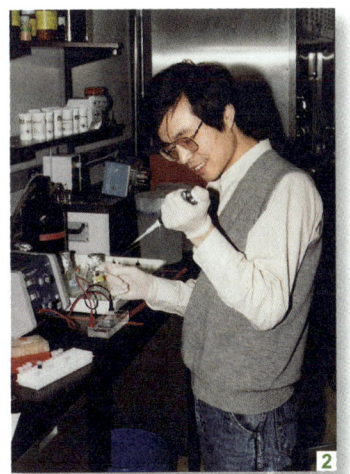

1. 2012，在核磁实验室指导学生实验
2. 博士求学期间开展实验
3. 2003年，获香港裘槎基金会优秀学者奖，与林李翘如博士（左）合影
4. 2011年，为本科生授课
5. 2011年，张明杰（左2）在实验室指导学生实验
6. 2013年，张明杰（左3）出席2013年香港科技大学第一届冠名教授席就职典礼
7. 2011年，与家人在湖南张家界合影

张学敏 Zhang Xuemin

肿瘤生物学家

1963年11月18日生于湖北武汉，籍贯江西泰和
1986年毕业于中国人民解放军第三军医大学
1995年获中国人民解放军军事医学科学院博士学位
2011年当选为中国科学院院士
中国人民解放军军事医学科学院研究员

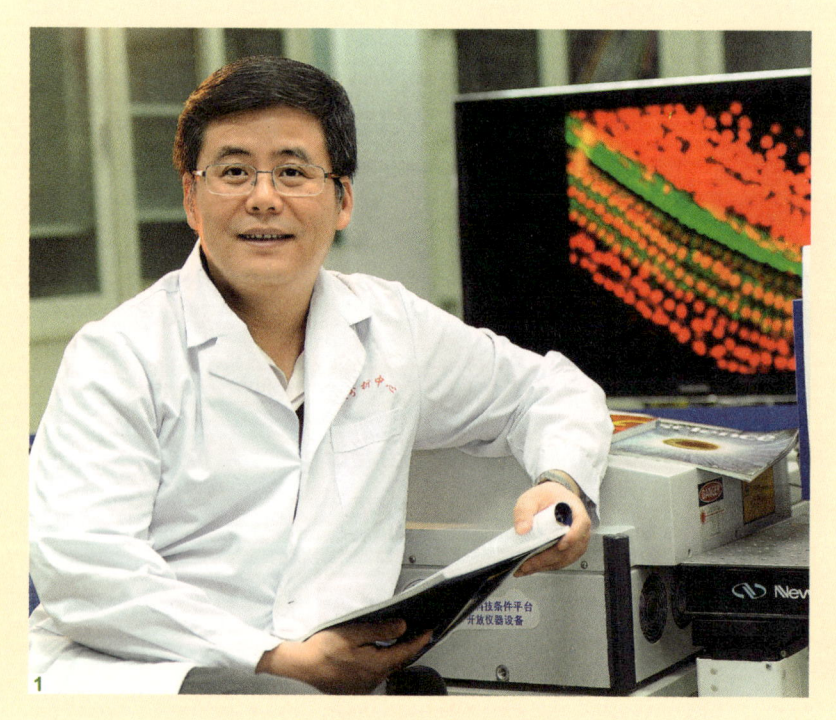

主要从事炎症与肿瘤发生的研究，揭示了炎症诱发肿瘤过程的系列关键分子事件，特别是在炎症所致细胞周期紊乱和肿瘤耐药的机制方面做出了原创性发现，为干预"炎症诱发肿瘤"的进程提供了理论基础。现任国家重大科学研究计划项目首席科学家、军事医学科学院毒物药物研究所所长、国家生物医学分析中心主任。曾获何梁何利基金科学与技术进步奖、谈家桢生命科学成就奖、军队杰出专业技术人才奖、军队科技领军人才奖和国家自然科学奖二等奖等。

生命科学和医学学部

1. 2012年，在国家生物医学分析中心细胞生物学实验室
2. 1989年，在中国人民解放军军事医学科学院攻读研究生期间，开展细胞超微结构研究
3. 2003年，张学敏（左2）作为军事医学代表团成员访问南斯拉夫，后面为被炸的中国大使馆
4. 2003年，在德国化学武器检测实验室访问考察
5. 2008年，张学敏（左3）在四川汶川抗震救灾现场
6. 2013年，美国前列腺癌症基金会（PCF）代表团在国家生物医学分析中心参观访问（左起：Stuart Holden、吴虹、Howard Soule、张学敏）
7. 2012年，在新疆留影

中国科学院院士

赵玉沛
Zhao Yupei

外科医学家

1954年7月2日生于吉林长春
1982年毕业于白求恩医科大学
1987年获中国协和医科大学硕士学位
2011年当选为中国科学院院士
北京协和医院主任医师、院长

在胰腺癌早期诊断和综合治疗的临床与基础研究方面进行了系统性和开创性工作。牵头制定了中国胰腺癌诊治流程和国家行业标准；提出胰腺癌高危人群概念，通过建立多学科协作会诊中心、快速诊治绿色通道、术前可切除性评估体系、规范手术切除范围、创立经空肠胃造瘘术等，缩短确诊时间，为更多病人赢得了手术机会，改善了生活质量，并使北京协和医院胰腺癌手术切除率、术后并发症发生率和病人生存时间等综合指标明显优于国际同期水平；报道了国际最大一组单中心胰岛素瘤的外科治疗，施行了国内首例腹腔镜胰岛素瘤切除术。曾获国家科学技术进步奖二等奖等多个奖项。

生命科学和医学学部

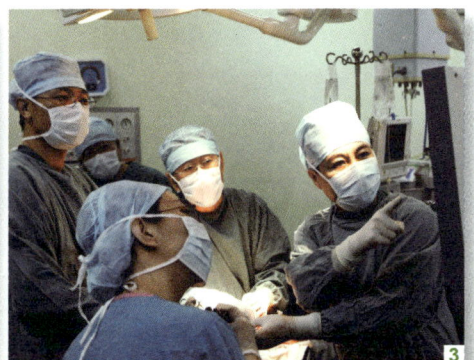

1. 2010年，在北京协和医院转化医学中心成立仪式上
2. 2007年，组织召开"2007中国外科周"，开幕式前与被誉为"中国外科之父"的裘法祖院士（右）亲切交谈
3. 赵玉沛（右1）实施手术中
4. 2009年，赵玉沛（右）被国际外科学院授予Honorary Fellowship称号
5. 2008年，赵玉沛（中）带领专业组进行教学查房
6. 2011年，赵玉沛（左2）在第97届美洲外科学院（ACS）年会上，被ACS主席L.D. Britt教授（左1）授予荣誉院士称号
7. 2011年，参与北京协和医院第23届职工运动会

朱玉贤 Zhu Yuxian

植物生理学家

1955年12月15日生于浙江富阳
1982年毕业于浙江农业大学
1989年获美国康奈尔大学博士学位
2011年当选为中国科学院院士
武汉大学教授

主要从事棉纤维发育分子机制和拟南芥干细胞调控茎端根端发育研究和生物学教学。开展棉纤维伸长发育功能基因组研究，揭示植物激素乙烯调控棉纤维细胞伸长的分子机制，为大幅度提高棉纤维品质提供了理论依据；开展雷蒙德氏棉、亚洲棉等二倍体棉花及四倍体栽培种陆地棉基因组学研究，诠释乙烯代谢途径在不同棉花基因组中的表达模式和基因组演化规律。现任武汉大学高等研究院院长。2011年获国家自然科学奖二等奖，2012年获何梁何利基金科学与技术进步奖。2013年当选为发展中国家科学院院士。

生命科学和医学学部

1. 2010年，在实验室做实验
2. 1987年，朱玉贤（右）在美国康奈尔大学攻读博士学位期间，在世界知名植物生理学家Peter J. Davies教授指导下在温室中研究不同的豌豆突变体
3. 2011年，研究阳光温室中生长的雷蒙德氏棉花
4. 2006年，与博士后导师、美国科学院院士、加利福尼亚大学伯克利分校教授、世界知名植物分子生物学家Peter H. Quail（右）在湖南张家界合影
5. 2007年，朱玉贤与北京大学全室师生在京郊春游时合影
6. 2009年，朱玉贤（右）应邀回美国康奈尔大学作学术报告，会后与原导师Peter. J. Davies（中）和世界知名美籍华裔生物化学家吴瑞先生（左）合影
7. 2005年，参加儿子本科毕业典礼后在北京大学图书馆前一家三口合影

中国科学院院士

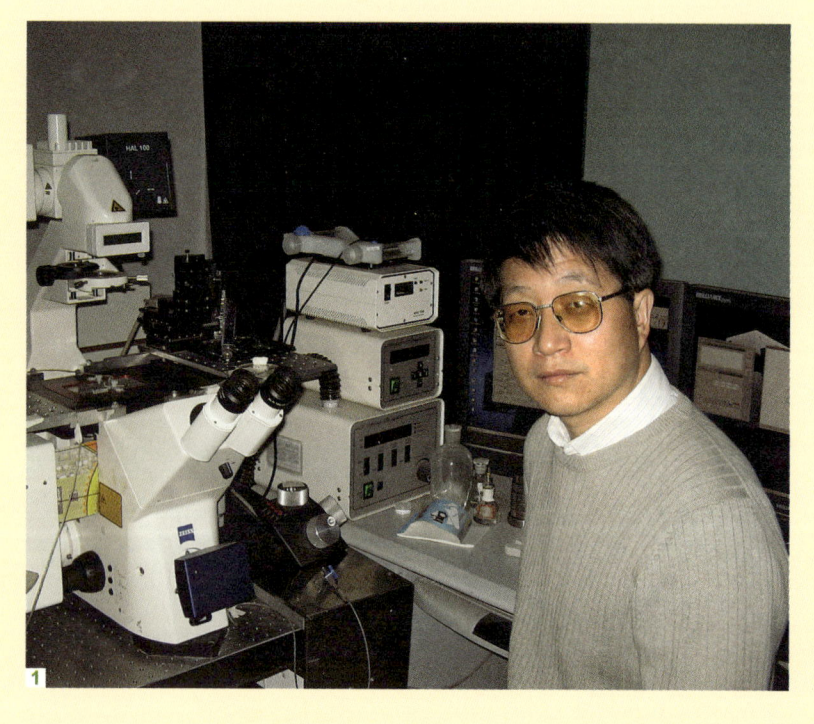

程和平
Cheng Heping

细胞生物学与生物物理学家

1962年12月15日生于安徽桐城
1984年毕业于北京大学
1995年获美国马里兰大学医学院博士学位
2013年当选为中国科学院院士
北京大学教授

在钙信号和活性氧信号方面开展了长期、系统的研究。在钙信号研究方面，发现并命名细胞钙信号的基本单位——"钙火花"，揭示了钙火花的产生与调控机理，深入研究了钙火花在各种可兴奋性及非兴奋性细胞中的生物学功能；在细胞活性氧信号研究方面，利用自行设计的新型荧光蛋白超氧探针，建成了表达超氧探针的转基因动物，并通过活体动物显微成像技术，发现了单个线粒体的超氧爆发现象，并将其命名为"超氧炫"。曾获教育部"长江学者"成就奖（生命科学）等奖项。

生命科学和医学学部

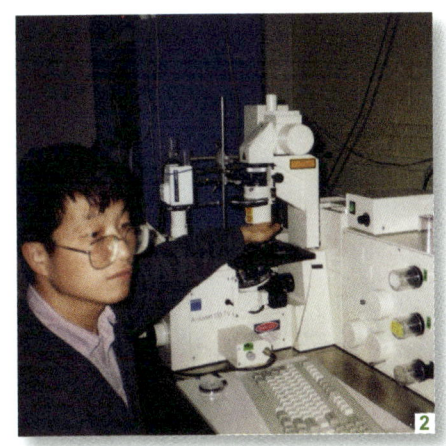

1. 2006年，在北京大学分子医学研究所实验室做实验
2. 1995年，正在调试共聚焦显微镜做钙火花实验
3. 2000年，程和平（左）访问硕士导师吴望一教授（中），并共同指导硕士研究生完成论文
4. 2003年，程和平（右）与肖瑞平、周专、陈育庆赴美国圣迭戈参加国际会议，共同筹划成立"北京大学分子医学研究所"事宜
5. 2011年，与博士生尚维（前）、丁怡（右）一起做实验
6. 2001年，程和平（左1）与生理学导师陈守良教授（左2）、贺慕严教授（左3）在美国夏威夷参加学术会议
7. 2006年圣诞节，一家四口在美国巴尔的摩家中

中国科学院院士

高福 *Gao Fu*

病原微生物与免疫学家

1961年11月15日生于山西应县
1983年毕业于山西农业大学
1995年获英国牛津大学博士学位
2013年当选为中国科学院院士
中国科学院微生物研究所研究员

主要从事病原微生物跨种传播机制与免疫学领域研究，针对病原跨种传播机制，特别是在病原与宿主界面的相互识别和相互作用、免疫细胞与感染细胞（靶细胞）的相互识别机制研究方面进行了系统性和创新性工作。曾任中国科学院微生物研究所所长。2003年入选中国科学院"百人计划"，2005年获国家杰出青年科学基金资助。先后主持多项国家重大科研项目，任"973"项目首席科学家、国家自然科学基金委员会"创新研究群体"项目负责人。曾获首届中国科学技术协会青年科技奖（1988年）、汤森路透Research Fronts Awards 2008、首届谈家桢生命科学创新奖、发展中国家科学院（TWAS）基础医学奖（2012年）、日本日经亚洲奖（Nikkei Asia Prize）等。2014年当选为发展中国家科学院院士。

生命科学和医学学部

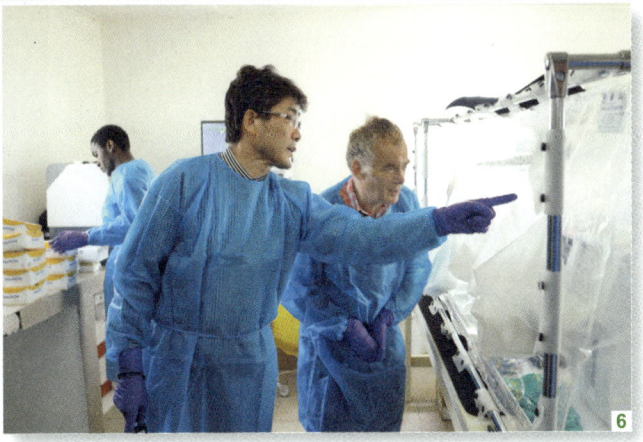

1. 2014年，在实验室做实验
2. 1992年，在英国牛津大学留学
3. 1995年，在全英生命科学学会上
4. 2006年，陪同中国科学院院长白春礼院士（左）参观考察
5. 2012年，指导学生做实验
6. 2014年，在塞拉利昂抗击埃博拉病毒期间与英国专家进行业务研讨
7. 2011年，在俄罗斯西伯利亚银尼湖留影

269

中国科学院院士

桂建芳
Gui Jianfang

鱼类遗传育种学家

1956年6月28日生于湖北黄梅
1982年毕业于武汉大学
1995年获中国科学院水生生物研究所博士学位
2013年当选为中国科学院院士
中国科学院水生生物研究所研究员

长期从事鱼类遗传育种生物学基础和相关生物技术研究。系统研究了多倍体银鲫的遗传基础和生殖机制，首次揭示银鲫独特的单性和有性双重生殖方式；原创银鲫育种技术路线，培育出有重大应用价值的银鲫养殖新品种；开拓出一条X和Y染色体连锁标记辅助的全雄鱼培育技术路线。曾任中国科学院水生生物研究所所长。已发表SCI刊源论文200多篇，获授权发明专利10项，出版专著和研究生教材7部。曾获国家自然科学奖二等奖等奖项。

生命科学和医学学部

1. 2013年，与刘建康院士（右）合影
2. 2001年，桂建芳（右）代表中国科学院水生生物研究所与北京海洋馆签订合作协议
3. 2002年，桂建芳（左）与美国加利福尼亚大学圣迭戈分校付向东教授（右）合影
4. 2013年，在第七届海峡两岸鱼类生理与养殖学术研讨会上作大会报告
5. 2004年，桂建芳（前排右4）与学科组成员及学生合影
6. 2005年，桂建芳（左3）在澳大利亚悉尼访问
7. 2009年，与夫人在海南三亚留影

韩斌 Han Bin

作物基因组与遗传学家

1963年4月15日生于安徽阜阳，籍贯安徽太和
1985年毕业于安徽师范大学
1992年获英国赛里斯伯里实验室英纳斯中心博士学位
2013年当选为中国科学院院士
中国科学院上海生命科学研究院研究员

主要从事水稻基因组学、群体遗传学及水稻的起源和驯化等研究。完成了水稻第四号染色体精确测序及着丝粒序列结构分析；开创了基于全基因组测序分析的水稻复杂性状全基因组关联分析；系统鉴定了水稻全基因组驯化选择位点，证明了亚洲栽培稻粳稻为单起源于中国珠江流域并经过第二次驯化产生籼稻，解开了水稻驯化和起源之谜。任《eLIFE》等国际学术期刊的编委、英国John Innes Centre咨询顾问等。主要研究成果论文发表在《Nature》《Nature Genetics》等国际一流学术期刊上。曾获国家自然科学奖二等奖和上海市科技进步奖一等奖各1项。2014年当选为发展中国家科学院院士。

生命科学和医学学部

1. 2009年，在实验室指导学生工作
2. 2002年，《Nature》以封面报道水稻第四号染色论文
3. 2005年，韩斌（右）参加在台湾召开的第五届海峡两岸植物分子生物学及生物技术学术研讨会
4. 2003年，韩斌（左3）在中国水稻所水稻种植基地考察水稻种植情况
5. 2003年，韩斌（右）向上海市领导汇报工作
6. 2004年，韩斌（二排左二）参加在日本举行的第一届水稻基因注解项目大会
7. 2006年，在云南玉龙雪山留影

273

中国科学院院士

韩家准
Han Jiahuai

细胞生物学家

1960年1月10日生于安徽淮南
1982年毕业于北京大学
1990年获比利时布鲁塞尔大学博士学位
2013年当选为中国科学院院士
厦门大学教授

长期从事炎症应激反应的信号通路研究。率先发现了与炎症相关的p38激酶，随之独立或参与克隆了一系列其上、下游激酶及下游转录因子，阐明了p38信号通路的核心部分；揭示了p38信号通路在炎症反应、细胞衰老等方面的作用；发现mRNA 3'非翻译区转录后控制炎症细胞因子的转录调控，发现小RNA可调控一些细胞因子的mRNA的稳定性，扩展了对小RNA功能的认识；在细胞坏死机制研究上，鉴定了蛋白激酶RIP3能诱导细胞凋亡向细胞坏死转化，RIP3通过调节能量代谢中的几个关键酶，增加胞内活性氧的产生，增强肿瘤坏死因子诱导的细胞坏死。2009年获教育部"长江学者"成就奖、药明康德生命化学研究奖一等奖，2010年获高等学校科学研究优秀成果奖（自然科学）一等奖，2012年入选国家"千人计划"（溯及既往）。

生命科学和医学学部

1. 2012年，在实验室做实验
2. 1983年，在北京大学读研究生期间留影
3. 1987年，在美国西南医学中心实验室
4. 2010年，正在做实验
5. 2012年，韩家淮（三排右6）与实验室全体成员在旧实验室前合影
6. 2013年，韩家淮（右1）邀请2011年诺贝尔生理学或医学奖获得者Bruce Beutler教授（右2）来访交流
7. 2010年，韩家淮（中）与学生一起在厦门环岛路骑自行车

中国科学院院士

赫 捷 *He Jie*

胸外科专家

1960年8月7日生于吉林长春，籍贯辽宁沈阳
1984年毕业于白求恩医科大学
1993年获中国协和医科大学博士学位
2013年当选为中国科学院院士
中国医学科学院肿瘤医院主任医师、院长
中国国家癌症中心主任

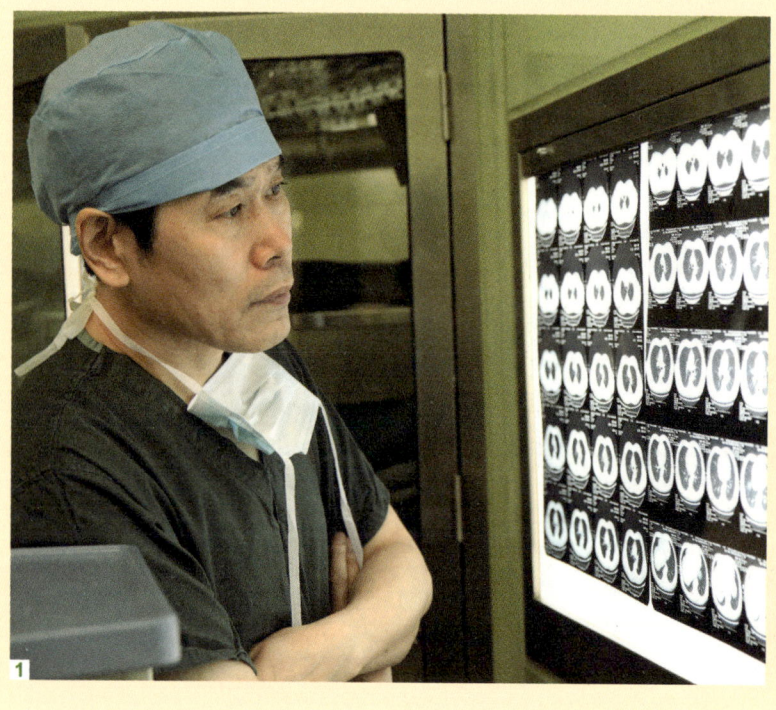

长期致力于肺癌、食管癌的外科临床诊治及研究，在临床、基础及转化医学研究中取得了显著成果，在《Nature Genetics》等国际高水平杂志上发表论文百余篇。作为课题负责人主持多项国家863计划、973计划、"十二五"科技支撑项目等，以第一完成人获国家科学技术进步奖一等奖等多项国家和省部级科技奖励。主编"十一五"国家重点图书出版规划项目《食管癌》《食管癌规范化诊治指南》，以及医学专业规划教材《肿瘤学》《临床肿瘤学》等。

生命科学和医学学部

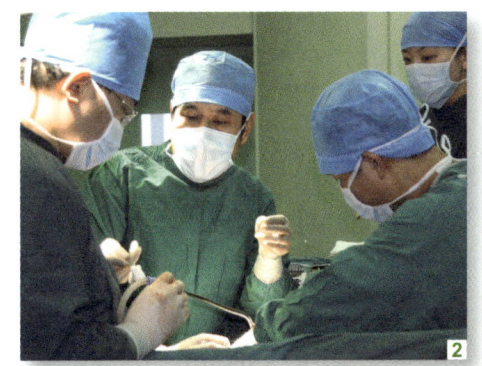

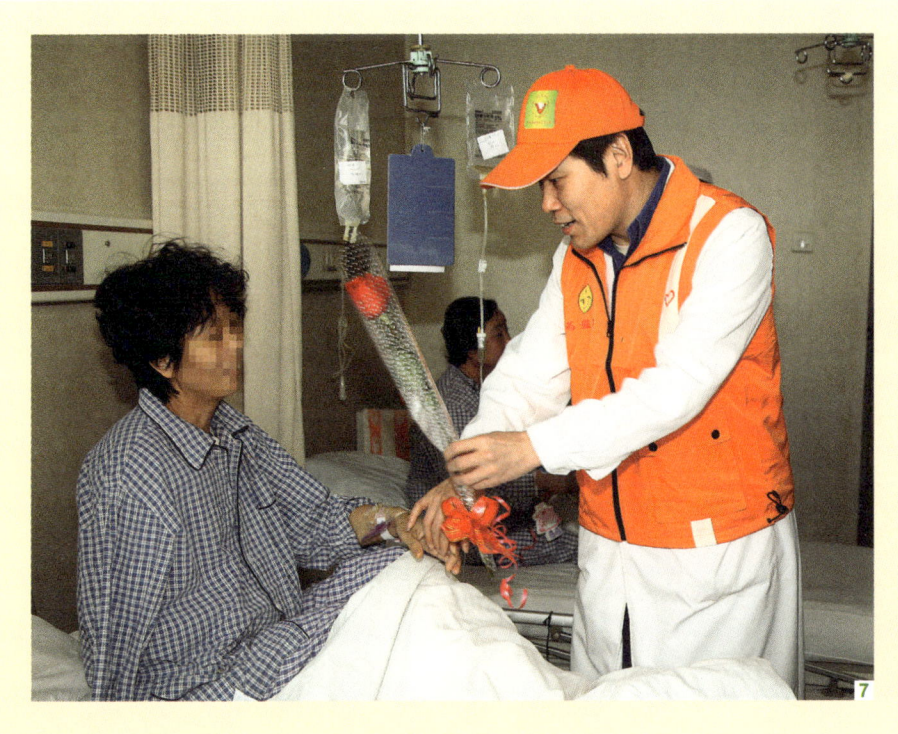

1. 2012年，研究患者病情
2. 2007年，赫捷（左2）在手术中
3. 2013年，赫捷（左）在现场办公
4. 2011年，赫捷（右4）到科室现场办公
5. 2014年，赫捷（二排右5）与同事及学生合影
6. 2007年，（前排中）胸外科查房
7. 2010年，参加医务工作者志愿服务活动

277

中国科学院院士

金 力
Jin Li

进化遗传学家

1963年3月13日生于上海，籍贯浙江上虞
1985年毕业于复旦大学
1994年获美国得克萨斯大学博士学位
2013年当选为中国科学院院士
复旦大学教授

长期研究人类群体的遗传多样性和人类性状的进化机制。在分子进化、重复片段位点和连锁不平衡等领域，创新性地发展了多个理论和方法；在基因组水平深入解析了东亚人群的遗传多样性特征；阐明了东亚人群多个性状的适应性变异的分子遗传学基础，揭示疾病的遗传易感性与自然选择密切相关；为研究人类性状的进化机制和疾病的遗传易感性提出了多个新思路和新策略，推动了进化遗传学和疾病遗传学的发展。曾获何梁何利基金科学与技术进步奖、国家自然科学奖二等奖等奖项。

生命科学和医学学部

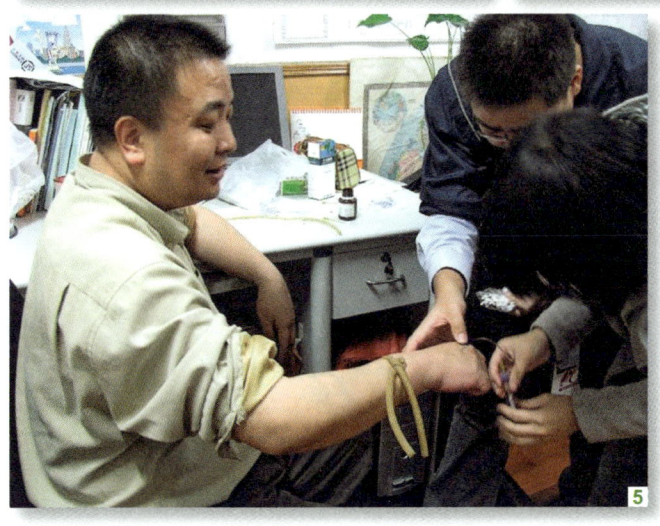

1. 2014年，在复旦大学国际学术论坛上发言
2. 1993年，在美国得克萨斯大学休斯敦健康中心接待来访的硕士导师刘祖洞教授（左）
3. 2002年，在上海谈家桢先生家中拜访老师和师母
4. 2003年，在复旦大学生命科学学院院长授聘仪式上与王生洪校长（左）合影
5. 2009年，金力（左）在复旦大学实验室中成为研究对象
6. 2012年，金力（右2）在上海举办的人类基因组多样性年会上与组委会成员合影
7. 2006年，与儿子在云南石林合影

中国科学院院士

施一公
Shi Yigong

结构生物学家

1967年5月5日生于河南郑州，籍贯云南大姚
1989年毕业于清华大学
1995年获美国约翰·霍普金斯大学博士学位
2013年当选为中国科学院院士
清华大学教授

主要运用以X射线晶体学为主的生物物理手段，并结合分子生物学和生物化学手段研究生命科学的基本问题。其主要学术贡献体现在对细胞凋亡调控机理的研究，系统揭示了细胞凋亡通路中关键调控步骤的分子机制。在重要膜蛋白的结构与功能、具有重要生理功能的大分子机器组装及调控等重要生物研究领域做出了有重要国际影响的贡献。迄今发表SCI学术论文130余篇，其中以通讯作者在《Nature》《Science》《Cell》上发表学术论文40余篇。2003年获国际蛋白协会颁发的鄂文西格青年科学家奖；2010年获国际生物物理赛克勒奖、求是科技基金会求是杰出科学家奖、谈家桢生命科学成就奖；2013年获瑞典皇家科学院颁发的爱明诺夫奖（Aminoff Prize），2013年当选为美国科学院外籍院士、美国人文与科学院外籍院士、欧洲分子生物学学会（EMBO）外籍会士。

生命科学和医学学部

1. 2009年，在清华大学实验室
2. 1995年，在美国约翰·霍普金斯大学获博士学位
3. 1988年，在清华学堂前与清华本科同学合影
4. 2010年，在清华大学－拜尔医药学术研讨会上
5. 2011年，施一公（右）在清华－北大生命科学联合中心成立仪式上
6. 2012年，与2009年诺贝尔生理学或医学奖获得者、美国国家科学院院士、哈佛大学教授Jack W. Szostak（左）和清华大学杨振宁教授（中）合影
7. 2002年，与夫人在美国弗蒙特滑雪场

中国科学院院士

赵继宗

Zhao Jizong

神经外科医学家

1945年10月10日生于北京
1969年毕业于中国人民解放军第四军医大学
2013年当选为中国科学院院士
首都医科大学附属北京天坛医院教授

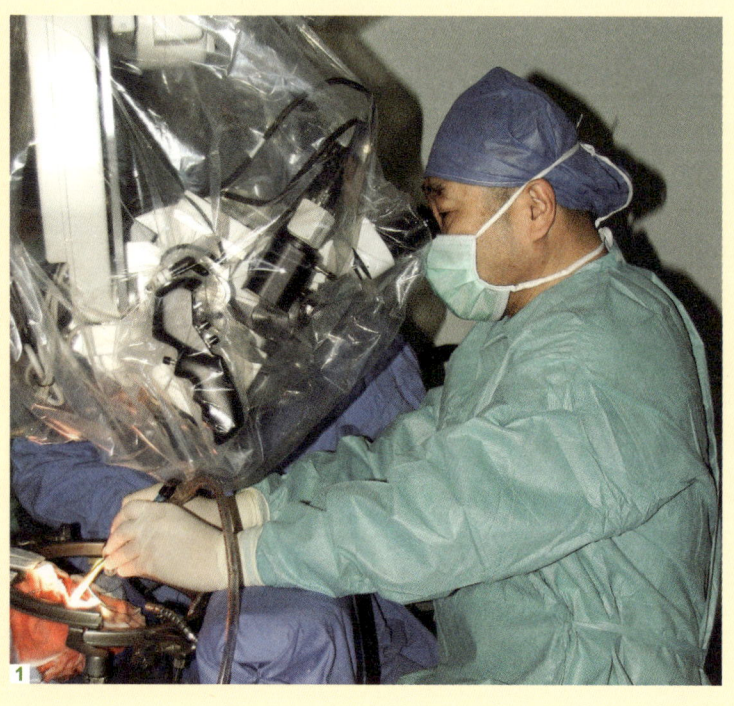

主持完成了国家"九五"至"十一五"脑血管病外科治疗课题；首次发现切除巨大动静脉畸形（AVM）发生正常灌注压突破时间窗，并成功切除巨大AVM。攻克复杂动脉瘤手术关键技术，采用动脉瘤标本研究其形成与破裂机制；在国内推广规范化的脑出血外科技术，降低死亡率，经济和社会效益显著；首次经脑出血手术标本证实淀粉样变发生率，为脑出血早期鉴别诊断和治疗提供依据；在国内率先建立微创神经外科技术平台，应用脑功能定位完成了神经外科手术从脑解剖保护向脑功能保护的重大转接。现任国家神经系统疾病临床医学中心主任。

生命科学和医学学部

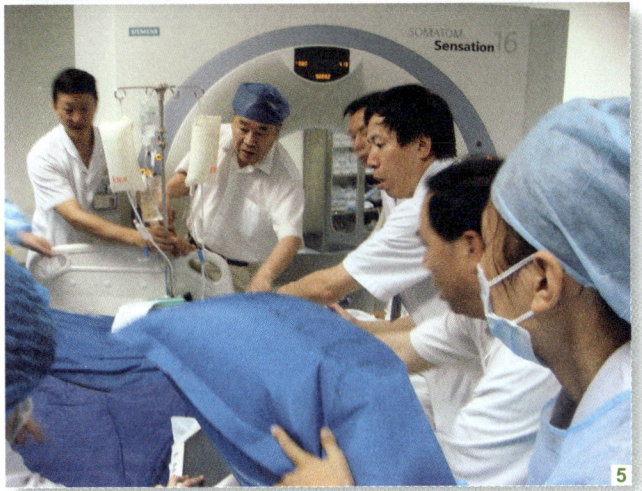

1. 2008年，正在手术显微镜下进行颅脑手术
2. 1970年，在铁道兵3师任军医
3. 1990年，在美国做访问学者期间，与MD.安德森癌症中心神经外科主任Leven教授合影
4. 2000年，在江苏苏州举办的第七届国际微创神经外科会议上作报告
5. 2009年，赵继宗（左2）在四川成都参加救治汶川地震伤员
6. 2007年，赵继宗（右）在日本名古屋世界神经外科联盟大会上与美国神经外科Spetzler教授（中）、德国Samii教授（左）合影
7. 2008年，与夫人到美国休斯敦参加儿子和儿媳的博士毕业典礼

283

曹晓风

Cao Xiaofeng

植物表观遗传学家

1965年5月18日生于北京
1988年毕业于北京大学
1997年获北京大学博士学位
2015年当选为中国科学院院士
中国科学院遗传与发育生物学研究所研究员

长期从事植物表观遗传学研究。在组蛋白甲基化研究方面，发现植物中首个H3K27去甲基化酶REF6，并提出REF6与LHP1共进化的理论；揭示组蛋白甲基化酶和去甲基化酶调控基因表达和维持转座子活性的分子机制，首次在基因组水平上证实转座子具有调控功能。系统研究了拟南芥中蛋白质精氨酸甲基转移酶的活性和调控开花的遗传学途径，发现AtPRMT5和AtPRMT3基因突变分别导致全基因组mRNA前体剪切和rRNA加工异常，揭示了蛋白质精氨酸甲基化通过转录后水平调控基因表达的新机理。在水稻小RNA研究方面，鉴定了水稻小RNA产生的关键因子及遗传途径，揭示不同小RNA对水稻重要农艺性状的影响。

生命科学和医学学部

1. 2010年12月，在中国科学院遗传与发育生物学研究所植物温室做实验
2. 1988年4月，在北京大学进行本科毕业论文实验
3. 1996年12月，在北京大学参加博士论文答辩会与导师陈章良教授（后右2）及参会专家合影
4. 2004年6月，实验室成立后与全体同事的首张合影
5. 2011年7月，与毕业生合影留念
6. 2015年10月，受邀在南美召开的国际植物分子生物学大会上作特邀报告并与大会主席张启发院士（左2）等合影
7. 2008年8月，在北京拍摄全家福

中国科学院院士

陈国强

Chen Guoqiang

医学病理生理学家

1963年9月16日生于湖南攸县
1985年毕业于衡阳医学院
1996年获上海第二医科大学博士学位
2015年当选为中国科学院院士
上海交通大学医学院教授

长期从事肿瘤尤其是急性髓细胞性白血病(AML)细胞命运决定和肿瘤微环境调控机制研究。在低氧微环境方面，发现低氧通过低氧诱导因子-1（HIF-1）的非转录功能，诱导AML细胞分化，并揭示了Cbx4通过类泛素化修饰HIF-1a控制肝癌新生血管生成与转移的机制。在应激微环境方面，发现了白血病干/祖细胞诱导骨髓间充质细胞分化形成新的骨髓微环境和该微环境保护白血病细胞的机制。在化学生物学方面，发现了多个抗肿瘤天然化合物，尤其是发现了腺花素通过靶向过氧化物还原酶家族成员，诱导AML细胞分化。曾获国家自然科学二等奖、中华医学科技奖一等奖、上海市自然科学奖一等奖、何梁何利基金科学与技术进步奖等。

生命科学和医学学部

1. 2007年8月，在实验室工作
2. 2002年，在"上海市十大杰出青年"学习会上与导师王振义院士合影
3. 2012年10月，荣获何梁何利基金科学与技术进步奖
4. 2014年5月，与医学院学生分享"医学人生"
5. 2015年12月，与课题组成员分析实验结果
6. 2014年6月，在德国乌尔姆大学访问（前排左3）
7. 2001年，与家人在上海合影留念

中国科学院院士

陈孝平
Chen Xiaoping

肝胆外科学家

1953年6月14日生于安徽阜南
1973年毕业于蚌埠医学院
1985年获同济医科大学博士学位
2015年当选为中国科学院院士
华中科技大学教授

在肝癌外科治疗和肝移植方面做出了较系统的创新性成果：提出新的肝癌分类和大肝癌可安全切除的理论；建立控制肝切除出血技术3项和肝移植术1项，应用到临床，效果显著。曾获得国家科学技术进步奖二等奖、国家级教学成果奖二等奖、教育部提名国家科学技术进步奖一等奖、中华医学科技奖一等奖、何梁何利基金科学与技术进步奖、中国抗癌协会科技奖一等奖、湖北省科技成果推广奖一等奖、湖北省科技进步奖一等奖各1项，并获得中国肝胆胰外科领域杰出成就金质奖章。先后被评为全国教学名师、全国卫生单位先进个人、卫生部有突出贡献的中青年专家、全国"五一"劳动奖章和全国医德标兵。

生命科学和医学学部

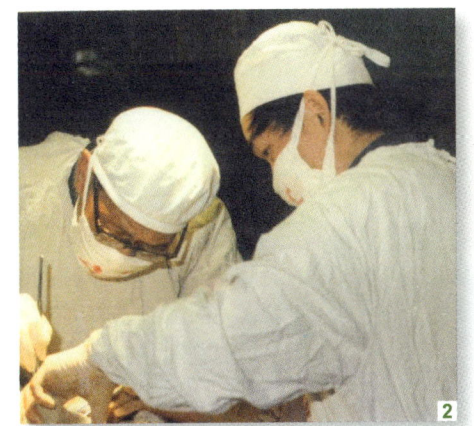

1. 2016年1月，在手术室留影
2. 1983年，在导师裘法祖院士（左）指导下进行狗肝移植试验研究
3. 1986年，海德堡大学外科医院做博士后，在宿舍学习
4. 1998年，参加香港国际外科会议，与裘法祖院士（左2）、刘允怡院士夫妇（左4、左3）、吴孟超院士（右1）合影
5. 2009年，"暴走妈妈"（左2）割肝救子，手术顺利并康复出院
6. 2015年3月，在新加坡作为亚太肝胆胰协会主席，与亚太地区各国分会主席合影
7. 2000年，与夫人及双胞胎女儿的全家福

陈义汉 Chen Yihan

心血管病学家

1964年10月21日出生于江苏射阳
1987年毕业于南通大学医学院
1996年获上海交通大学医学院博士学位
2015年当选为中国科学院院士
同济大学教授

揭示多种心律失常的遗传学和电生理学机制；提出心肌细胞物流系统可以广泛调控心脏电-机械功能；发现心肌细胞线粒体外膜转位酶复合物亚单位在慢性心力衰竭发生中的分子阀门效应；鉴定出心脏氧代谢的肾上腺素能受体调控新机制。曾获国家自然科学奖二等奖、教育部自然科学奖一等奖、上海市自然科学奖一等奖、上海市自然科学牡丹奖和中国医师奖等。

生命科学和医学学部

1. 2014年，在实验室与同事讨论工作
2. 1982年，考入南通大学医学院时的证件照
3. 1998年，在同济大学附属同济医院工作期间
4. 2004年，在同济大学附属同济医院与同事讨论
5. 2014年，与实验室团队合影留念
6. 2011年，陪同美国哈佛大学学术代表团参观实验室
7. 2016年，与夫人合影

291

李蓬 Li Peng

分子生理学家

1965年10月26日生于江西宁都
1987年毕业于北京师范大学
1995年获美国加利福尼亚大学圣迭戈分校博士学位
2015年当选为中国科学院院士
清华大学教授

长期从事脂代谢和代谢性疾病研究。发现细胞内调节脂代谢的细胞器脂滴可通过特殊的融合方式而生长，在脂代谢调控中起重要作用。发现和鉴定了多个与脂滴融合相关的重要蛋白和调控因子，系统阐明了脂滴融合的生物化学和细胞生物学机制。运用小鼠模型和临床样品等从生理和病理机制上证明脂滴融合是肥胖和非酒精性脂肪肝发生的细胞生物学基础。分析鉴定了调控肝脏细胞，乳腺表皮细胞，皮脂细胞中脂肪分泌的重要通路及其调控机制。从生物化学、细胞生物学、生理学和病理学等多个角度阐明了脂代谢调控的机制和代谢性疾病发生和发展的基础。曾获何梁何利基金科学与技术进步奖（生命科学领域）。

生命科学和医学学部

1. 2012年9月，在实验室工作
2. 1995年，在美国加利福尼亚大学圣迭戈分校完成博士毕业答辩
3. 1999年，获新加坡青年科学家奖，与时任新加坡副总理陈庆炎合影
4. 1983-1987年在北京师范大学上学期间
5. 2007年，与实验室学生一起长跑
6. 2010年，与博士生导师Rosenfeld教授聚会
7. 2013年，与家人在大连合影留念

293

邵峰 Shao Feng

生物化学家

1972年1月1日生于江苏淮安
1996年毕业于北京大学
2003年获美国密西根大学博士学位
2015年当选为中国科学院院士
北京生命科学研究所研究员

从事病原菌和宿主相互作用的机理研究。在病原菌毒力机制和抗细菌天然免疫领域取得系列重要原创性发现。鉴定出内毒素、鞭毛、三型分泌系统等多个重要细菌分子的胞内天然免疫受体，阐明了其下游的炎性caspase诱导细胞焦亡的分子机制，为败血症药物和疫苗的研发提供了新的思路和理论基础。在病原菌方向，鉴定出多个重要病原菌毒力蛋白的全新酶学活性，通过新的蛋白质翻译后修饰抑制宿主防御。获得美国霍华德·休斯医学研究所国际青年科学家奖、国际蛋白质学会青年科学家奖、吴阶平-保罗·杨森医学药学奖基础医学奖等，为欧洲分子生物学会（EMBO）的外籍成员。

生命科学和医学学部

1. 2015年，在实验室指导学生做实验
2. 2015年，在实验室工作
3. 2014年11月，获得首届吴阶平-保罗·杨森医学药学奖基础医学奖并发表获奖感言
4. 2004年，在哈佛大学博士后求学期间留影
5. 2007年4月，接待中国科协名誉主席周光召（左2）和时任科技部部长徐冠华（左3）参观实验室
6. 2013年5月，带领实验室成员去吉林长白山天池考察
7. 2016年1月，全家福

> 中国科学院院士

宋微波 Song Weibo

原生动物学家

1958年12月7日生于山东微山
1982年毕业于中国海洋大学
1989年获德国波恩大学博士学位
2015年当选为中国科学院院士
中国海洋大学教授

主要从事纤毛虫原生动物分类学、系统学和细胞学研究。领导开创了全球海洋纤毛虫多样性研究的新局面；完成了对凯毛虫等大量代表类群的个体发育模式研究，首次揭示了一系列细胞结构分化的新现象；主持开展了纤毛门主要类群的分子系统学探讨及海洋纤毛虫DNA库的构建。主持完成的成果获得国家自然科学奖二等奖、4项教育部自然科学奖一等奖并曾先后获中国青年科学家奖及两项国际原生动物学领域个人学术成就奖。

生命科学和医学学部

1. 2015年，在实验室工作
2. 2012年，埃及金字塔前留念
3. 2013年，与导师在一起交流
4. 2014年，在印度参加学术会议
5. 2012年，与导师夫妇及学生合影留念
6. 2010年，与学生合影
7. 2010年，与家人在德国合影留念

中国科学院院士

王福生

Wang Fusheng

传染病学、肝病学专家

1962年8月31日生于安徽枞阳
1984年毕业于蚌埠医学院
1992年获中国人民解放军军事医学科学院博士学位
2015年当选为中国科学院院士
中国人民解放军第三〇二医院教授

主要从事重大传染病（病毒性肝炎、艾滋病等）和疑难危重肝病的临床诊治工作，并结合临床难题开展研究。首次揭示了乙型肝炎临床免疫学特征及肝脏损伤机制；提出了优化慢性乙肝抗病毒治疗与免疫应答恢复的"爬坡假说"；阐明了艾滋病免疫重建失败的关键机制；开拓了疑难肝病和艾滋病细胞治疗与研究的新方向，提高了临床疗效。获国家科学技术进步奖二等奖3项，中华医学科技奖等省部级一等奖3项；获"全军杰出专业技术人才奖"与"军队科技领军人才奖，国家科技部"十一五"国家科技计划执行突出贡献奖，以及世界消化病大会（2013年）上颁发的奥田（Okuda）学者奖。

生命科学和医学学部

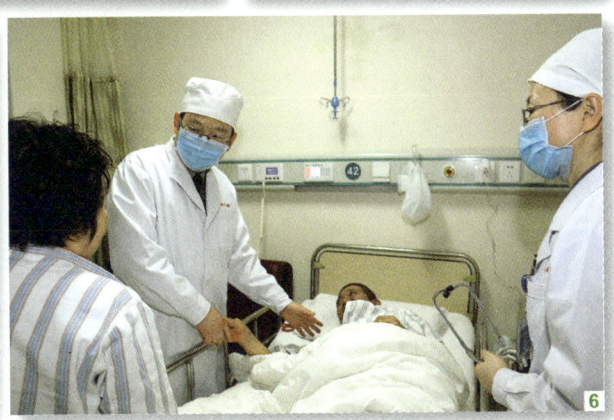

1. 2014年，在实验室指导学生
2. 1990年，攻读博士学位期间与同学在实验室合影
3. 1997年，参加美国肿瘤学年会并与参会专家交流
4. 2012年，作为大会主席主办第七届国际酒精性肝病、胰腺疾病和病毒性肝炎研讨会
5. 2015年，在塞拉利昂抗击埃博拉病毒期间与塞方院长（中）合影
6. 2013年，在病房查房时与患者交流
7. 1998年，与家人在美国合影留念

徐国良 Xu Guoliang

分子遗传学家

1965年2月25日出生于浙江诸暨
1985年毕业于杭州大学
1993年获德国马普分子遗传研究所与柏林技术大学博士学位
中国科学院上海生命科学研究院研究员

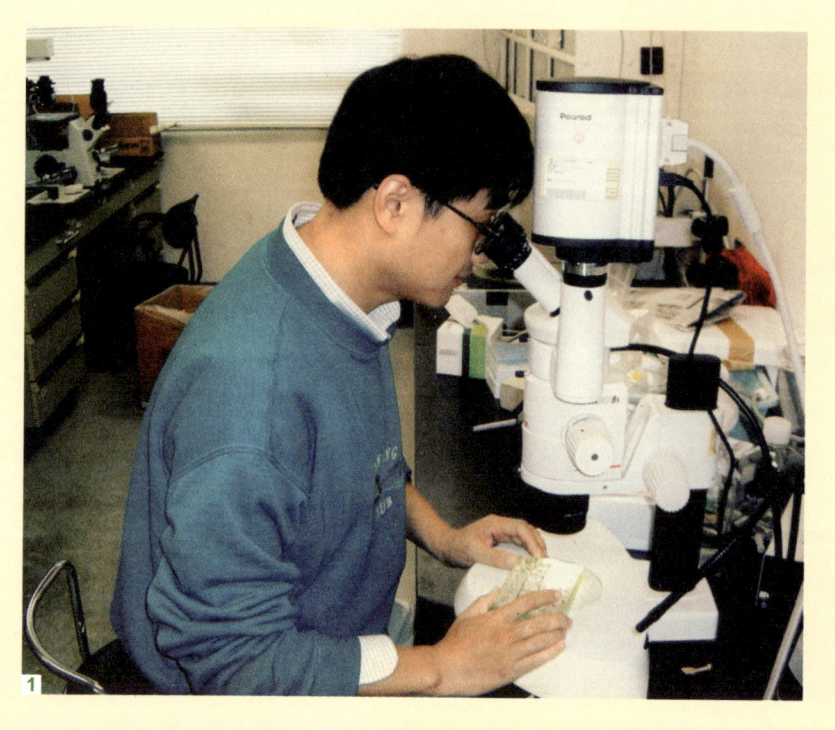

主要从事表观遗传学研究。发现动物基因组中的5-甲基胞嘧啶通过Tet加氧酶的氧化作用转变成一种新的碱基修饰形式，即5-羧基胞嘧啶，提出了TET双加氧酶和TDG糖苷酶介导的氧化碱基切除修复的DNA去甲基化通路。揭示了TET双加氧酶在哺乳动物表观遗传调控中的重要作用，相关研究成果入选2011年度中国科学十大进展。曾获得第五届谈家桢生命科学奖创新奖，第三世界科学院2013年生物学奖，2014年度陈嘉庚生命科学奖。

生命科学和医学学部

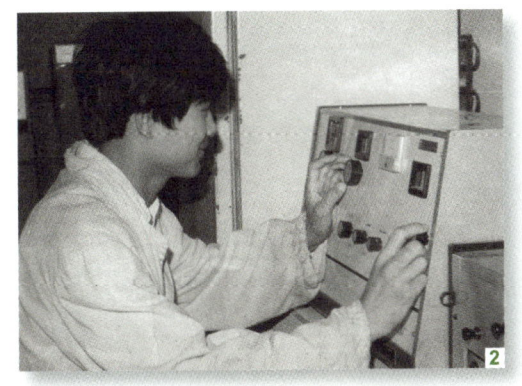

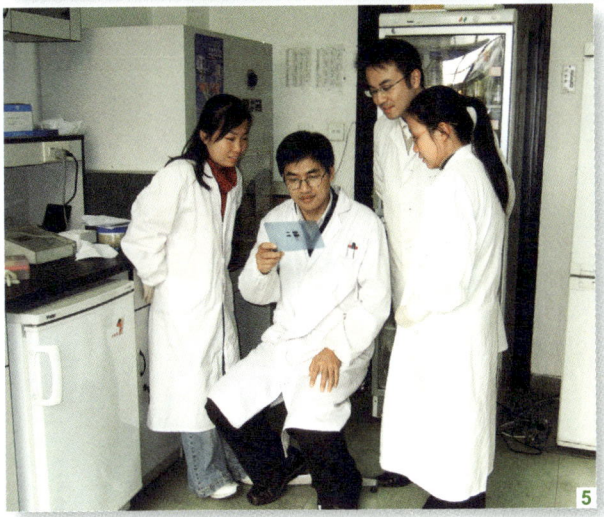

1. 2005年，在日本国立遗传研究所访问期间
2. 1985年，在杭州大学生物系本科毕业实习
3. 1993年，在德国柏林技术大学获博士学位
4. 2015年，获伊朗Royan奖（右）
5. 2005年，与同事在实验室讨论工作
6. 2004年，参加马普青年科学家小组中期评估（右3）
7. 2015年，全家福

301

中国科学院院士

阎锡蕴
Yan Xiyun

纳米生物学家

1957年2月2日生于河南开封
1983年毕业于河南医学院
1993年获德国海德堡大学医学博士学位
2015年当选为中国科学院院士
中国科学院生物物理研究所研究员

系统研究了具有重要临床应用前景的肿瘤新靶点，实现了成果转化。在国际上提出了纳米酶新概念，第一次从酶学角度揭示了无机纳米材料的酶促反应动力学、催化机制，并将其用于污水治理、肿瘤诊断和埃博拉等病毒的检测，部分发明专利已进入美国、欧洲和日本。这项工作不仅揭示了纳米材料新特性、拓展了其应用，还为模拟酶的基础和应用研究提供了新思想和新材料。原始论文2007年发表后被他引750余次，其结果被国际同行验证并形成了纳米酶研究与应用的新领域。获国家自然科学奖二等奖。

生命科学和医学学部

1. 2011年10月，主持第17届国际生物物理大会开幕式
2. 2007年，与学生讨论实验结果
3. 2008年2月，到家中看望贝时璋院士
4. 2012年6月，与博士毕业生合影
5. 2015年6月，代表中国女科学家参加在美国白宫举行的第六轮中美人文交流论坛
6. 2016年2月，参加单位新春联欢演出
7. 2010年，在上海与家人合影留念

303

张 旭 Zhang Xu

神经科学家

1961年8月4日生于江苏南京
1985年毕业于中国人民解放军第四军医大学
1994年获瑞典卡罗琳斯卡医学院博士学位
2015年当选为中国科学院院士
中国科学院上海生命科学研究院研究员

长期从事神经系统疾病的分子细胞生物学机理研究。系统性地研究了慢性痛的背根节和脊髓基因表达谱，发现了内源性钠钾泵激动剂等新的痛觉信息调控系统，为临床镇痛及药物研发提供了新的理论基础。发现了伤害性感受神经元中阿片受体亚型间的相互作用，及其与吗啡镇痛耐受的相关性，拓展了受体复合体功能及药物研究方向。发现了成纤维细胞生长因子13（FGF13）通过稳定微管调控神经元和大脑的发育，阐明了FGF13基因缺陷造成智力障碍的机理。曾获何梁何利基金科学与技术进步奖、中国青年科技奖和上海市自然科学牡丹奖等。

生命科学和医学学部

1. 2008年9月，指导博士研究生做实验
2. 1994年1月，在瑞典攻读博士学位期间与夫人一起做实验
3. 1994年6月，博士毕业答辩后与导师Tomas Hökfelt教授（右2）、鞠躬院士（左2）留影
4. 2015年7月，在巴西国际脑研究组织第九届世界大会作大会报告，成为首位受邀在此大会作大会报告的中国本土科学家
5. 2005年8月，首次作为国内神经科学家在《Cell》期刊上发表论文
6. 2010年10月，在上海世博会瑞典馆举行的"明日健康与保健"论坛上作主旨演讲
7. 2013年7月，儿子赴美留学前在澳大利亚凯恩斯市合影留念

305

中国科学院院士

周琪
Zhou Qi

干细胞和发育生物学家

1970年4月1日生于黑龙江哈尔滨
1991年毕业于东北农业大学
1996年获东北农业大学博士学位
2015年当选为中国科学院院士
中国科学院动物研究所研究员

主要从事细胞重编程与干细胞研究。在体细胞重编程的新方法创建与调控机制研究、干细胞与再生医学重要细胞与动物模型的建立等方面取得了多项系统性、创新性的研究成果。曾先后创造了体细胞克隆大鼠、诱导多能干细胞小鼠，证明了诱导多能干细胞具有与胚胎干细胞同样的发育能力；创建了北京干细胞库；发现了可以判断干细胞多能性水平的非编码RNA标识并研究了其调控机制；揭示了mRNA甲基化等表观遗传修饰在细胞重编程中的调控作用及机制。曾获国家自然科学奖二等奖（2014年）、周光召基金会杰出青年基础科学奖（2011年）、何梁何利基金科学与技术进步奖（2010年）等。

生命科学和医学学部

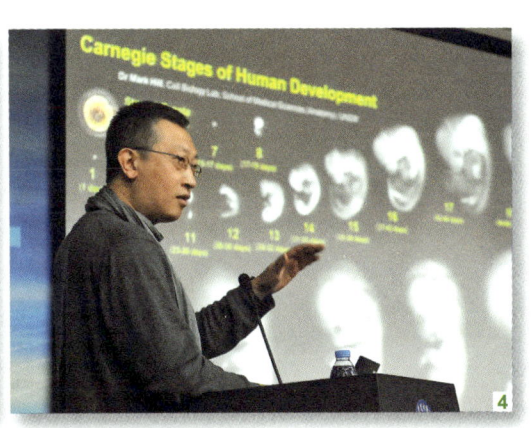

1. 2007年4月，在实验室工作
2. 1992年，攻读研究生期间登长城留念
3. 2004年3月，在瑞获得吉诺韦（Genoway）转基因科技奖
4. 2015年3月，在动物博物馆做科普讲座
5. 2014年4月，在办公室与学生交流工作
6. 2008年9月，在法国巴黎参加第二届中法联合实验室年会
7. 2015年3月，全家福

丁仲礼	金振民	吕达仁	邱占祥	王铁冠	魏奉思	杨文采
穆　穆	杨元喜	姚檀栋	张　经	莫宣学	陶　澍	翟明国
郑永飞	周卫健	傅伯杰	高　山	龚健雅	郭华东	焦念志
刘丛强	石广玉	舒德干	万卫星	周忠和	陈　骏	崔　鹏
郭正堂	金之钧	彭平安	王成善	王会军	吴立新	张培震
周成虎	陈大可	陈发虎	陈晓非	高　锐	郝　芳	吴福元
夏　军	杨树锋	沈树忠	张人禾			

地学部

丁仲礼 Ding Zhongli

第四纪地质学家

1957年1月14日生于浙江嵊县
1982年毕业于浙江大学
1988年获中国科学院地质研究所博士学位
2005年当选为中国科学院院士
中国科学院地质与地球物理研究所研究员
中国科学院副院长
中国科学院大学校长

主要从事第四纪地质与古环境等方面研究。对黄土高原的宝鸡、灵台、泾川等剖面作了土壤地层学的系统观察与对比，将中国黄土划分为37个土壤地层单位、110个次级单位。在国际上首次从陆相第四纪沉积中建立2.6百万年（Ma）以来的地球轨道时间标尺；构建了2.6百万年以来有区域代表性的黄土粒度"集成时间序列"；发现中国北方黄土剖面粒度所记录的偏北和西北向风力强度变化与米兰科维奇周期同相位，尤其是在10万年的偏心率周期上，即冰盛期时风力强度最大。部分研究成果被编入英国、美国出版的教科书。任国际IGBP-PAGES执委会委员等。曾获两项中国科学院自然科学奖一等奖和中国科学院"青年科学家"一等奖、团中央"中国青年科学家"奖、黄汲清青年地质科学技术奖、何梁何利基金科学与技术进步奖等奖项。

地学部

1. 2014年9月，在中国科学院大学开学典礼上讲话
2. 2012年5月，丁仲礼（中）在陕西考察小麦新品种选育基地
3. 2012年9月，在塞尔维亚国际黄土会议作大会报告
4. 2013年5月，丁仲礼（右2）在中国科学院海洋研究所考察"科学号"科考船
5. 2012年9月，丁仲礼（左）在塞尔维亚考察黄土剖面
6. 2013年6月，丁仲礼（左）在智利考察Radomiro Tomic铜矿

中国科学院院士

金振民
Jin Zhenmin

地质学家

1941年9月21日生于浙江温州
1965年毕业于北京地质学院
2005年当选为中国科学院院士
中国地质大学（武汉）教授

主要从事构造地质学、地质力学和地球深部物质性质的研究和教学工作。在上地幔部分熔融实验、岩石圈流变学、超高压榴辉岩流变律、中国大陆科学钻探的岩石物理性质和西藏罗布莎铬铁矿成因机理等方面取得了重要研究成果。2001年获国家级教学成果奖二等奖，2007年获国家自然科学奖二等奖，2008年获国家科学技术进步奖二等奖。1998年和2004年分别获"全国教育系统劳动模范"和"全国模范教师"称号，2008年获全国"五一"劳动奖章。

地学部

1. 1998年10月，金振民（右）在野外考察大别山碧溪岭超高压榴辉岩时与H. Green教授（左）交流
2. 1987年10月，在美国加利福尼亚大学戴维斯分校高温高压实验室工作
3. 2011年4月，金振民（右）与冯庆来博士（左）在云南昆明参观国立西南联合大学旧址
4. 1996年7月，金振民（左）与高山考察西藏聂拉木变质核杂岩岩体的途中在嘉措拉山（海拔5220米）留影
5. 1960年2月，金振民（前排中）参加浙江温州市"60年代第一个春天"环城长跑比赛获男子组团体第一名
6. 2000年4月，金振民（右）在美国加利福尼亚大学戴维斯分校构造物理实验室指导研究生做榴辉岩高温高压试验
7. 2009年8月，全家福

中国科学院院士

吕达仁
Lü Daren

大气物理学家

1940年1月14日生于上海，籍贯江苏常熟
1962年毕业于北京大学
1966年研究生毕业于中国科学院大气物理研究所
2005年当选为中国科学院院士
中国科学院大气物理研究所研究员

从事大气与地球系统科学基础与高技术研究。首先提出微波主-被动联合遥感降水分布的原理及反演方法；最早提出消光-小角散射综合反演大气气溶胶粒子谱的原理；主持完成我国首部VHF平流层大型相控阵雷达；对重力波频谱结构、对流风暴激发重力波机制作进行了系统研究；长期从事卫星与载人航天器对大气成分进行综合观测与反演研究。现任国际气象与大气科学协会（IAMAS）委员，曾任国际辐射、中层大气、日地物理委员会委员等。现任中国科学院战略性先导科技专项、国家自然科学基金委员会国家重大科研仪器研制项目、科技部973计划项目等三项的首席科学家。曾获国家自然科学奖三等奖、国家科学技术进步奖二等奖等奖项。

地学部

1. 2013年5月，吕达仁（中）应邀参加母校北京大学115周年纪念交流会时与校长王恩哥（右）合影
2. 2005年，吕达仁（右）在中国科学院大气物理研究所香河站接待瑞士科学家（现国际大气辐射委员会主席）Schmutz博士（左）
3. 2009年8月，吕达仁（右3）在拉萨与西藏大学物理学院师生合作进行臭氧探空观测
4. 2009年夏，吕达仁（中）赴西藏考察中国科学院青藏高原研究所林芝站
5. 2006年，高中毕业50周年，吕达仁（右）在江苏常熟市母校与同班同学中国工程院院士范滇元（左）合影
6. 2013年10月，吕达仁（前排右）参加国家自然科学基金委员会首批国家重大研学仪器研制项目主要负责人研讨会
7. 2006年冬，一家四口回到共同的母校北京大学合影留念

邱占祥

Qiu Zhanxiang

古生物学家

1936年3月10日生于山东青岛
1960年毕业于苏联莫斯科大学
1984年获德国美因茨古登堡大学博士学位
2005年当选为中国科学院院士
中国科学院古脊椎动物与古人类研究所研究员

从事新生代地层和古哺乳动物研究。在华南古新世红层和哺乳动物群的发现与研究、中国犀类化石、中国新近纪食肉类动物化石研究及陆相地层划分等方面作出了一定的贡献。曾任中国科学院古脊椎动物与古人类研究所所长。1982年获德国洪堡基金奖学金，1992年因华南红层研究与同行一起获中国科学院自然科学奖一等奖。

地学部

1. 1992年，在瑞士巴塞尔和夫人王伴月一起拜访瑞士古哺乳动物学家前辈——著名的山猿（*Oreopithecus*）骨架的发现和研究者Johannes Hürzeler教授
2. 1983年4月，在德国美因茨古登堡大学进修
3. 2007年2月，参加中国科学院古脊椎动物与人类研究所春节联欢会并演唱歌曲《莫斯科郊外的晚上》
4. 1997年1月，在北京颐和园学滑冰
5. 1994年，邱占祥（左5）参加西北大学地质系张云翔博士论文答辩
6. 1984年3月，邱占祥（右）在西班牙马德里国家自然历史博物馆与西班牙古生物学家J. Morales和M. D. Soria会面
7. 1983年6月，与夫人王伴月乘船游莱茵河

317

中国科学院院士

王铁冠
Wang Tieguan

分子有机地球化学家与石油地质学家

1937年12月4日生于上海
1965年毕业于北京石油学院
2005年当选为中国科学院院士
中国石油大学（北京）教授

从事生物标志物、油藏地球化学与石油地质学的教学与科研。发现和命名13α(正烷基)-三环萜烷等三个新生物标志物系列；阐明了低熟油气成因理论，建立了生物标志物结合显微组分研究煤系烃源岩的方法；集成包裹体测温、数值模拟与实测镜质组反射率等技术，完善了油气成藏期次与时间的厘定方法；论证了二苯并噻吩分子示踪油藏充注过程的机理，反演油气充注途径，指示有利勘探方向。对中-新元古界潜在油气资源进行了长期的基础研究。1996年获国家自然科学奖二等奖，1998年获孙越崎科技教育基金"能源大奖"，2002年获李四光地质科学奖。

地学部

1. 2002年，获李四光地质科学奖（地质科技研究者奖）
2. 1992年，在实验室向涂光炽（左）、傅家谟（中）两位院士汇报科研成果
3. 1997年，在英国纽卡斯尔大学访问，并与国际资深有机地球化学家A.G.Douglas教授研讨问题
4. 1985年，王铁冠（左）考察美国中西部熔岩流的地下洞穴
5. 王铁冠（左）指导青年教师与研究生撰写论文
6. 1984年，王铁冠（右）在美国俄勒冈州立大学任客座副研究员
7. 1967年年初，王铁冠与任志珍的结婚照

319

中国科学院院士

魏奉思
Wei Fengsi

空间物理学家

1941年11月24日生于四川绵阳
1963年毕业于中国科学技术大学
2005年当选为中国科学院院士
中国科学院国家空间科学中心研究员

主要从事空间天气研究。在行星际激波动力学过程、传播特征、三维非对称模型、与日球电流片相互作用，以及在磁云边界层、行星际磁重联和空间天气预报方法等方面取得重要研究进展。先后任国际TIP、SOLTIP、CAWSES/Space Weather等委员和中国召集人等；负责提出、组织和推动国家重大科学工程"子午工程"、国际空间天气子午圈计划建议；近十多年来致力于我国空间天气科学事业的开拓与发展，负责有关我国空间天气科学、空间科学学科及和平利用空间发展战略研究等。获国家自然科学奖和中国科学院自然科学奖等6项。

地学部

1. 2007年10月，在何梁何利基金2007年度颁奖会上留影
2. 1996年夏，魏奉思（二排左3）和实验室部分成员合影，墙上系日球物理数值研究开放实验室提倡的文化：实验室就是我的家，超人的努力超人的成绩
3. 魏奉思（左3）与实验室课题组成员讨论工作
4. 2001年夏，魏奉思（右）与国际SOLTIP委员会主席M. Dryer博士（左），在中国科学院空间天气学重点实验室合影
5. 2012年，国家重大科学工程"子午工程"验收专家合影留念（左为魏奉思）
6. 2012年9月，考察黑龙江漠河地磁、电离层台站时和夫人任泽英在与俄罗斯一江之隔的黑龙江边留影。

321

中国科学院院士

杨文采
Yang Wencai

地球物理学家

1942年10月3日生于广东大埔
1964年毕业于北京地质学院
1984年获加拿大麦吉尔大学博士学位
2005年当选为中国科学院院士
浙江大学教授

主要从事地球物理正反演理论方法研究，并将此理论应用于地壳上地幔、油气与矿产勘查及重大建设工程基础调查。在应用地球物理的反演理论与非线性地震反演方法、大地构造物理学等方面取得了重要研究成果。特别是统一了各种物探方法反演的数学物理方程表达，首次提出非线性地震混沌反演的理论与方法，发现并判识中国东部岩石圈地幔内部存在多组层状反射体等方面，推动了地球物理学相关领域的研究。曾任地质矿产部地球物理与化学勘查研究所所长。

地学部

1. 2010年,向国际大陆科学钻探计划主席艾默曼介绍研究成果
2. 1990年,傅承义院士80寿诞留影(右起二人为傅承义院士及夫人,左1为顾功叙院士,左2为翁文波院士,中间发言者为杨文采)
3. 1984年,学成回国的使命感,牢记于心
4. 2009年,在新疆塔里木盆地物性成像项目野外考察
5. 2008年6月,中国地质大学研究生班学生修完反射地震学课程后在校园留影(二排右2为讲课教师杨文采)
6. 2011年春节,在北京家中拍摄全家福

中国科学院院士

穆穆
Mu Mu

大气动力学家

1954年8月31日生于安徽定远
1978年毕业于安徽大学
1985年获复旦大学博士学位
2007年当选为中国科学院院士
复旦大学教授

主要从事大气-海洋动力学及天气与气候的可预报性研究。对准地转运动，建立了Arnold第二定理非线性稳定性判据。在可预报性研究方面，提出了条件非线性最优扰动方法，研究了厄尔尼诺-南方涛动（ENSO）、热盐环流、阻塞高压、台风与黑潮等的可预报性，并取得了系统的重要成果。现任国务院学位委员会大气科学评议组召集人、《中国科学：地球科学》副主编。曾任国际动力气象委员会与行星大气及其演变委员会委员、《英国皇家气象学会季刊》编委会成员等。首届国家杰出青年科学基金获得者。2008年当选为发展中国家科学院院士。2001年获中国科学院自然科学奖一等奖（排名第一），2010年获何梁何利基金科学与技术进步奖。

地学部

1. 2010年10月，获何梁何利基金科学与技术进步奖
2. 1984年11月，复旦大学首届博士研究生毕业留念（二排左1为穆穆，一排左2为导师谷超豪先生）
3. 2010年8月，穆穆（二排左3）与课题组成员在内蒙古合影
4. 2013年2月，穆穆（中）与胡敦欣院士（右）、焦念志院士（左）在海南西沙群岛考察
5. 2012年，在俄罗斯科学院大气物理研究所访问期间，穆穆（右）与俄罗斯科学院院士、国际著名大气科学家伽辽金（G.S.Golitsyn，左）进行学术讨论
6. 2009年，在印度尼西亚万隆覆舟火山考察
7. 1986年，与女儿合影

325

杨元喜

Yang Yuanxi

大地测量学家

1956年7月23日生于江苏泰州
1980年毕业于郑州测绘学院
1991年获中国科学院测量与地球物理研究所博士学位
2007年当选为中国科学院院士
中国卫星导航定位应用管理中心研究员

先后主持完成"2000国家GPS大地控制网数据处理工程"和"全国天文大地网与空间网联合平差工程"。创建"相关观测抗差估计理论"和"自适应导航定位理论"。曾任国际大地测量协会（IAG）第四委员会秘书、《测绘学报》主编等。1996年获德国洪堡基金奖学金。获国家科学技术进步奖二等奖2项、省部级科学技术进步奖一等奖5项。1999年获中国科协求是杰出青年实用工程奖，2011年获何梁何利基金科学与技术进步奖（地球科学奖）。

地学部

1. 2010年，在北京大学百年大讲堂作特邀报告
2. 1995年，在美国麻省理工学院做访问学者期间留影
3. 2010年5月，在北京出席第一届中国卫星导航学术年会，担任年会执行主席并作大会发言
4. 2010年，在云南省腾冲湿地公园客串"船夫"
5. 1996年，获德国洪堡基金奖学金留学期间留影
6. 2010年，杨元喜（左）在俄罗斯圣彼得堡与国际IAG主席合影
7. 2009年10月1日，应邀参加中华人民共和国成立60周年国庆观礼活动留影

327

姚檀栋 Yao Tandong

冰川与环境变化学家

1954年7月26日生于甘肃通渭
1978年毕业于兰州大学
1986年获中国科学院地理研究所博士学位
2007年当选为中国科学院院士
中国科学院青藏高原研究所研究员、所长

长期从事冰川与环境变化研究，开拓和发展了中国的冰芯研究。阐明了青藏高原大气降水氧同位素的变化规律和气候变化的关系；揭示了青藏高原冰芯中微生物与环境的关系；发现末次间冰期以来青藏高原同两极地区一样经历了5次大的气候波动旋回；研究了过去2000年来青藏高原气候变化特征；发现青藏高原的冰川正发生全面和加速退缩，并对这一地区的湖泊径流过程和水资源产生重要影响。成果相继在《Science》《Nature》《Nature Climate Change》《Review of Geophysics》等国际顶级学术期刊发表。在国际青藏高原研究领域，论文总量和总被引率排名第一。曾任中国科学院寒区旱区环境与工程研究所所长。获中国科学院自然科学奖一等奖、甘肃省自然科学奖一等奖、国家自然科学奖二等奖、何梁何利基金科学与技术进步奖等奖励。

地学部

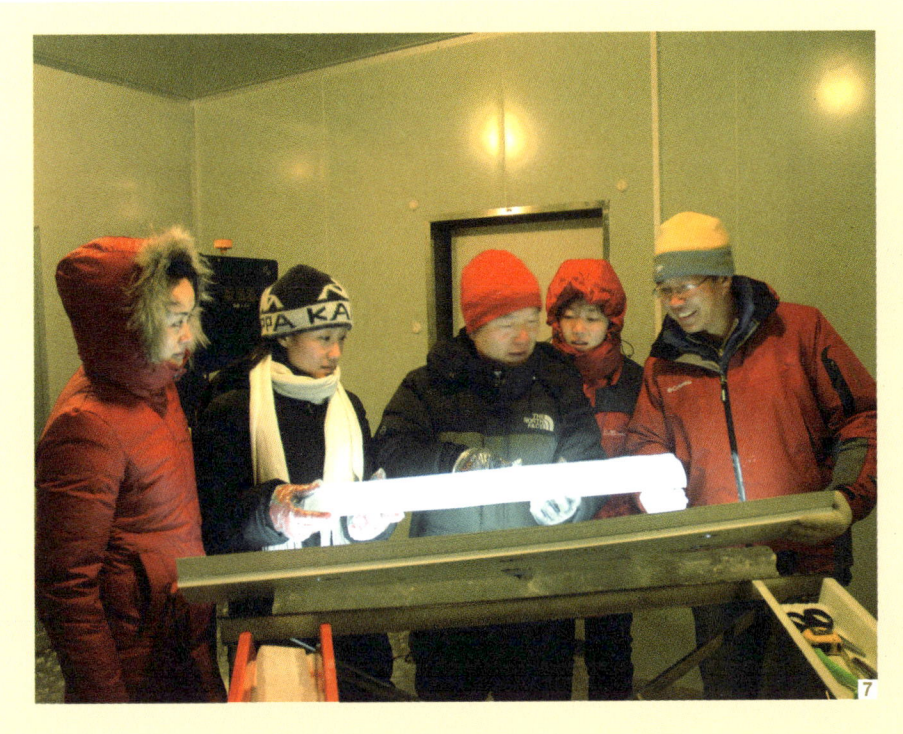

1. 2007年6月，考察冰川
2. 与施雅风院士（右）在一起讨论学术问题
3. 2004年9月，与刘东生院士（左）亲切交谈
4. 2013年1月，在中国科学院青藏高原研究所春节联欢会上演唱《青藏高原》
5. 1997年7月，姚檀栋（左）与美国科学院院士朗尼·汤姆森教授（右）在野外工作
6. 2006年10月，进行冰芯科学研究
7. 2008年2月，姚檀栋（中）在冷库指导学生分析冰芯样品

329

中国科学院院士

张经

Zhang Jing

化学海洋学与海洋生物地球化学家

1957年10月10日生于内蒙古包头，籍贯山东龙口
1982年毕业于南京大学
1988年获法国皮耶尔·玛丽居里大学博士学位
2007年当选为中国科学院院士
华东师范大学教授

主要研究集中在对河口、陆架和边缘海的生物地球化学过程的探索方面。包括：在陆-海相互作用框架下痕量元素与生源要素的循环与再生，不同界面附近物质的迁移和转化机制；化学物质通过大气向边缘海的输送通量和时空变化，气源物质与近海初级生产过程之间的内在联系；发展边缘海的生源要素与痕量元素的收支模式，深入地分析海洋生物地球化学过程的内在变化特点对外部驱动的响应。1999年任教育部"长江学者奖励计划"特聘教授。

地学部

1. 2012年2月，在浙江近海做"浙闽沿岸流"观测，夜里在甲板上值班
2. 2007年8月，在海南省东部做近海观测时，在船上采集水样
3. 2011年5月，在东海观测时，在实验3号科考船的甲板上作业
4. 2008年5月，在马来西亚沙巴出席政府间海洋学委员会西太分委会（IOC/WESTPAC）科学大会期间参加会后活动
5. 2009年10月，在长江流域观测时，在宜昌水文观测船上采样
6. 2009年9月，在长江流域观测时，于牛栏江边同当地的小朋友合影

331

中国科学院院士

莫宣学
Mo Xuanxue

岩石学家

1938年12月21日生于广西融水
1960年毕业于北京地质学院
2009年当选为中国科学院院士
中国地质大学（北京）教授

主要从事岩石学（特别是岩浆-构造-成矿领域）的研究与教学工作。首次提出任意压力下岩浆氧逸度计算公式及含Fe_2O_3硅酸盐熔体密度预测模型，为建立岩浆演化综合热力学理论模型发挥了关键作用；长期研究青藏高原构造-岩浆作用，在揭示了印度-亚洲大陆碰撞时间、青藏高原巨厚陆壳成因与增厚机制、深部壳幔物质运移方面，取得了系统成果；长期研究青藏高原及金沙江-澜沧江-怒江成矿带成矿规律与具体找矿方向，为开拓西南"三江"和西藏冈底斯国家级矿产资源新基地做出了贡献。现任《地质学报》主编、《Geoscience Frontiers》主编。2005年获国家科学技术进步奖一等奖。

地学部

1. 2011年12月，莫宣学（左）赴中亚乌兹别克斯坦考察超大型矿床
2. 作报告后回答提问
3. 2003年，莫宣学（左3）与研究团队在海拔5000多米的西藏的驱龙铜矿考察
4. 1974年，莫宣学（左）考察喜马拉雅一中绒布冰川（左为聂泽同）
5. 在青海野外工作
6. 1974年，莫宣学（左）考察喜马拉雅一中绒布冰川（前方为珠峰，中为池三川、右为聂泽同）
7. 2005年，莫宣学（左3）与部分外国专家在喜马拉雅合影（左2为潘桂棠研究员，左4为美国Depaolo院士，右1为罗马尼亚布加勒斯特大学地质与地球物理学院院长Mocanu教授，右4为IGCP430主席Flower教授）

中国科学院院士

陶 澍 *Tao Shu*

环境科学家

1950年8月14日生于上海,籍贯江苏无锡
1977年毕业于北京大学
1984年获美国堪萨斯大学博士学位
2009年当选为中国科学院院士
北京大学教授

主要从事环境地理学研究,在微量有机污染物和重金属区域环境过程,微量污染物的形态、迁移活性和生物有效性,区域环境地球化学过程、区域归趋模型与风险评价,污染物界面微环境行为等方面取得了系统成果,近年来侧重于持久性有机污染物归趋模拟、暴露分析与健康风险评价的研究。国家杰出青年科学基金获得者、国家自然科学基金委员会创新研究群体科学基金项目负责人,教育部"长江学者奖励计划"特聘教授、全国模范教师。现任《Environmental Science and Technology》主编和《Environmental Pollution》等杂志编委。

地学部

1. 2009年，在清华大学博士论坛作报告
2. 1991年，陶澍（左）与美国密苏里大学Ray教授（中）和学生合影
3. 在办公室被学生抓拍
4. 1983年11月，在美国堪萨斯大学
5. 1981年10月，陶澍（左1）在美国堪萨斯大学与陈静生教授等合影
6. 2005年6月，陶澍（中）与学生们合影
7. 在学术研讨会上

335

中国科学院院士

翟明国
Zhai Mingguo

地质学家

1947年12月24日生于河南济源
1976年毕业于西北大学
1989年获中国科学院地质研究所博士学位
2009年当选为中国科学院院士
中国科学院地质与地球物理研究所研究员
西北大学教授

主要从事前寒武纪地质与变质地质学和火成岩石学研究。针对早期陆壳的形成与生长、早期大陆壳的结构与成分、前寒武纪与显生宙变质作用和大陆动力学机制的异同等前沿核心科学问题，研究大陆演化历史与矿产资源的富集机理，集中研究华北陆块以及相邻地区，取得了系统的创造性成果。曾获国家自然科学奖二等奖2项，中国科学院自然科学奖一等奖1项、二等奖2项，国土资源部科技创新奖一等奖1项。

地学部

1. 1986年，翟明国（右）在欧洲考察阿尔卑斯山
2. 2006年，翟明国（后排左2）作科普报告后留影
3. 1989年，考察云南点苍山
4. 1989年，翟明国（左2）在日本考察
5. 2009年，在天山考察
6. 2007年，翟明国（前排左3）在青海考察
7. 1987年，全家合影

中国科学院院士

郑永飞
Zheng Yongfei

地球化学家

1959年10月14日生于安徽长丰
1982年毕业于南京大学
1991年获德国哥廷根大学博士学位
2009年当选为中国科学院院士
中国科学技术大学教授

主要从事同位素地球化学与化学地球动力学研究。在俯冲带过程同位素地球化学示踪、矿物同位素分馏系数理论计算和实验测定、同位素体系理论模式及其地球化学应用等方面取得了系统的重要成果；首创应用增量方法对固体矿物的氧同位素分馏系数进行定量理论计算；首次将超高压变质岩地球化学异常与大陆俯冲带变质化学动力学相结合，成功地将稳定同位素示踪拓展到化学地球动力学这一科学前沿领域。2004年获国家自然科学奖二等奖，2008年获何梁何利基金科学与技术进步奖，2009年获教育部"长江学者"成就奖。2005年当选为美国矿物学会会士，2011年当选为发展中国家科学院院士。

地学部

1. 2008年，郑永飞（左）获何梁何利基金科学与技术进步奖时与伍小平院士（中）、刘庆峰总裁（右）合影
2. 2002年，进行矿物氧同位素分析实验
3. 2009年，郑永飞（左6）与金振民院士（左5）率中国科学与技术大学团队考察祁连山
4. 2009年，郑永飞（左）陪同《Chemical Geology》主编D. Rickard教授（右）考察安徽巢湖地质
5. 2009年，郑永飞（中）带领博士后陈仁旭（右）和博士生陈伊翔（左）考察祁连山地质
6. 2006年，在新疆考察戈壁地质
7. 1992年，郑永飞（右2）在德国图宾根大学接待南京大学校长曲钦岳院士（左3）和闵乃本院士（左2）

周卫健 Zhou Weijian

第四纪地质学家

1953年3月23日生于贵州贵阳
1976年毕业于贵州大学
1995年获西北大学博士学位
2009年当选为中国科学院院士
中国科学院地球环境研究所研究员、所长

长期从事第四纪地质、全球变化及宇宙成因核素的环境示踪研究。首先报道了东亚季风新仙女木气候突变事件的可靠地质证据，指出其具有半球寒冷性质和季风降水增加的特点，并较早提出高低纬气候相互作用对过去季风突变事件的影响机制；开拓了黄土 ^{10}Be 示踪古地磁场变化的新方向，首次运用黄土 ^{10}Be 记录定量重建了最近13万年地磁场强度和季风降水变化历史，通过 ^{10}Be 示踪解决了B/M地磁极性倒转界线在黄土和海洋记录中不同步的科学难题，为建立中国黄土可靠年代标尺和古气候记录的全球对比研究做出贡献。2010年当选为发展中国家科学院院士。曾获全国首届百篇优秀博士学位论文、国家杰出青年科学基金和国家自然科学奖二等奖等奖项。

地学部

1. 2012年7月，在法国巴黎联合国教科文组织会议厅作"放射性碳学术报告"
2. 2002年12月，实验室工作留影
3. 2009年11月，周卫健（左）在黄土10Be国际合作项目的宝鸡野外地质考察中向美国亚利桑那大学Warren Beck教授介绍黄土地层划分
4. 2011年3月，周卫健（右）与《国际放射性碳杂志》主编A.J.Timothy Jull讨论
5. 2010年8月，周卫健（左）与美国著名地质学家Peter Molnar教授在科罗拉多大峡谷开展地质考察
6. 2013年6月，周卫健（右）获首届中国科学院"优秀女科学家"奖
7. 2013年7月，周卫健（中）与培养的部分博士生合影

341

中国科学院院士

傅伯杰
Fu Bojie

自然地理学、景观生态学家

1958年1月4日生于陕西咸阳
1982年毕业于陕西师范大学
1989年获北京大学和英国斯特林大学联合培养博士学位
2011年当选为中国科学院院士
中国科学院生态环境研究中心研究员

主要从事景观生态学和综合自然地理学研究。在土地利用结构与生态过程、景观生态和生态系统服务等方面取得了系统性创新成果；特别是在耦合景观格局与水土生态过程、区域生态系统服务优化方法上取得了重要突破，推动了中国景观生态学的发展。2005年获国家自然科学奖二等奖，2011年获国际景观生态学会杰出贡献奖，2012年获国家科学技术进步奖二等奖。任国际生态学会副主席，国际长期生态系统研究网络副主席，联合国生物多样性与生态系统服务科学政策平台（IPBES）多学科专家组成员。2012年当选为发展中国家科学院院士，2015年当选为英国爱丁堡皇家学会通讯院士。

地学部

1. 2011年，傅伯杰（左）获国际景观生态学会杰出贡献奖，接受国际景观生态学会主席Bruce Jones教授颁奖
2. 1987年，傅伯杰（左）与博士生导师林超教授在北京大学
3. 2013年7月，傅伯杰（右2）与毕业的博士生和硕士生合影
4. 2013年12月，在土耳其出席联合国IPBES第二次全会
5. 2006年5月，考察长白山高山草甸
6. 1988年，在英国斯特林大学联合培养博士生导师D.A. Davidson教授指导下工作
7. 2011年8月，傅伯杰（中）在黄土高原指导学生观察生态恢复

中国科学院院士

高山 *Gao Shan*

地球化学家

1962年6月30日生于青海西宁
1982年毕业于西安大学
1989年获中国地质大学（武汉）博士学位
2011年当选为中国科学院院士
中国地质大学（武汉）教授
2016年5月3日逝世

主要从事大陆地壳结构和组成、壳幔交换作用及微区地球化学分析研究。所获得的中国中东部地壳元素丰度已成为国际地球模型大陆地壳成分的重要数据基础；论证了大陆下地壳结构与组成的大尺度不均一性；发现与提出了下地壳拆沉再循环过程的关键证据，为中国东部中生代强烈壳幔交换与成矿作用的地球动力学背景提供了新认识。1996年获国家杰出青年科学基金，1999年任教育部首届"长江学者奖励计划"特聘教授，2005年获国家自然科学基金委员会创新研究群体科学基金，2007年获高等学校学科创新引智计划基金和国家自然科学奖二等奖。2009年当选为英国皇家化学学会会士，2014年当选为国际地球化学学会会士。

地学部

1. 2004年9月，在辽西地区野外采样
2. 1994年，在德国哥廷根大学实验室工作
3. 2007年5月，在华北地区野外采样
4. 1981年12月，高山（中排右3）与西北大学77级本科同学毕业合影
5. 2002年11月，高山（左）在西北大学大陆动力学国家重点实验室与瑞士苏黎世高等理工学院Detlef Günther教授在仪器旁合影
6. 2007年1月，高山（左2）在办公室研讨问题（左3为金振民院士、左1为刘勇胜教授、左4为张宏飞教授）
7. 2008年5月，高山（二排左5）在河北张家口采样期间与考察队员合影

345

龚健雅

Gong Jianya

测绘与地理信息学家

1957年4月25日生于江西樟树
1982年毕业于华东地质学院
1992年获武汉测绘科技大学博士学位
2011年当选为中国科学院院士
武汉大学教授

主要从事地理信息理论和几何遥感基础研究。20世纪90年代初提出的面向对象地理信息系统的概念和数据模型，现已成为GIS软件的主流技术；率先研发的面向对象GIS软件GeoStar，在我国测绘、国土和电力管理等许多领域得到广泛应用。21世纪初系统地提出了空间信息共享与互操作理论与方法，研发出多源空间信息共享服务平台GeoSurf和网络三维信息共享集成平台GeoGlobe，成为我国军民各类地理信息公共服务平台如天地图的基础软件。在摄影测量与遥感方面，提出了遥感广义几何成像模型与精确处理方法，主持研发了我国遥感卫星地面处理系统，并大幅提高了国产遥感卫星影像自主定位精度。曾获国家科学技术进步奖一等奖1项和二等奖3项。

地学部

1. 2007年，与美国马里兰大学人文社会学院院长John Townshend 签署合作协议
2. 1992年3月，龚健雅（右1）在博士论文答辩通过后，与三位导师王之卓院士（右2）、李德仁院士（左1）和丹麦技术大学Ole Jacobi教授（左2）的合影留念
3. 1992年7月，龚健雅（后排左）在美国华盛顿参加第17届国际摄影测量与遥感大会时与陈述彭院士（前排右）、徐冠华院士（前排左）和留美学者柯英博士（后排右）合影
4. 1997年，龚健雅（左1）参加中国海外地理信息系统学术年会时与李德仁院士（右2）、李小文院士（左2）、李清泉教授（右1）在台湾圆山大饭店门前合影
5. 2006年，在湖北武汉主持第14届国际地理信息科学与技术大会
6. 1995年，龚健雅（右）在四川成都参加国家杰出青年科学基金答辩后与傅伯杰院士合影留念
7. 2006年春节，与家人在海南三亚合影

347

中国科学院院士

郭华东
Guo Huadong

地球科学学家

1950年10月6日生于江苏丰县
1977年毕业于南京大学
1981年获中国科学院硕士学位
2011年当选为中国科学院院士
中国科学院遥感与数字地球研究所研究员

主要从事遥感科学与应用研究。系统揭示了雷达电磁波与典型地物的相互作用机理，建立了无植被沙丘雷达散射几何模型，揭示了熔岩的去极化机理与植被的多极化响应现象，证实了长波段雷达对干沙的穿透性；建立了多源遥感找矿理论方法与模式，构建了重大地震灾情全天时全天候和主被动遥感观测体系；提出了全球变化科学卫星及月基观测概念；组织建设了新型对地观测系统，建成"神舟"飞船陆地遥感应用系统，创建了我国第一个数字地球原型系统。任国际科技数据委员会主席、国际数字地球学会主席、《国际数字地球学报》主编等职。多次获国家科学技术进步奖。2012年当选为发展中国家科学院院士。

地学部

1. 2010年2月，郭华东（右2）被澳大利亚科廷大学授予名誉科学博士学位
2. 2013年9月，郭华东（左3）在青海玉树进行地震灾后遥感验证
3. 郭华东（左2）作为全球雷达计划中国项目负责人在广州白云机场的CV-580雷达遥感飞机上
4. 1979年，攻读研究生时，进行地物样品介电常数测量
5. 2010年9月，郭华东（中）在加拿大渥太华与美国Lewis教授兄弟合影
6. 2011年4月，郭华东（前排左4）与国际科联科技数据委员会（ICSU-CODATA）成员合影
7. 2010年9月，郭华东夫妇在加拿大温哥华市

焦念志 Jiao Nianzhi

生物海洋学家

1962年12月18日生于山东潍坊
1983年毕业于山东海洋学院
1991年获青岛海洋大学博士学位
2011年当选为中国科学院院士
厦门大学教授

主要从事生物海洋学研究，在海洋碳循环与生态环境效应方面取得了原创性系统成果。开拓了海洋新生产力、原绿球藻、AAPB、PR等新领域的研究；发现原绿球藻在西太平洋宽陆架海大量存在，并确定了在我国海区的分布边界和生态地位；创建TIREM方法，揭开了长期存在的误区，查明AAPB在全球海洋尺度上的分布规律；揭示了不产氧光合作用对于维持海洋碳汇至关重要；提出了海洋储碳新机制"微型生物碳泵"（MCP）理论。国际海洋研究委员会设立MCP科学工作组，MCP理论被《Science》杂志评论为"巨大碳库的幕后推手"。发表SCI论文150余篇。1996年获国家杰出青年学者称号，1997年入选国家"百千万人才"工程，2000年任教育部"长江学者奖励计划"特聘教授，2006年和2015年两次获国家自然科学奖二等奖，2013年获何梁何利基金科学与技术进步奖。

地学部

1. 2013年，在北京人民大会堂接受国家自然科学奖二等奖颁奖
2. 2016年，在世界学术品牌美国"戈登科学前沿论坛"发起创立"海洋生物地球化学与碳汇"永久论坛
3. 在实验室进行海洋微型生物的流式细胞分析
4. 参加日本东京大学太平洋科学考察（"白凤丸号"）
5. 焦念志（左1）与其领导的国际海洋科学委员会（SCOR）MCP科学工作组成员研讨
6. 在南太平洋科考的意外收获——金枪鱼
7. 与家人在日本富士山留影

中国科学院院士

刘丛强

Liu Congqiang

地球化学家

1955年9月11日生于贵州遵义
1982年毕业于南京大学
1991年获日本东京大学博士学位
2011年当选为中国科学院院士
中国科学院地球化学研究所研究员

主要从事地表地球化学过程及其生态环境效应，以及微量元素和同位素地球化学基础理论和应用研究。揭示了喀斯特流域养分生物地球化学耦合作用机制和循环规律、流域化学侵蚀与地质和生态系统之间的关系、人为活动影响喀斯特流域养分自然生物地球化学循环的机制，提出了流域硫和氮循环影响碳循环及其温室气体源-汇效应的观点，有关研究丰富了传统表生地球化学理论。对地表和地球深部固体-流体体系稀土元素分配规律的研究，丰富并发展了稀土元素地球化学理论；在利用多种同位素与微量元素对地表和地球内部地球化学过程和物源示踪研究方面做出了特色突出的系列重要成果。

地学部

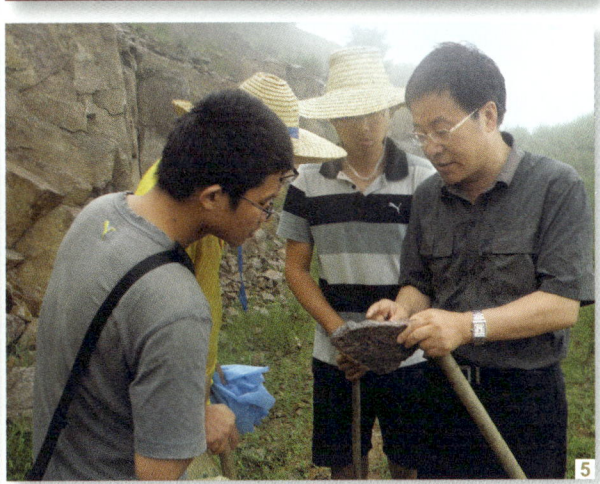

1. 2007年6月，刘丛强（左2）在贵州普定野外调查
2. 2008年11月，刘丛强（前排左）在国家973计划项目中实施野外工作
3. 2009年10月1日，应邀参加新中国成立60周年国庆观礼活动
4. 2006年5月，刘丛强（右）在贵州野外工作
5. 2012年6月，刘丛强（右）在山东野外工作
6. 2006年2月，云南大理全家照

353

石广玉 Shi Guangyu

大气物理与全球变化科学家

1942年10月23日生于山东淄博
1968年毕业于山东大学
1982年获日本东北大学理学博士学位
2011年当选为中国科学院院士
中国科学院大气物理研究所研究员
南京信息工程大学教授

主要从事大气辐射及全球（气候）变化的理论与观测研究。创建了一个完整的K-分布（吸收系数分布）大气辐射模式，被国内外多家院校及研究单位采用。系统研究了大气温室气体和气溶胶的辐射强迫和气候效应，最早开展了南极臭氧（O_3）洞的辐射问题研究，开发辐射-对流气候模式和箱室-扩散大气-海洋能量平衡模式，论文被政府间气候变化专门委员会（IPCC）科学报告多次引用。进行大气气溶胶和大气气体成分的野外观测研究，首次取得了华北地区0~33公里的大气O_3和气溶胶垂直分布廓线。曾获中国科学院自然科学奖二等奖。

地学部

1. 2011年12月，石广玉（右）接受中国科学院院长白春礼（左）颁发院士证书
2. 2014年9月，在兰州大学大气科学学院十年庆典上就大气科学发展的前沿问题作特邀报告
3. 石广玉（中）与博士研究生合影留念
4. 1981年，石广玉（后排左2）留学日本时，与杨振宁教授（前排右2）及中国留学生合影
5. 2006年10月，石广玉（左3）和台湾"中央大学"张时禹教授一同考察兰州大学榆中观测站
6. 2007年，石广玉（右）作为组委会主席，组织召开"第三届亚洲沙尘与海洋生态系统"国际研讨会
7. 2011年，石广玉（左2）访问日本东北大学并交流地震灾害重建经验

355

中国科学院院士

舒德干
Shu Degan

进化古生物学家

1946年2月17日生于湖南湘潭，籍贯湖北鄂州
1969年毕业于北京大学
1987年获中国地质大学（北京）博士学位
2011年当选为中国科学院院士
西北大学教授

主持翻译《物种起源》并撰写长篇"导读"。在早期生命研究上取得系统性突破成果，在《Science》《Nature》杂志发表十余篇论文；发现的昆明鱼目被西方学者誉为"天下第一鱼"，并代表人类及整个脊椎动物大家族的始祖；创建了一个绝灭门类（古虫动物门），提出后口动物亚界演化成型和脊椎动物实证起源假说，并基此提出三幕式寒武纪大爆发理论。研究成果被录入多国教材、百科全书、科学辞典。曾获国家自然科学奖一等奖（"澄江动物群与寒武大爆发研究"）、教育部"长江学者"成就奖一等奖、陕西省科学技术最高成就奖。

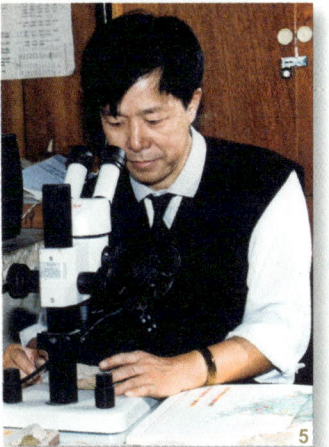

1. 2000年，舒德干（右）在北京人民大会堂接受长江学者成就奖一等奖
2. 2007年，舒德干（右2）与学生们讨论澄江化石，学生张兴亮（右3）、张志飞（左1）先后获全国优秀百篇博士学位论文奖
3. 2013年，舒德干（中）重访澄江化石库
4. 1998年，参观达尔文故居，聆听进化史
5. 2002年，舒德干在研究澄江化石
6. 1998年，舒德干（中）在云南昆明海口野外仙境——发现"天下第一鱼"的化石宝库
7. 2007年，舒德干夫妇与外孙合影

万卫星

Wan Weixing

空间物理学家

1958年7月1日生于湖北天门
1982年毕业于武汉大学
1989年获中国科学院武汉物理研究所博士学位
2011年当选为中国科学院院士
中国科学院地质与地球物理研究所研究员

主要从事电离层物理、电离层电波传播、高层大气物理等领域的研究，在电离层与大气层的耦合等重大科学问题的研究中取得了重要突破和系列成果。从实验观测中发现我国电离层扰动的主要地域特性，提出青藏高原的地形隆起及相关的低涡天气是我国行进式电离层扰动重要激发源的论断；从全球GPS观测数据的分析中，发现低纬电离层总电子含量等参量的经度"四波"结构，系统揭示了电离层"四波"现象的气候学特征及其与大气非迁移潮汐不同分量的联系，论证了大气潮汐激发电离层经度结构的机理；还发现了太阳风对极区电离层突发E层的控制作用。

地学部

1. 进行实验观测
2. 万卫星（右）在审阅学术计划
3. 万卫星（中）在介绍研究成果
4. 万卫星（右）出席研究生毕业典礼
5. 万卫星（中）参加国际学术会议
6. 万卫星（右）与外国专家进行学术交流
7. 万卫星（左3）与王水院士（左2）、陈颙院士（左4）、滕吉文院士（右2）、魏奉思院士（右1）参与考察野外设施

359

周忠和

Zhou Zhonghe

古生物学家

1965年1月19日生于江苏扬州
1986年毕业于南京大学
1999年获美国堪萨斯大学博士学位
2011年当选为中国科学院院士
中国科学院古脊椎动物与古人类研究所研究员、所长

主要从事古鸟类研究。发现了20多种白垩纪鸟类化石，在早期鸟类的系统发育和分类、分异辐射、飞行演化、功能形态、胚胎发育、繁殖行为和生态习性等方面取得了若干发现和成果，有力推动了我国在中生代鸟类研究领域的工作；在热河生物群的综合研究等方面有较大贡献。2003年获首届中国科学院杰出科学成就奖，2000年、2007年分别获国家自然科学奖二等奖。2010年当选为美国科学院外籍院士。2014年当选为国际古生物学会主席。

地学部

1. 2012年，周忠和（右1）在美国华盛顿参加美国科学院年会，与李家洋院士（左1）等合影
2. 1994年，周忠和（右）在美国堪萨斯大学与古鸟类学家Larry Martin教授（中）、Alan Feduccia教授（左）合影
3. 2000年，周忠和（左）在北京与德国古生物学家 Peter Wellnhofen教授交流
4. 2004年，在辽宁朝阳野外发掘现场
5. 2010年，在实验室工作
6. 2011年，周忠和（右）在南非约翰内斯堡与著名古人类学家Ronald Clarke教授一起观察古人类化石
7. 2007年，与女儿在北京合影

中国科学院院士

陈骏 Chen Jun

地球化学家

1954年11月7日生于上海，籍贯江苏扬州
1980年毕业于南京大学
1985年获南京大学博士学位
2013年当选为中国科学院院士
南京大学教授、校长

长期从事表生地球化学和矿床地球化学研究。用矿物学和同位素地球化学方法揭示亚洲风尘潜在源区，发现中国黄土和北太平洋深海风尘沉积物质具二源性特征；通过对我国北方沙漠和黄土风化成壤过程中元素活动性研究，创建了指示古季风气候变化的风尘地球化学指标，明确指出亚洲季风对大陆风化过程和全球变冷的重要影响；从20世纪80年代开始围绕华南含锡花岗岩的物源性质、演化程度、成矿能力和找矿标志开展研究，系统揭示了华南锡矿成矿地球化学过程，提出了华南最重要原生锡矿三阶段成矿模式和锡石-硫化物矿床找矿模型。曾获国家自然科学奖二等奖和省部级科技奖一等奖等奖项。

地学部

1. 2011年1月，获国家自然科学奖二等奖
2. 1981年，攻读硕士研究生
3. 1988年，在南京大学地质系工作
4. 1983年春，徐克勤院士（前排左2）带领教师及研究生考察广西大厂锡矿（后排左1为陈骏）
5. 2010年12月，陈骏（左6）与研究团队全体成员合影
6. 2010年10月，陈骏（左）代表南京大学授予联合国秘书长潘基文（右）名誉博士学位
7. 2013年12月，陈骏（左）接受中国科学院院长白春礼（右）颁发院士证书

363

中国科学院院士

崔 鹏
Cui Peng

自然地理学与水土保持学家

1957年8月7日生于陕西西安
1982年毕业于西北大学
1990年获北京林业大学博士学位
2013年当选为中国科学院院士
中国科学院水利部成都山地灾害与环境研究所研究员

长期从事泥石流等山地灾害研究。在泥石流形成、运动和成灾机理研究方面，初步建立了土力类泥石流起动理论，深化了泥石流运动阻力认识，阐明了流量放大、输沙及其灾害链规律，揭示成灾机理；在减灾原理与方法研究方面，建立了基于起动机理的泥石流预测预报原理和方法，提出了泥石流过程调控的灾害防治原理和方法，发展了山区道路和风景区泥石流治理模式与技术；揭示了四川汶川地震区泥石流、滑坡、堰塞湖等次生山地灾害的分布规律，提出不同空间尺度的泥石流风险分析方法和特大泥石流防治原理。曾获国家科学技术进步奖二等奖和世界水土保持学会杰出研究者奖等奖项。

地学部

1. 2000年8月，崔鹏（右）在台湾中兴大学举办的第二届海峡两岸山地灾害与环境保育学术研讨会上交接会徽（中为施雅风院士）
2. 2012年6月，崔鹏（中）考察四川省宁南县矮子沟特大泥石流灾害区，在沟内采集泥石流样品
3. 2010年8月，崔鹏（右1）在甘肃舟曲特大泥石流灾害现场考察期间向当地居民了解灾害情况
4. 2001年10月，崔鹏（左1）带领研究生进行野外实习
5. 2000年1月，崔鹏（左1）在委内瑞拉科技部与委方部长（左2）和科学家一起讨论委内瑞拉特大泥石流灾害的减灾事宜
6. 2011年9月，在第五届国际防洪大会上作特邀报告
7. 1993年2月，崔鹏（左1）与同事考察蒋家沟泥石流源区期间小憩

365

中国科学院院士

郭正堂
Guo Zhengtang

新生代地质与古气候学家

1964年4月8日生于山西应县
1983年毕业于北京大学
1990年获法国巴黎第六大学博士学位
2013年当选为中国科学院院士
中国科学院地质与地球物理研究所研究员

主要从事新生代地质与古气候学研究。在风尘堆积地层学、古土壤与古环境等方面取得了系统的研究成果。将陆地风成堆积序列从800万年拓展到2200万年；厘定了亚洲季风环境和内陆荒漠的起源时代，重建了早期演化历史，提出青藏高原在2000多万年以前的隆升即已导致大气环流的重组；发现了第四纪东亚季风极盛期与大洋碳同位素变化的耦合关系，揭示出冰期-间冰期旋回中两极冰盖存在不对称演化行为，提出了更新世大气甲烷浓度变化的两半球季风和全球冰量交替控制解释。曾任中国科学院地球环境研究所所长。曾获全球变化科学奖、国家自然科学奖二等奖等奖励。

地学部

1. 2005年，郭正堂（后）与刘东生院士（前）一起考察甘肃秦安中新世风成红土
2. 1990年，郭正堂（右）在法国巴黎第六大学博士学位答辩后庆祝
3. 2007年，郭正堂（中）指导学生微形态研究
4. 2006年4月，郭正堂（右）与Oldfield教授在甘肃秦安野外
5. 2007年，郭正堂（右3）与导师Fedoroff教授（右4）考察西峰
6. 2013年，在第11届国际古海洋学大会上作特邀报告
7. 1994年，与女儿郭笑春合影

367

中国科学院院士

金之钧
Jin Zhijun

石油地质学家

1957年9月29日生于山东胶南
1981年毕业于山东科技大学
2007年获俄罗斯联邦教育科学部博士学位
2013年当选为中国科学院院士
中国石油化工股份有限公司副总地质师
中国石油化工股份有限公司石油勘探开发研究院院长

长期工作在国内外油气科研生产第一线，在推动我国油气勘探和海外油气资源获取做出重要贡献。在海相碳酸盐岩油气勘探理论方面，针对我国海相沉积地层形成时间早、埋藏深、地层变形强烈等特点，提出了"源-盖控烃、斜坡-枢纽富集"的油气勘探新思路并建立了相应的评价方法；在油气成藏机理方面，揭示了深部流体活动的生烃-成藏效应，提出了在幔源物质和能量双重影响下的复合成烃；在页岩油气方面，较早将美国页岩气勘探开发进展介绍引入中国，指出了我国四川盆地具备良好的页岩气勘探前景；在资源评价与海外油气资源获取方面，创立了广义地质帕莱托油气资源评价新方法，建立了海外油气项目快速评价决策系统，推动了我国获取海外油气份额和油气资源战略的实施。曾获国家科学技术进步奖二等奖、李四光地质科学奖等奖项。

地学部

1. 2010年，在"克拉2号"气田现场
2. 1980年秋，在山东泰山留影
3. 1980年，金之钧（后排右1）撰写毕业论文期间在山东邹平野外考察
4. 2013年，金之钧（左）在美国野外考察页岩气
5. 2010年，金之钧（左1）在南方野外考察
6. 2010年，金之钧（左4）在新疆塔里木沙漠地带考察
7. 2011年，在四川与夫人和儿子合影

369

中国科学院院士

彭平安
Peng Ping'an

有机地球化学家

1960年11月15日生于浙江天台
1982年毕业于浙江大学
1991年获中国科学院地球化学研究所博士学位
2013年当选为中国科学院院士
中国科学院广州地球化学研究所研究员

长期从事地质体有机质地球化学研究。发现、鉴定卟啉、含硫羊毛甾烷等系列新生物标志物；发展C—S键、C（烷基）—C（芳基）键、C—O键等定量地质大分子研究方法；证明江汉盆地高硫原油来源于烃源岩可溶有机质；利用定量的有机质生烃模拟体系，厘定中国西部大型气藏的成藏过程并提出高演化阶段成熟度指标；在电子垃圾拆解地发现含溴二噁英污染并为防止重大恶性二噁英污染事件作出贡献；提出的沉积物有机质新分类方案对研究不同碳组分的环境行为有意义。

地学部

1. 在四川成都杜甫草堂与博士生导师傅家谟院士夫妇合影
2. 1988年，彭平安（右1）访问英国（左4为傅家谟院士）
3. 1995年，彭平安（右）与同学丁仲礼（左）在加拿大埃德蒙顿
4. 1990年，彭平安（左）与Geoffery Eglinton教授（右）（英皇家学会会员，丹·大卫奖获得者）一起讨论工作
5. 在新疆叶城棋盘镇开展塔西南昆仑山前地质剖面工作
6. 2010年，参加"现代古生物学和地层学国家重点实验室学术委员会"会议合影（右2为戎嘉余、右4为陈旭，后排左1为周忠和、左2为郭正堂、左4为彭平安、左5为周志炎）
7. 2005年，彭平安（中）与学生一起采集二噁英污染水样

中国科学院院士

王成善

Wang Chengshan

地质学家

1951年11月2日生于黑龙江哈尔滨
1981年获成都地质学院硕士学位
2013年当选为中国科学院院士
中国地质大学（北京）教授

主要从事沉积学等方面的研究和教学工作。在白垩纪古环境与古气候、构造隆升与沉积响应和含油气盆地分析方面取得了系统性和创新性成果，提出白垩纪大洋红层和富氧作用（事件）的原创性观点和建立了青藏高原中部率先隆起的"原西藏高原"隆升新模式，对青藏高原含油气盆地进行了系统的分析和油气资源评价。曾任成都理工大学校长。曾获"李四光地质科学奖"及全国先进工作者、全国"五一"劳动奖章、全国优秀教师、美国地质学会会士等荣誉称号。

地学部

1. 2013年，给研究生授课
2. 2000年，王成善（左2）在德国不来梅大洋钻探计划岩心库考察大洋红层岩心
3. 2004年，王成善（右1）在藏北无人区考察
4. 2002年，王成善（前排右3）作为国际地质对比计划（IGCP463）负责人与国际同行在意大利考察
5. 2013年，王成善（左1）与国际深部碳观测（DCO）执行主席（右）讨论
6. 2007年，与夫人陈玉萍在黑龙江五大连池地质公园合影

王会军

Wang Huijun

大气科学家

1964年1月4日生于黑龙江桦川
1986年毕业于北京大学
1991年获中国科学院大气物理研究所博士学位
2013年当选为中国科学院院士
南京信息工程大学教授

长期从事古气候模拟、气候变化和气候预测理论等方面的研究。把古今气候研究结合起来，对东亚气候变化研究做出重要贡献，揭示了东亚夏季风在20世纪70年代末的减弱；揭示了南极涛动、Hadley环流、北大西洋涛动等对东亚气候的显著影响；完成了我国首个基于自己气候模式的全球变暖定量模拟结果；提出热带相似和年际增量气候预测思想和方法，显著提高了东亚气候和台风活动的气候预测水平。任中国气象学会理事长。曾获何梁何利基金科学与技术进步奖、国家自然科学奖二等奖等奖项。2013年当选为挪威技术科学院院士和首批国家"万人计划"领军人才。

地学部

1. 王会军（左3）与实验室团队荣获2014年度国家自然科学奖二等奖
2. 王会军（左3）和学生们在一起
3. 王会军（前）出席世界气候大会
4. 科研新兵
5. 上大学前和父亲合影
6. 工作照片
7. 王会军（左）和同事打乒乓球

375

中国科学院院士

吴立新
Wu Lixin

物理海洋学家

1966年9月17日生于安徽桐城
1988年毕业于清华大学
1994年获北京大学博士学位
2013年当选为中国科学院院士
中国海洋大学教授

长期从事大洋环流与气候研究，在大洋环流的基本理论、海洋-大气相互作用和气候年代际变化方面做出了系统的创新研究。发现了20世纪全球大洋副热带西边界流区"热斑"现象，系统阐述了副热带环流变异在太平洋气候年代际及长期变化中的作用机理并建立了相关理论，发展了能确定中-低纬海洋-大气通道在气候年代际及长期变化中作用的模式动力实验体系；开拓了利用Argo国际大计划来研究全球深海大洋混合低频变异的新路径，将深海混合研究推向了全球尺度和季节以上的时变尺度；阐明了大洋热盐环流变异影响热带海-气耦合系统的动力学路径，揭示了北大西洋年代际变化模态是海-气耦合模态。

地学部

1. 2013年12月，吴立新（左）接受中国科学院院长白春礼颁发院士证书
2. 2013年，给研究生上课
3. 2014年3月，在中国海洋大学"东方红2号"海洋综合科学考察实习船上工作
4. 2010年，代表教育部高校汇报海洋观测网建设情况
5. 2013年，吴立新（右）听取德国不来梅大学海洋环境科学研究中心（MARUM）关于水下滑翔机汇报（左为Christoph Waldmann教授，中为Michael Schulz教授）
6. 2013年，在校园跑步
7. 全家福

377

张培震

Zhang Peizheng

地震动力学家

1955年12月23日生于河南淮滨
1979年毕业于长春地质学院
1987年获美国麻省理工学院博士学位
2013年当选为中国科学院院士
中山大学教授
中国地震局地质研究所研究员

主要通过构造变形研究大陆动力过程和强震活动习性。通过对十年尺度GPS资料的分析，揭示了青藏高原内部拉张剪切、周边挤压缩短的现今应变状态，提出了中国大陆刚性地块运动与非刚性连续变形相耦合的动力学模型；通过对百万年尺度新生代构造的研究，获得了青藏高原周边低速率、分散式变形的实际证据，发现了晚新生代准同期、分布广泛、影响深远的构造事件，提出了全球气候冰期-间冰期大幅度波动是导致200～400万年沉积速率增加的新观点；通过野外科学考察和室内深入研究，提出了汶川地震长复发周期与缓震间变形的孕育特征、高角度铲形逆冲的破裂模型和多单元组合的成因模式等一系列新认识。曾三次获国家科学技术进步奖二等奖，2005年获李四光地质科学奖。

地学部

1. 2008年，张培震（前）在四川汶川地震区考察
2. 2012年，张培震（右2）与研究团队在宁夏野外考察
3. 在国际会议上作报告
4. 2011年，张培震（左）与世界著名学者McKenzie教授（右）在英国剑桥大学合影
5. 1982年，在美国麻省理工学院读博期间留影
6. 指导学生研究探槽中的古地震遗迹
7. 2007年，四川野外考察时留影

周成虎 Zhou Chenghu

地图学与地理信息系统专家

1964年8月18日生于江苏海安
1984年毕业于南京大学
1992年获中国科学院地理研究所博士学位
2013年当选为中国科学院院士
中国科学院地理科学与资源研究所研究员

主要从事地图学、遥感和地理信息系统（GIS）研究，在遥感地学理解与计算、地理空间分析与系统建模、地图符号理论与设计等方面做出了系统性研究工作，主持完成了全国地貌条件遥感调查和1∶100万地貌图编制，提出了全息位置地图和全空间信息系统新概念与新方向，发展了椭球空间下的地理信息系统新理论，开拓了我国海岸海洋GIS研究新领域。被授予中国青年科技奖、中国科学院青年科学家奖、国家杰出青年科学基金，以及国家和省部委科技成果奖20余项。

地学部

1. 2013年12月，周成虎（左）接受中国科学院院长白春礼颁发院士证书
2. 2010年，周成虎（左）与陆大道院士考察黄河下游滩地
3. 2015年2月，在香港中文大学作学术报告
4. 周成虎在新一代GIS核心技术与系统研究实施方案论证会上作报告
5. 2014年，周成虎（左）与崔鹏院士（右）考察川西冰川地貌
6. 2015年2月，周成虎（左2）在香港介绍陈述彭图书馆

381

中国科学院院士

陈大可
Chen Dake

物理海洋学家

1957年9月22日生于湖南长沙，籍贯湖南益阳
1982年毕业于湖南师范大学
1989年获美国纽约州立石溪大学博士学位
2015年当选为中国科学院院士
国家海洋局第二海洋研究所研究员

主要从事物理海洋学基础研究，在近海、大洋和气候研究领域都有重要建树。特别是系统开发了厄尔尼诺-南方涛动（ENSO）预测模式，突破了限制ENSO预测水平和可预测性评估的关键瓶颈，推动了ENSO研究的发展进程；系统阐释了海洋混合的物理机制，创建了一个新颖有效的垂向混合模型，为攻克湍流混合这一物理海洋学重大难题提供了新的理论和方法。曾任美国哥伦比亚大学教授，2006年受聘为卫星海洋环境动力学国家重点实验室主任，2008年入选"千人计划"国家特聘专家。曾两度担任国家973计划项目首席科学家，并任国家基金委创新研究群体学术带头人。

地学部

1. 在第2届IOC-WMO/DBCP/NPOMS会议上作大会报告，介绍973计划项目成果
2. 作为大会主席主持第17届亚太边缘海（PAMS）会议
3. 喜爱诗词和书法
4. 擅长打乒乓球
5. 1985年，研究生毕业时师生合影（左起：杨昭庆、陈大可、袁耀初教授、苏纪兰院士、王卫、陈伟）
6. 2013年，与国际专家商谈合作事宜。[左起：Scott Glenn（美国Rutgers大学教授），Frank Marks（美国AOML飓风研究中心主任），陈大可，Sidney Thurston（美国NOAA气候观测办公室主任），David Meldrum（英国SAMS研究员和IOC-WMO代表），Saji Hameed（日本Aizu大学教授）]
7. 与夫人杨加郁摄于美国新罕布什州

中国科学院院士

陈发虎 Chen Fahu

自然地理学家和环境变化专家

1962年12月4日生于陕西省丹凤
1984年毕业于兰州大学
1990年获兰州大学博士学位
2015年当选为中国科学院院士
兰州大学教授

主要从事环境变化、古气候和干旱区地理研究。在中国西部黄土地层和气候记录、干旱区湖泊、晚第四纪气候快速变化、环境考古等研究领域有重要贡献。在史前人类永久定居青藏高原的过程和机制、亚洲中纬度气候变化的"西风模态"等方面有重要创新性认识。曾获国家自然科学奖二等奖（第一完成人）、获8项省部级科技奖、中国青年科技奖、全国先进工作者等奖励或荣誉。

地学部

1. 2005年度教育部"长江学者奖励计划"特聘教授颁发聘书现场，兰州大学"长江学者"合影留念（陈发虎院士、王锐教授、涂永强院士）
2. 参加羽毛球活动（2013年）
3. 2002年，与博士生导师合照
4. 2011年，野外考察讲解
5. 2011年，指导研究生野外工作
6. 2014年，讨论本科生实习实践
7. 2007年，全家福

385

中国科学院院士

陈晓非
Chen Xiaofei

地球物理学家

1958年2月2日生于辽宁本溪，籍贯四川成都
1982年毕业于中国科学技术大学
1991年获美国南加利福尼亚大学博士学位
2015年当选为中国科学院院士
南方科技大学教授

主要从事计算地球物理学研究。在地震波传播和震源破裂动力学理论与数值模拟等研究方面取得了系统性的突出成果。提出了计算横向非均匀层状模型理论地震图的广义反射率方法；发展了模拟含任意起伏地形三维介质中地震波传播过程的曲线网格有限差分算法；系统研究了自由表面对震源破裂动力学过程的影响，提出了自由表面诱发超剪切破裂的概念及其物理机制；提出并系统计算了地震破裂相图，提出"自停止破裂地震"的概念并指出它是地震断层动力学破裂扩展的第三种形式。2009年获何梁何利基金科学与技术进步奖，2015年当选国际大地测量与地球物理联合会首批会士。

地学部

1. 2015年在布拉格召开的国际大地测量与地球物理大会上接受大会主席Gupta博士颁发会士（Fellow）证书和纪念章
2. 1991年在美国南加利福尼亚大学获博士学位
3. 1998年在人民大会堂参加北京大学百年校庆大会期间与臧绍先教授合影
4. 2006年，在"固体中的机械波"国际研讨会上与大会主席鲍亦兴院士教授合影
5. 2007年在美国地震学会年会上与海外华人学者合影（右起：吴汝山、林国庆、陈珀、张坚、陈晓非、黄联杰）
6. 在何梁何利基金2009年度颁奖大会上获得何梁何利科学与技术进步奖（地球科学奖）
7. 2012年在美国大峡谷与家人合影留念

387

中国科学院院士

高锐 *Gao Rui*

地球物理学家

1950年5月11日生于吉林长春，籍贯黑龙江双城
1977年毕业于长春地质学院
1981年获长春地质学院硕士学位
2015年当选为中国科学院院士
中山大学教授
中国地质科学院地质研究所研究员

长期从事地球物理与深部构造研究。在运用深地震反射剖面研究青藏高原以及其他大陆岩石圈深部结构及其构造变形成因等领域做出了具有国际影响的系统性、创新性贡献。尤其注重地球物理探测与地质构造相结合，提出并命名青藏高原存在面对面的陆陆碰撞新类型，揭示了印度板块向青藏高原腹地俯冲的行为。提出青藏高原北边界逆冲断裂（NBT）和龙日坝断裂是扬子地块西缘边界，从深部结构约束了青藏高原北缘和东缘的动力学过程。他和他的团队主持完成的深地震反射剖面超过7000千米，为我国深反射地震研究做出了重要贡献。现任中国地质科学院地质研究所岩石圈研究中心主任。

地学部

1. 2009年，在青藏高原东北缘深地震反射剖面野外工作现场，在地震仪器车上检查数据采集情况
2. 中学就读于长春实验中学（1962~1968年），图为其在学习室学习
3. 2004年7月参加在日本举行的19届喜马拉雅-喀喇昆仑-西藏（HKT）研讨会，并在大会作口头报告
4. 2015年12月16日，高锐（右1）在美国旧金山美国秋季地球物理年会上与美国斯坦福大学Simon kelemperer教授（左1）合影
5. 2004年，高锐（中）赴青藏高原腹地，在工区与实施深地震反射剖面探测的博士和博士后合影
6. 2012年，高锐（右2）和学生（右1、左2、左3）参加美国地震学会年会（SSA），与合作的全球著名地球物理学家、美国俄克拉荷马州地调局局长、美国俄克拉荷马大学资深教授Randy Keller（右3）及其学生（左1）合影
7. 1982年，与夫人彭聪合影于长春

郝芳 Hao Fang

石油地质学家

1964年5月11日生于内蒙古赤峰
1986年毕业于武汉地质学院
1995年获中国地质大学(武汉)博士学位
2015年当选为中国科学院院士
中国石油大学(华东)教授、校长

主要从事油气成藏机理方面的研究和教学工作。在超压盆地油气成藏方面，证明了超压对不同生烃反应的差异抑制作用、建立了超压层系油气聚散模型、揭示了压力-应力耦合控制的油气幕式快速成藏机理及其有利场所和识别标志；在叠合盆地油气藏保存和改造方面，阐明了隆凹变迁过程中油气的差异散失机理和原地保存条件、揭示了高温条件下原油裂解和热化学硫酸盐还原反应的多阶段演化机理及其对油气组成和储层物性的影响；在页岩气富集机理方面，论证了页岩气地球化学异常的原因和机制、提出了复杂构造条件下页岩气的富集和贫化模式。

地学部

1. 1999年4月，在美国Woods Hole与国际著名石油地质学家John Hunt教授讨论超压盆地油气成藏机理
2. 2013年11月，在中国地质大学（武汉）作学术报告
3. 1995年6月，博士论文答辩
4. 2007年10月，向科技部专家组汇报油气资源与探测国家重点实验室建设计划
5. 2009年10月，与时任《AAPG Bulletin》主编Gretchen Gillis（中）、中国石油大学（北京）白国平教授（左)讨论油气资源与探测国家重点实验室建设
6. 1997年3月，与导师李思田教授（右2）、中国地质大学（北京）林畅松教授（左2）等讨论莺歌海盆地演化与天然气成藏机理
7. 2003年8月，与夫人朱芳冰、儿子郝宇昕在家乡内蒙古赤峰合影

吴福元 Wu Fuyuan

地质学家

1962年8月2日生于安徽庐江
1980年毕业于长春地质学院
1990年获长春地质学院博士学位
2015年当选为中国科学院院士
中国科学院地质与地球物理研究所研究员、所长

主要从事花岗岩成因与大陆动力学研究。在花岗岩成因类型划分、区域地质过程及大陆地壳增生机制等方面取得了系统性创新成果。提出东北大面积花岗岩主体形成于中生代并受古太平洋板块俯冲控制、华北中生代花岗岩是克拉通破坏的岩石学标志等诸多认识；构建了利用花岗岩制约印度-亚洲大陆初始碰撞时间的新手段；主持建设了以Hf同位素为特色的激光矿物微区同位素分析与研究实验室，开拓新的实验技术与方法，为岩石学研究提供了重要技术平台。曾获国家自然科学奖二等奖、发展中国家科学院（TWAS）地球科学奖。

地学部

1. 2012年，在天津举行的发展中国家科学院第十二次学术大会上获TWAS地球科学奖
2. 1996年，在法国进修
3. 2014年，考察土耳其蛇绿岩
4. 2009年，国际著名地球化学家江博明教授（Bor-Ming Jahn，左1）访问地质与地球物理研究所时合影
5. 2011年，考察俄罗斯雅库特金刚石矿（右1为吴福元）
6. 1988年，与博士生导师林强教授（右1）在辽宁野外考察合影
7. 2007年，全家在新疆那拉提草原合影

夏军 Xia Jun

水文水资源学家

1954年9月10日生于湖北孝感，籍贯湖北广水
1976年毕业于武汉水利电力学院
1985年获武汉水利水电学院博士学位
2015年当选为中国科学院院士
武汉大学教授

主要从事水文水资源研究。在径流形成与转化的时变非线性理论取得了系统的重要研究成果。特别是首次提出了受控于土壤湿度、降雨强度和下垫面多要素组合的时变增益产流规律，揭示了径流形成与转化的水文非线性机理，发展了时变增益水文模型与水系统方法，明显提高了径流预测的精度，推动了水文科学的基础研究。2014年获"国际水文科学奖"。曾任国际水资源协会(IWRA)主席。

地学部

1. 2011年10月，夏军（左）荣获由国际第三世界水管理中心（TWCWM）颁发的"国际水资源管理杰出贡献奖"
2. 1978年，夏军（右）在武汉攻读陆地水文学硕士学位期间与同学在校园合影
3. 2011年8月瑞典斯德哥尔摩世界水周期间，国际水资源协会（IWRA）主席夏军（右）与合作者、国际著名水资源专家Malin Falkenmark教授合影
4. 2010~2014年，夏军主持国家重点基础研究发展计划（973计划）项目
5. 2011年9月，国际水资源协会主席夏军（左4）在巴西主持14届世界水大会开幕式
6. 2014年，夏军与他培养的部分博士研究生们在授予博士学位后的合影
7. 2016年春节，夏军及其夫人叶苹和孙女游武汉东湖梅园

杨树锋 Yang Shufeng

地质学家

1947年5月20日生于浙江杭州,籍贯浙江绍兴
1975年毕业于南京大学
1984年获南京大学博士学位
2015年当选为中国科学院院士
浙江大学教授
教育部油气盆地构造研究中心主任

主要从事地质学研究和教学工作。提出"成对花岗岩带"概念,揭示了花岗岩高温高压下物理性质变化规律;发现了塔里木大火成岩省及其与构造演化的关系,丰富了大火成岩省成因理论;提出中国西部冲断带构造特征与控油气规律,为西部早古生界推覆体下寻找油气提供了理论支持,并为勘查所证实。获国家自然科学奖三等奖、教育部高等学校自然科学奖一等奖、浙江省科技进步奖、国家级教学成果奖等。获"全国模范教师"等称号。

地学部

1. 杨树锋（左2）给浙江大学首届五号导学团队颁奖
2. 2006年研究生培养质量会议发言
3. 在塔里木盆地进行野外地质调查
4. 在美国西部大峡谷进行地质考察
5. 杨树锋1966年获高中长跑接力赛冠军（前排左1）
6. 浙江大学地球科学系与研究院研究生联合培养基地挂牌仪式，视察东方地球物理公司（右3）
7. 2016年，全家福

397

沈树忠 Shen Shuzhong

地层古生物学家

1961年10月18日生于浙江湖州
1981年毕业于浙江煤炭工业学校
1989年获中国矿业大学博士学位
2015年当选为中国科学院院士
中国科学院南京地质古生物研究所研究员

在二叠纪高精度综合地层学、二叠纪末生物大灭绝、腕足动物古生物学等方面取得了系统性成果。特别是在论证二叠纪末海陆生物大灭绝的同时性和瞬时性，建立华南和藏南地区乐平统高精度的综合年代地层序列、晚古生代腕足动物全球生物古地理和多样性演变模式等方面取得了重要进展，相关研究曾获得中国科学十大进展(2012年)、国家自然科学奖二等奖（2010年）、李四光地质科学奖（2015年）。2008年至今任国际二叠纪地层分会主席，曾任现代古生物学和地层学国家重点实验室主任(2006~2015年)，并与实验室成员共同努力，使得实验室连续两次被评为优秀类国家重点实验室。

地学部

1. 2011年11月15日就在《Science》上发表有关二叠纪末生物大灭绝这一突发事件的研究成果举行新闻发布会
2. 2009年10月12日组织古生物学前沿论坛
3. 2010年在新西兰Otago大学现代腕足动物野外实验基地工作的情景
4. 2009年10月参加华东地区羽毛球业余精英赛获得男子40～54组双打比赛第三名
5. 沈树忠（右3）领导的团队在广西来宾野外工作的情景
6. 2012年5月19日在威斯康星大学麦迪逊校区参加儿子沈哲的毕业典礼的合影（从左到右：沈树忠、儿媳韩凤玲，儿子沈哲，夫人张小萍）
7. 一家在美国科罗拉多Grand Canyon的合影

399

中国科学院院士

张人禾

Zhang Renhe

气象学家

1962年7月6日生于甘肃省兰州市，籍贯天津市
1982年毕业于兰州大学
1991年获中国科学院大气物理研究所博士学位
2015年当选为中国科学院院士
复旦大学教授

主要从事气候动力学研究。揭示了热带大尺度海气相互作用的新机理，提出大气和海洋赤道Rossby波形成的耦合波、海洋非线性水平温度平流、热带太平洋纬向和经向风异常等因素在厄尔尼诺发生和演变中的作用。提出了厄尔尼诺通过西北太平洋异常反气旋影响东亚季风的机理，揭示了印度夏季风分别通过影响水气输送和南亚高压对东亚夏季风产生影响的物理途径。发展了海洋资料业务同化系统，有效改进了我国短期气候业务预测技巧。2004年获中国青年科技奖，2012年获国家科学技术进步奖二等奖。曾任中国科学院大气物理研究所副所长、中国气象科学研究院院长。

地学部

1. 2007年，参加中共十七大
2. 1979年，大学期间在学校农场参加劳动（后排右3）
3. 2005年，与上海市气象局合作签约
4. 2005年，中央党校学习期间考察瑞金
5. 2012年，与毕业学生合影（左2）
6. 2013年，访问韩国气象研究所
7. 2016年，与妻儿合影

包为民　褚君浩　何积丰　黄民强　王家骐　吴培亨　吴一戎
陈定昌　怀进鹏　刘国治　许宁生　黄　维　金亚秋　李树深
梅　宏　徐宗本　杨学军　郑建华　龚旗煌　郝　跃　吕　建
谭铁牛　王　巍　王立军　尹　浩　房建成　顾　瑛　黄　如
姜　杰　刘　明　陆建华　王永良　周志鑫

信息技术科学部

中国科学院院士

包为民
Bao Weimin

制导与控制专家

1960年3月21日生于黑龙江哈尔滨
1982年毕业于西北电讯工程学院
2005年当选为中国科学院院士
中国航天科技集团公司研究员

我国航天运载器总体及控制领域的学术带头人，为我国国防现代化建设做出了杰出贡献。曾获国家科学技术进步奖特等奖、一等奖各1项，国防科学技术奖一等奖2项、二等奖1项，第二届国防科技工业杰出人才奖等奖项。曾任某型号副总设计师、总设计师。现任中国航天科技集团公司科技委主任，兼任中国惯性技术学会理事长。

信息技术科学部

1. 2006年8月，工作中
2. 2012年11月，为高校研究生作专题学术报告
3. 1999年，包为民（左）在某型号发射现场与刘宝镛院士（右）合影
4. 2012年10月，包为民（中）在意大利参加第63届国际宇航联大会期间，访问意大利宇航研究中心（CIRA）
5. 2008年10月，包为民（右1）参加某部队现代通信技术和量子通信论坛活动
6. 2006年1月，出席中国科学院院士新春联谊会（右起：徐性初、梁思礼、谢光选、包为民）
7. 2008年3月，出席第十一届全国政协第一次会议

405

褚君浩 Chu Junhao

半导体物理学家

1945年3月20日生于江苏宜兴
1966年毕业于上海师范学院
1984年获中国科学院上海技术物理研究所博士学位
2005年当选为中国科学院院士
中国科学院上海技术物理研究所研究员
华东师范大学教授

主要从事红外光电子和半导体物理研究，在窄禁带半导体碲镉汞以及铁电薄膜等方面，取得了系统的重要研究成果。特别是发现了碲镉汞带间光跃迁本征吸收光谱，提出了禁带宽度、吸收系数等多个基本物理量的表达式；发展了碲镉汞能带结构理论和光跃迁理论，解决了材料器件研制中光电跃迁相关问题；建立了碲镉汞表面二维电子的子能带结构理论；率先开展了铁电薄膜室温工作的红外探测器研究，实现了红外热成像。1993年获国家自然科学奖三等奖，2005年获国家自然科学奖二等奖。

信息技术科学部

1. 2010年，在香港中文大学作学术报告
2. 1989年，褚君浩（右）与老师汤定元院士（左）合照
3. 2006年，在光致发光实验室
4. 2010年，国际光学工程学会（SPIE）总裁J.Ralph（左）授予褚君浩（右）SPIE会士证书
5. 1998年，褚君浩（中）在实验室指导学生
6. 2011年，出席十一届全国人大四次会议时介绍议案
7. 2011年，全家在老家宜兴合影

407

中国科学院院士

何积丰
He Jifeng

计算机软件专家

1943年8月5日生于上海
1965年毕业于复旦大学
2005年当选为中国科学院院士
华东师范大学教授

主要从事计算机软件理论及应用等方面的研究和教学工作，在程序统一理论、数据精化、可信软件设计等方面取得了系统的重要研究成果。开创了软件领域的程序统一理论学派，创造性地提出了程序统一理论，解决了程序语义学的若干核心问题，并提出了数据精化的完备理论，构建了基于模型的可信软件设计理论与技术，解决了可信嵌入式系统构造与验证技术的若干关键问题，并应用于我国航天控制、汽车电子、轨道交通等安全攸关行业领域。曾获国家自然科学奖二等奖、何梁何利基金科学与技术进步奖、教育部自然科学奖一等奖、上海市科技进步奖一等奖、英国女王先进技术奖，以及全国"五一"劳动奖章、上海市"科技功臣"、上海市"教育功臣"、劳动模范等称号。

信息技术科学部

1. 2009年10月，在微软亚洲研究院作特邀报告
2. 青年时代
3. 2011年6月，何积丰（前排左）在华东师范大学指导青年教师
4. 2013年9月，何积丰（中）获上海市"教育功臣"称号
5. 2006年5月，何积丰（左）与"图灵奖"获得者Tony Hoare教授（右）讨论学术问题
6. 2012年3月，何积丰（前排右）参加华东师范大学拔河比赛
7. 2009年9月，何积丰夫妇旅游合影

409

中国科学院院士

黄民强
Huang Minqiang

信息处理专家

1960年10月12日生于上海
1982年毕业于复旦大学
1989年获中国科学院研究生院博士学位
2005年当选为中国科学院院士
中国科学院信息工程研究所研究员

主要从事信息安全系统的基础理论及相关数学原理研究，在有限域、环等离散代数结构上的函数理论、方程理论和时间序列理论及相关的求解算法设计中提出了一系列模型、原理和方法。主持完成多个重点科研攻关项目。曾获国家科学技术进步奖一等奖、二等奖和中国科学院科技进步奖一等奖等奖励。

信息技术科学部

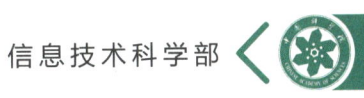

1. 黄民强（前）参加学术研讨会
2. 黄民强（右）与导师万哲先院士（左）讨论学术问题
3. 2013年5月，在中国科学院技术科学论坛信息专题学术活动上作总结发言
4. 2012年，出席2011年度国家科学技术奖励大会
5. 黄民强（左3）大学毕业时与同学合影留念
6. 交流发言
7. 访湖南韶山
8. 2006年9月，黄民强（右2）参加中国浦东干部学院高级专家理论研究班结业仪式

411

中国科学院院士

王家骐
Wang Jiaqi

光学仪器专家

1940年2月17日生于江苏苏州
1963年毕业于哈尔滨工业大学
1966年中国科学院长春光学精密机械研究所
　　研究生毕业
2005年当选为中国科学院院士
中国科学院长春光学精密机械与物理研究所
　　研究员

长期从事大型光学精密仪器设计、空间对地图像信息获取技术研究及总体误差理论分析。研究和开发了我国重大和重点工程需求的多种型号的大型、高集成度和高精密度的光学和光电仪器，突破了一系列关键技术，提高了我国相关领域的技术水平，培养了一支创新型的空间遥感器研制队伍。曾获国家科学技术进步奖特等奖、二等奖，国家发明奖二等奖，以及全国"五一"劳动奖章、中国载人航天工程突出贡献者奖章、全国优秀科技工作者称号等奖励。曾任中国科学院长春光学精密机械与物理研究所所长。

信息技术科学部

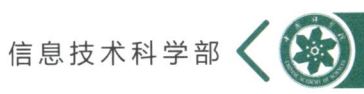

1. 和学生们讨论学术问题
2. 王家骐（右3）在实验室指导研究生
3. 2005年6月，王家骐（前排中）与"神舟六号"航天员五组乘员合影
4. 2008年，王家骐（中）作为北京奥运火炬长春传递首棒火炬手
5. 1983年，王家骐夫妇带孩子回苏州看望孩子奶奶
6. 2010年，王家骐夫妇（前排右2、右3）在江苏省苏州市六中70周年校庆时与高中同班同学在原教室合影

413

中国科学院院士

吴培亨
Wu Peiheng

超导电子学家

1939年11月12日生于上海
1961年毕业于南京大学
2005年当选为中国科学院院士
南京大学教授

长期从事超导电子学的研究，尤其擅长于超导电子器件的高频应用。在探索有关物理过程的基本规律、发展新型的超导电子器件、推动超导电子器件的实际应用等领域开展研究工作并取得重要成果。近年来的研究主要集中在超导单光子探测、超导量子计算、太赫兹技术及其应用等方面。

信息技术科学部

1. 1996年，在日本东北大学电气通信研究所访问研究
2. 少年时代（1950年）
3. 1990年，吴培亨（右2）向国家超导专家委员会甘子钊教授（右3）等介绍南京大学超导电子学的研究工作
4. 1963年，与母亲郭宛琴女士（中）、大姐吴锡军女士（左）在一起
5. 2009年，吴培亨（左）与团队成员王华兵教授（中）、许伟伟教授（右）讨论工作
6. 2009年，在新疆游览
7. 2008年，与夫人汪淑雯女士及外孙女、外孙在一起

415

中国科学院院士

吴一戎 Wu Yirong

信号与信息处理专家

1963年7月14日生于北京
1985年毕业于北京理工大学
2001年获中国科学院电子学研究所博士学位
2007年当选为中国科学院院士
中国科学院电子学研究所研究员、所长

主要从事合成孔径雷达（SAR）以及大型遥感地面处理系统的设计和研制工作。在高分辨机载合成孔径雷达及运动补偿技术，SAR信号处理算法研究，遥感卫星地面处理与应用系统的体系结构、数据处理算法等方面，系统性地解决了一系列理论问题与关键技术。提出了稀疏微波成像、多维度微波成像的概念和理论方法，研制出相应的系统，推动了我国在该领域的技术水平的提高。曾获国家科学技术进步奖一等奖、二等奖，中国科学院科学技术进步奖一、二等奖，国防科技进步奖一等奖，何梁何利基金科学与技术进步奖等。

信息技术科学部

1. 2012年4月，在北京理工大学为学生讲述电子学的发展历史
2. 1991年，吴一戎（左1）在学术会议上做演示
3. 2010年，吴一戎（右2）在内蒙古伊泰集团矿井下参观调研
4. 1972年，吴一戎（右1）在西安读小学
5. 2008年5月，吴一戎（中间左1）在四川汶川抗震一线向中国科学院领导汇报工作
6. 2008年4月，参加体育运动
7. 2014年5月，吴一戎（前排左）与英国《Nature》出版集团大中华区总监Nick Campbell博士（前排右）在合作办刊签约仪式上合影

中国科学院院士

陈定昌

Chen Dingchang

导航、制导与控制专家

1937年1月30日生于上海
1963年毕业于清华大学
2009年当选为中国科学院院士
中国航天科工集团公司研究员

主要从事体系技术、导航制导控制技术和先进防御技术研究。提出了体系对体系的对抗概念，研制成功多型号空天防御导弹武器装备，先进防御技术领域武器与应用、防空导弹武器系统设计与应用方面取得了重大科技成果，为我国精确制导与先进防御技术领域的开拓、空天防御导弹武器系统的研制做出了重大贡献。曾获全国科学大会奖、国家科学技术进步奖特等奖（3次）、国家科学技术进步奖二等奖、高技术武器装备发展建设工程重大贡献奖及金质奖章、何梁何利基金科学与技术进步奖等。曾任中国航天科工集团公司二院院长。

信息技术科学部

1. 2010年，陈定昌（右1）在中国科学院新春团拜会上接受路甬祥院长颁发院士证书
2. 1956年，陈定昌（三排右1）与俄语学院留苏预备部同学在北京天安门前合影
3. 2008年，获国家科学技术进步奖特等奖后合影（左起：赵登平总师、陈定昌、陈宝定部长、黄瑞松院士）
4. 2000年10月，陈定昌（左1）在试验现场与国防科学技术工业委员会科技委主任朱光亚院士（左2）等领导座谈
5. 陈定昌（右）在试验现场进行技术指导
6. 陈定昌（前）在南京航空航天大学与学生一起植树
7. 1996年，陈定昌、彭梅娣夫妇游北京慕田峪长城

> 中国科学院院士

怀进鹏
Huai Jinpeng

计算机软件专家

1962年12月20日生于黑龙江哈尔滨
1984年毕业于吉林工业大学
1993年获北京航空航天大学博士学位
2009年当选为中国科学院院士
北京航空航天大学教授

长期从事网络化软件技术与系统研究工作，在网络软硬件资源的可信共享与调度技术、安全协议理论、应用软件自动开发工具等方面，做出了系统的、创造性的贡献。有效突破了制约网络资源共享与利用的技术难关，建立了安全协议分析的代数理论与算法，提出了过程类软件开发的模型与方法，为提高大规模分布计算与应用软件自动开发能力，做出了系统的创造性贡献。曾获国家技术发明奖二等奖、国家科学技术进步奖二等奖、何梁何利基金科学与技术进步奖等，2012年6月被授予法国国家荣誉军团骑士勋章。现任天津市市委副书记、国务院学位委员会委员。曾任工业和信息化部副部长、北京航空航天大学校长。

信息技术科学部

1. 2012年6月，在法国国家荣誉军团骑士勋章授勋仪式上致答谢词
2. 2012年6月，时任北京航空航天大学校长时参加本科生毕业典礼
3. 2010年11月，怀进鹏（前排右2）与研究生讨论学术问题
4. 2013年10月，怀进鹏（左）与应邀在北京航空航天大学作报告的路甬祥院士（右）合影
5. 2012年9月，怀进鹏（右）与李未院士（左）在计算机科学与软件工程发展论坛上合影
6. 2015年4月，在深圳召开的第三届中国电子信息博览会期间举办的新一代信息技术产业发展高峰论坛上演讲
7. 2013年8月，全家福

421

中国科学院院士

刘国治
Liu Guozhi

应用物理学家

1960年11月4日生于辽宁锦县
1983年毕业于清华大学
1992年获清华大学博士学位
2009年当选为中国科学院院士
中央军委科学技术委员会主任

主要从事高功率微波科学技术和核工程科学技术研究，以及国防科研管理工作，取得了一系列研究成果。曾获国家科学技术进步奖一等奖1项、二等奖5项。曾任西北核技术研究所所长、中国核试验基地司令员、中国人民解放军总装备部副部长和总装备部科学技术委员会主任。

信息技术科学部

1. 2006年12月，刘国治（中）与研究生讨论实验结果
2. 1978年10月，在北京天安门广场留影。从辽宁省一个偏僻的小山村到北京清华大学求学，到北京后的第一张照片
3. 1986年6月，硕士毕业后为履行诺言，保留博士学籍前往新疆工作，刘国治、贾平夫妇（左2、左3）与送行同学在北京火车站合影
4. 1993年6月，刘国治（左）在陕西西安向王淦昌院士（右）介绍自己参加工作后完成的第一个科研成果
5. 2008年11月，刘国治（中）在野外工作
6. 2005年9月，朱光亚院士（前排右）视察基地时与刘国治（前排左）交谈
7. 1989年10月，全家福

423

许宁生
Xu Ningsheng

真空微纳光电子学家

1957年7月7日生于广东普宁
1982年毕业于中山大学
1986年获英国阿斯顿大学博士学位
2009年当选为中国科学院院士
复旦大学教授、校长

长期从事真空微纳电子学研究工作，主要开展了新型场发射冷阴极和真空微纳电子源阵列器件的基础研究，以及它们在光电功能器件上应用的研究。研究了大面积金刚石及相关薄膜场发射特性和机制，发展了物理解释模型，并研究了类金刚石薄膜在真空微电子源阵列的应用；研究了纳米冷阴极场发射的应用基础问题，发展了纳米冷阴极材料可控生长及电子源阵列制作的技术，并研制出新型纳米冷阴极原理型器件；研究发展了"金属-绝缘体-金属"微结构电子发射模型和印刷型冷阴极电子源制备技术。曾获国家自然科学奖二等奖2项。2011年当选为发展中国家科学院院士。曾任中山大学校长。

信息技术科学部

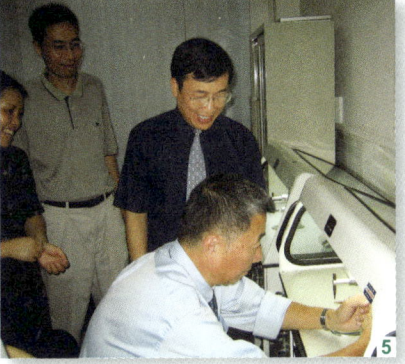

1. 在中山大学显示材料实验室工作
2. 2012年，许宁生（中）出席中山大学毕业典礼暨学位授予仪式
3. 2002年，许宁生（左1）会见俄罗斯科学院学者
4. 2012年，许宁生（左2）接待广东省陈云贤副省长视察光电材料与技术国家重点实验室
5. 2003年，许宁生（后右）在实验室与丁肇中教授（前）交流
6. 2013年，参加第十二届国际凝聚态物理学年会
7. 2012年，许宁生（前右）参加中山大学—卡内基·梅隆大学联合工程学院、广东顺德中山大学—卡内基·梅隆大学国际联合研究院成立仪式

425

中国科学院院士

黄维

Huang Wei

有机光电子专家

1963年5月1日生于河北唐山
1983年毕业于北京大学
1992年获北京大学博士学位
2011年当选为中国科学院院士
南京工业大学、南京邮电大学教授

长期从事有机光电子学研究。在构建有机光电子学科体系、实现有机半导体高性能化与多功能化等方面取得了有重要创新意义的研究成果。提出了有机半导体p-n能带调控理论并在此基础上研制出高性能三基色有机半导体，使有机半导体的研究从经验摸索上升到理性设计阶段；针对蓝光半导体器件的稳定性难题，提出了有机半导体的凝聚态结构调控策略，成为解决有机半导体光谱稳定性的通行方案；拓展了有机半导体在传感、存储和激光等方面的应用。曾获国家自然科学奖二等奖、何梁何利基金科学与技术进步奖、教育部自然科学奖一等奖、江苏省科学技术奖一等奖等奖励。2016年当选为俄罗斯科学院外籍院士。曾任南京工业大学校长。

信息技术科学部

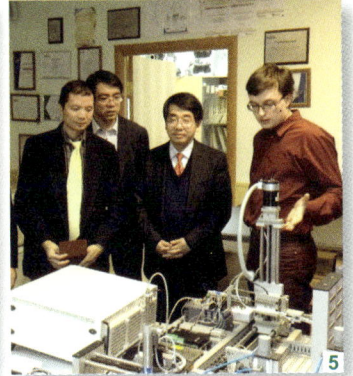

1. 2012年4月，在实验室工作
2. 2013年6月，出席南京工业大学毕业典礼
3. 2013年3月，黄维（前左）在实验室指导研究生
4. 2012年10月，黄维（右）与《Journal of the American Chemical Society》主编 Peter Stang教授（左）在学术报告会上交流
5. 2012年10月，黄维（右2）访问俄罗斯莫斯科大学
6. 2013年4月，黄维（右2）与《Advanced Materials》主编Peter Gregory博士、《Small》主编Jose Oliverira博士交谈
7. 业余时间练习书法

427

中国科学院院士

金亚秋
Jin Yaqiu

电磁波物理与空间遥感专家

1946年9月18日生于上海
1970年毕业于北京大学
1985年获美国麻省理工学院博士学位
2011年当选为中国科学院院士
复旦大学教授

长期从事自然环境与目标极化电磁散射理论建模、数值模拟与成像、特征参数反演与目标重构的研究，建立了"空间微波遥感全极化电磁散射与定量信息"的系统理论；发展了"自然介质矢量辐射传输理论"及其在地球环境星载微波遥感、探月与深空探测等领域的应用；发展了"复杂背景环境与目标复合电磁散射"的理论建模与数值模拟、目标识别的计算电磁学理论方法与技术应用。曾获国家自然科学奖二等奖、三等奖，国家图书奖，教育部自然科学奖一等奖，IEEE GRSS杰出成就奖、上海科技功臣奖等。2012年当选为发展中国家科学院院士。

信息技术科学部

1. 2007年，作为大会主席主持国际城市遥感学术会议
2. 1985年6月，毕业典礼上接受美国麻省理工学院的Gray校长颁发博士学位证书
3. 2012年2月，金亚秋（中）在北京人民大会堂获颁2011年度国家自然科学奖二等奖
4. 1997年7月，在吉林长春净月潭遥感实验站做车载辐射计遥感实验（金亚秋站在吊车上）
5. 2010年7月，金亚秋（中）在美国夏威夷IGARSS会议上获颁IEEE GRSS教育奖
6. 2013年，在复旦大学办公室潜心研究
7. 全家福

429

中国科学院院士

李树深
Li Shushen

半导体器件物理专家

1963年3月2日生于河北保定
1983年毕业于河北师范大学
1996年获中国科学院半导体研究所博士学位
2011年当选为中国科学院院士
中国科学院半导体研究所研究员、所长

主要从事半导体低维量子结构中的器件物理基础研究。提出了研究半导体耦合量子点（环）电子态结构的一种物理模型，从理论上确定了半导体量子点可以吸收垂直入射光，研究了半导体量子点电荷量子比特真空消相干机制，发展了电子通过半导体量子点的量子输运数值计算方法。曾获国家自然科学奖二等奖、何梁何利基金科学与技术进步奖。

信息技术科学部

1. 2011年，获何梁何利基金科学与技术进步奖
2. 2002年，李树深（后）与黄昆院士合影
3. 2008年，作学术报告
4. 2000年，访问美国科学院
5. 2008年，李树深（右）与诺贝尔物理奖获得者崔琦教授（中）交谈
6. 2006年，湖北神农架留影
7. 2012年，参加在北京人民大会堂举办的院士新春团拜会（左起：李树深院士、王启明院士、夏建白院士）

431

中国科学院院士

梅宏 Mei Hong

计算机软件专家

1963年5月20日生于贵州余庆，籍贯重庆
1984年毕业于南京航空学院
1992年获上海交通大学博士学位
2011年当选为中国科学院院士
北京大学、北京理工大学教授

主要从事计算机软件方面的研究和教学工作。在构件化软件中间件、开发方法学和工具环境等方面取得了系列成果，特别是针对开放网络环境，建立构件化的软件中间件体系结构与技术框架，解决了动态适应和在线演化两个核心难题；提出了基于软件体系结构的构件化软件开发方法ABC，扩展SA到软件全生命周期，实现了对系统级结构复杂性和一致性的有效控制。曾获国家自然科学奖二等奖、国家技术发明奖二等奖、国家科学技术进步奖二等奖（2次）、何梁何利基金科学与技术进步奖等。2013年当选为发展中国家科学院院士。

信息技术科学部

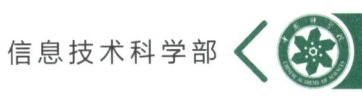

1. 2013年12月，在第14届ACM/IFIP/USENIX中间件国际会议上作主旨报告
2. 1980年9月，大学入学时摄于江苏南京玄武湖
3. 2010年11月，梅宏（右）接待作客"北大名家讲坛"的诺贝尔奖获得者、IBM苏黎世实验室研究员 J. Georg Bednorz博士（左）
4. 2010年12月，在北京大学信息科学技术学院新年晚会上一展歌喉
5. 1994年，向访问北京大学的微软公司总裁比尔·盖茨（左3）介绍项目成果
6. 2013年1月，梅宏（左3）率队参加国家科学技术奖励大会
7. 2006年，梅宏、张晓芸夫妇与女儿梅泳涵在日本东京

433

中国科学院院士

徐宗本
Xu Zongben

数学家、信号与信息处理专家

1955年1月16日生于陕西柞水，籍贯安徽岳西
1976年毕业于西北大学
1987年获西安交通大学博士学位
2011年当选为中国科学院院士
西安交通大学教授

主要从事智能信息处理、机器学习、数据建模基础理论研究。提出了稀疏信息处理的L（1/2）正则化理论，为稀疏微波成像提供了重要基础；发现并证明了机器学习的"徐-罗奇"定理，解决了神经网络与模拟演化计算中的一些困难问题，为非欧氏框架下机器学习与非线性分析提供了普遍的数量推演准则；提出了基于视觉认知的数据建模新原理与新方法，形成了聚类分析、判别分析、隐变量分析等系列数据挖掘核心算法，并广泛应用于科学与工程领域。曾获国家自然科学奖二等奖、国家科学技术进步奖二等奖、中国工业与应用数学学会苏步青应用数学奖。在世界数学家大会上作45分钟特邀报告。

信息技术科学部

1. 2012年2月，在香港科技大学作公众演讲《西部大开发背景下的能源、环境、化工相关学科发展的机遇与挑战》，推动香港科技大学与西安交通大学建立联合可持续发展学院
2. 1971年，徐宗本（左2）高中毕业时与同学合影
3. 2010年8月，出席在印度海德拉巴召开的第26届世界数学家大会，并作题为"数据建模的L（1/2)正则化理论"的45分钟特邀报告
4. 2008年8月，徐宗本（右3）获中国工业与应用数学学会苏步青应用数学奖
5. 2008年4月，徐宗本（前排右3）出席在法国里昂举行的中法"4+4"合作项目续签仪式
6. 2009年4月，徐宗本（前左）与学生一起登山
7. 2014年12月，徐宗本夫妇赴台湾"中山大学"访问

435

杨学军 Yang Xuejun

计算机专家

1963年4月16日生于山东武城
1983年毕业于南京通信工程学院
1991年获国防科学技术大学博士学位
2011年当选为中国科学院院士
国防科学技术大学教授、校长

长期从事高性能计算机体系结构与系统软件研究。先后担任某系列5个型号高性能计算机和2010年世界超级计算机500强排名第一的"天河一号"总设计师。系统提出了CPU和流处理器相结合的高性能计算与效率优化途径；在可扩展共享存储体系结构、超64位高精度算术运算等方面取得了当前国际最高水平的技术成果；针对战场需求在高性能并行计算机快速部署及可靠性技术等方面取得了突破。分别于1999年、2002年、2009年三次获国家科学技术进步奖一等奖，2008年获国家技术发明奖二等奖，2001年获全国优秀科技工作者称号，2011年获何梁何利基金科学与技术成就奖，2012年获陈嘉庚信息技术科学奖。

信息技术科学部

1. 2011年，杨学军担任总设计师，研制成功"天河一号"高效能计算机系统
2. 2012年，杨学军（左2）在实验室指导学生
3. 2006年，攻关"银河"巨型机研制（左起：庞正斌、徐炜遐、杨学军、迟万庆、张俊、刘勇鹏）
4. 女儿出生百日全家福
5. 2012年，杨学军（左）代表国防科学技术大学签署与英国牛津大学的校际合作协议
6. 2011年，杨学军（左1）获何梁何利基金科学与技术成就奖，作为代表在颁奖典礼上发言
7. 2013年，杨学军（右2）接见到访国防科学技术大学的外国军事代表团

中国科学院院士

郑建华
Zheng Jianhua

信息分析专家

1956年9月5日生于吉林长春，籍贯浙江宁波
1987年毕业于中国科学技术大学研究生院
2011年当选为中国科学院院士
中国人民解放军保密委员会技术安全研究所研究员

长期从事复杂信息系统分析和相关基础理论研究，对该领域的序列论、函数论、算法设计与分析等进行了系统研究，在复杂信息系统输出分析技术、系统模型解析理论和方法、系统参数还原技术研究中均取得创新性研究成果，这些研究成果在实际复杂系统分析中多次发挥显著作用。曾获国家科学技术进步奖一等奖等。

信息技术科学部

1. 郑建华（右前）指导年轻的研究人员
2. 1985年，在中国科学技术大学研究生院学习
3. 1985年，郑建华（左1）与曾肯成老师（左2）在一起
4. 1995年，全家合影
5. 1997年夏，在四川青城山（左起：黄民强、佟述人将军、郑建华）
6. 工休时和同事打乒乓球
7. 2012年夏，郑建华夫妇和老师万哲先院士（中）在山东青岛

439

中国科学院院士

龚旗煌
Gong Qihuang

光学专家

1964年8月15日生于福建莆田
1983年毕业于北京大学
1989年获北京大学博士学位
2013年当选为中国科学院院士
北京大学教授

长期从事非线性光学前沿与时空小尺度光学研究。提出通过电荷快速转移获得超快响应和大系数的三阶非线性光学材料的新方法，实现了高性能超快低阈值全光开关；开拓飞秒/纳米时空高分辨光学测量，实现纳微结构超快光调控及电子态的人工调控。曾获国家自然科学奖二等奖和北京市科学技术进步奖一等奖等奖励。现任《中国科学·G辑》常务副主编，《科学通报》和《物理学报》等副主编；美国光学学会和英国物理学会会士。

信息技术科学部

1. 2010年，龚旗煌（右）接受美国光学学会（OSA）会长James C. Wyant教授（左）颁发OSA会士证书
2. 2004年，龚旗煌（右）向诺贝尔奖获得者Ahmed Zewail教授（左）介绍北京大学科研工作
3. 2008年，出席在澳大利亚悉尼召开的第21届国际光学联合会全体会员大会（左起：龚旗煌院士、母国光院士、金国藩院士、周炳琨院士）
4. 1998年，在北京大学超快光谱实验室工作
5. 2013年，龚旗煌（后排左4）与北京大学物理学院同事参加学校羽毛球比赛
6. 2013年，参加井冈山干部学院国情研修班
7. 1996年元旦，幸福一家

中国科学院院士

郝
跃
Hao Yue

微电子学与固体电子学专家

1958年3月21日生于重庆
1982年毕业于西安电子科技大学
1991年获西安交通大学博士学位
2013年当选为中国科学院院士
西安电子科技大学教授

主要从事宽禁带半导体高功率微波电子学方面的研究，在高质量材料生长、器件结构创新、工艺优化实现及其在极端环境下的可靠性、稳定性的研究中取得系统的创新和应用成果。发现了二维电子气在高压、高温下迁移率退化与晶格应变弛豫的物理机制，提出了反应气体脉冲式分时输运原理与方法，尤其是提出了新型高K堆栈介质栅MOS-HEMT器件结构，并成功实现了高效率氮化物微波毫米波功率器件。曾获国家技术发明奖二等奖、国家科学技术进步奖二等奖、何梁何利基金科学与技术进步奖等。

信息技术科学部

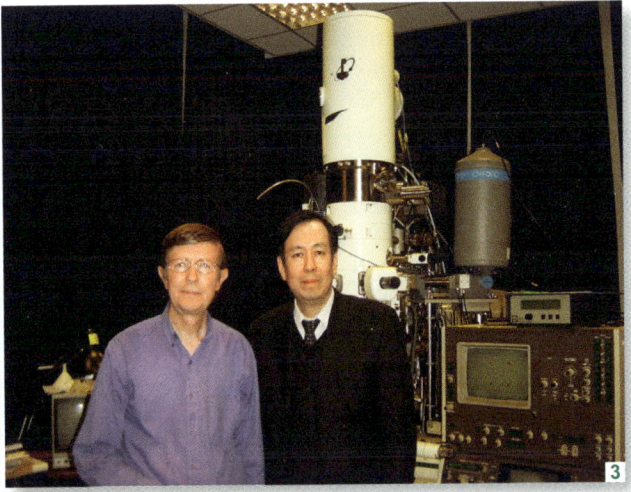

1. 2013年，郝跃（左3）与同事进行宽禁带半导体器件可靠性实验
2. 2012年，郝跃（左4）与研究生进行学术探讨
3. 2005年1月，郝跃（右）在英国谢菲尔德大学讲学时与Cullis教授（左）在一起
4. 2004年，郝跃（左）与周小伟博士交流
5. 2013年8月，在波兰参加国际会议
6. 2002年，在美国学术交流期间留影
7. 2008年，郝跃夫妇参观山西王家大院

443

中国科学院院士

吕建 Lü Jian

计算机软件专家

1960年3月31日生于江苏南京
1982年毕业于南京大学
1988年获南京大学博士学位
2013年当选为中国科学院院士
南京大学教授

主要从事软件方法学研究，在软件基础理论与方法、网构软件方法学和新型软件平台及其应用方面取得系列成果。提出了一种具有模型裂变能力的形式化开发方法，其数据分解新机制可用于大型程序开发的复杂性控制；研究了开放环境下软件系统的范型、方法与技术等问题，提出了基于Agent的网构软件方法学，探索了面向Internet软件方法学研究的新途径；发展了开放环境下的软件协同技术，主持研制了新型软件协同平台，可为开放、动态、多变环境下应用系统的开发与运行提供支撑。曾获国家科学技术进步奖二等奖、教育部自然科学奖一等奖、教育部技术发明奖一等奖、何梁何利基金科学与技术进步奖等。

信息技术科学部

1. 吕建（左1）与国家自然科学基金创新研究群体项目的骨干进行学术研讨
2. 1987年，吕建（前1）攻读博士学位期间，向专家演示科研成果
3. 1994年，吕建（右）在英国曼彻斯特大学计算机系做高级访问学者期间，与国际知名学者Cliff Jones教授（左）合作研究形式化方法
4. 1999年，吕建（左）随科技部代表团赴印度考察软件产业，与著名企业家刘积仁教授（右）在孟买火车站合影
5. 2000年，参加中央组织部组织的青年专家国情考察团到酒泉卫星发射基地考察
6. 业余活动
7. 吕建（右2）在实验室指导青年教师与学生

谭铁牛

Tan Tieniu

模式识别与计算机视觉专家

1964年1月20日生于湖南茶陵
1984年毕业于西安交通大学
1989年获英国帝国理工学院博士学位
中国科学院自动化研究所研究员

主要从事模式识别、图像处理和计算机视觉方面的研究。提出了基于定序测量的虹膜识别理论，建立了算法设计的框架模型，解决了虹膜图像获取、虹膜区域分割和虹膜特征表达等难题；提出了基于环境约束的视觉计算方法，使计算机视觉更加符合人的视觉机理，解决了视觉计算中的一些病态问题，改善了计算效率与鲁棒性；提出了基于多通道滤波的纹理图像分析方法并将纹理分析用于语种、字体和笔迹识别，开辟了解决这类模式识别问题的新途径。曾获国家自然科学奖二等奖、国家技术发明奖二等奖和国家科学技术进步奖二等奖等。曾任中国科学院副院长、中国科学院副秘书长兼国际合作局局长、中国科学院自动化研究所所长。现任中央人民政府驻香港特别行政区联络办公室副主任。

信息技术科学部

1. 2000年4月，谭铁牛（右2）向在实验室视察工作的时任中国科学院副院长白春礼院士汇报
2. 谭铁牛（右2）在实验室指导学生
3. 谭铁牛担任模式识别国家重点实验室主任期间，倡导成立了实验室技术委员会，以加强与企业界、产业界的联系。图为2011年在实验室技术委员会成立会上，谭铁牛（左）向委员们介绍实验室的情况
4. 谭铁牛（左2）在实验室向来访的外国专家介绍课题组工作
5. 谭铁牛（中）和科研团队参加拓展训练
6. 登山途中小憩（登山健身、亲近自然是谭铁牛的爱好之一）
7. 1998年年初回国工作后，谭铁牛在多方支持下，迅速建立起了一支精干的科研队伍。图为1999年谭铁牛（前排左）在实验室指导学生

447

中国科学院院士

王巍
Wang Wei

导航、制导与控制专家

1966年10月9日生于陕西汉中
1988年毕业于北京航空航天大学
1998年获中国运载火箭技术研究院博士学位
2013年当选为中国科学院院士
中国航天科技集团公司第九研究院研究员

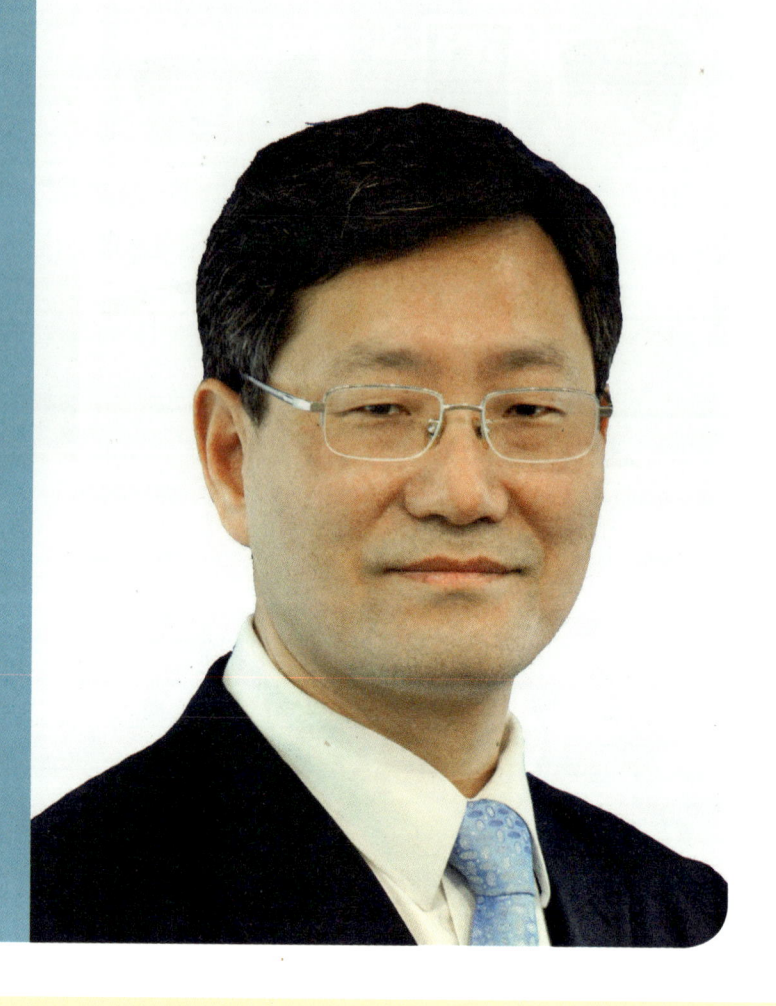

长期从事光纤陀螺与惯性系统等新型惯性技术研究工作。提出光纤陀螺新技术体制，系统阐述了误差机理及其抑制方法；在国内率先主持研制出宇航长寿命光纤陀螺组合并实现空间应用，提出光电一体小型化光纤陀螺惯性系统方案，解决了航天飞行器制导与控制相关的一系列关键技术难题；提出并实现了光纤电流、电压互感器工程化技术方案；现主持多项国家重大工程惯性系统研制。曾获国家技术发明奖二等奖2项、国家科学技术进步奖二等奖1项、何梁何利基金科学与技术进步奖、中国专利金奖等。

信息技术科学部

1. 在实验室工作
2. 2013年，在由SPIE、中国宇航学会主办的第五届国际光电子探测与成像技术学术交流会之分论坛上作主旨报告
3. 2008年，向航天科技集团的院士和专家介绍光纤陀螺及其惯导系统技术研究情况（左起：王巍院士、王礼恒院士、陆元九院士、梁思礼院士）
4. 1998年，作博士学位论文答辩
5. 2007年，作为主任设计师在国家某重点型号任务发射现场
6. 2007年，游览河南云台山
7. 2013年，与俄罗斯工程院院士卡拉达耶夫·瓦列里教授签署战略框架合作协议（左起：王巍、卡拉达耶夫·瓦列里、卡涅沁·伊格尔）

449

中国科学院院士

王立军
Wang Lijun

激光与光电子学专家

1946年7月13日生于吉林舒兰
1973年毕业于吉林大学
1982年获吉林大学硕士学位
2013年当选为中国科学院院士
中国科学院长春光学精密机械与物理研究所研究员

主要从事半导体激光技术等领域的基础与应用研究，从理论上阐明了瓦级垂直腔面发射激光器运作的可行性，提出了多增益区等新结构和设计理念，在国际上首次研制出瓦级垂直腔面发射激光器，并陆续取得一些国际同期最好成果。在国内率先研制出无铝量子阱长寿命边发射激光器；提出了多种激光合束结构及方法，研制出高光束质量半导体激光系列光源，在多领域获得重要应用并产生了显著的社会和经济效益。曾获国家技术发明奖二等奖、国家科学技术进步奖二等奖等多项奖励。

信息技术科学部

1. 2013年，王立军（前排左3）在实验室与学生合影
2. 1988年，在瑞士邮政电报电话公司工作期间摄于办公室
3. 1988年，在瑞士邮政电报电话公司工作期间与公司领导讨论问题
4. 2011年，王立军（右）在实验室与俄罗斯科学院院士、俄罗斯科学院光纤光学中心主任Evgeny Dianov教授（左）讨论问题
5. 2011年3月，王立军（左）在实验室向李德仁（中）、李同保（右）两位院士介绍研制的半导体激光点火光源成果
6. 2011年7月，作为大会共同主席在吉林长春组织召开第一届激光加工前沿国际会议（前排左起：英国剑桥大学W. O'Neill教授、王立军、法国CLFAParis的W. Knapp教授）
7. 1994年，在美国留学时与夫人摄于华盛顿

中国科学院院士

尹浩 Yin Hao

通信网络领域专家

1959年8月27日生于江苏南京，籍贯山东日照
1982年毕业于南京邮电学院
2008年获北京理工大学博士学位
2013年当选为中国科学院院士
中央军委装备发展部第六十一研究所研究员

主要从事通信网络技术研究。在复杂环境通信网络理论方法研究、体系结构设计和技术应用等方面取得了多项创新性成果，主持完成多个国防重点科研和工程建设项目。曾获国家科学技术进步奖一等奖1项、国家科学技术进步奖二等奖3项，荣立一等功1次、二等功3次。

信息技术科学部

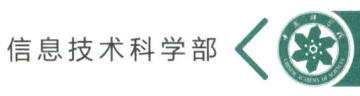

1. 2016年7月，在第四届中国指挥控制大会上作学术报告
2. 尹浩（右3）在实验现场讨论系统应用问题
3. 尹浩（右1）在实验室指导青年科技人员装备实践
4. 尹浩（前排中）与研究生讨论学术问题
5. 幸福快乐的一家
6. 爱好乒乓球运动
7. 尹浩（左2）与研究组成员讨论学术问题

453

房建成

Fang Jianchen

导航制导与控制专家

1965年9月19日生于山东费县，籍贯山东临沂
1983年毕业于山东工学院（现山东大学）
1996年获东南大学博士学位
2015年当选为中国科学院院士
北京航空航天大学教授

主要从事航天器姿态控制磁悬浮惯性执行机构和惯性导航技术研究工作。提出了基于新型混合磁轴承的高精度、低功耗磁悬浮惯性动量轮和控制力矩陀螺的设计方法，主持研制成功我国首台五自由度主动控制磁悬浮惯性动量轮和磁悬浮控制力矩陀螺；提出了捷联惯性测量系统的快速精确对准新方法及其组合测量系统的滤波新方法，提高了机载捷联惯性位置姿态测量系统的精度。曾获国家技术发明一、二等奖和国家科学技术进步奖一、二等奖，国防科技工业杰出人才奖、何梁何利基金科学与技术成就奖、全国杰出专业技术人才称号等多项奖励。

信息技术科学部

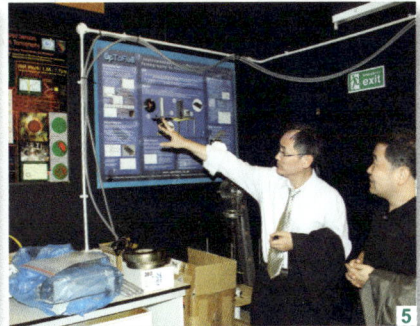

1. 2008年，房建成（右）同北京航空航天大学徐惠彬校长（左）在何梁何利基金颁奖现场
2. 2008年，房建成（左2）在何梁何利颁奖现场接受采访
3. 2013年，房建成（前左）同509所张伟所长签署联合实验室协议
4. 2012年，在惯性技术实验室工作
5. 2013年，房建成（右）同曼彻斯特大学杨武强教授交流
6. 2008年，房建成（中）在实验室进行技术研讨
7. 2015年，房建成（左2）和学生一起郊游

455

중국科学院院士

顾瑛
Gu Ying

激光医学专家

1959年6月1日生于北京，籍贯上海
1982年毕业于天津医科大学（原天津医学院）
2000年获解放军医学院(原军医进修学院)博士学位
2015年当选为中国科学院院士
中国人民解放军总医院教授

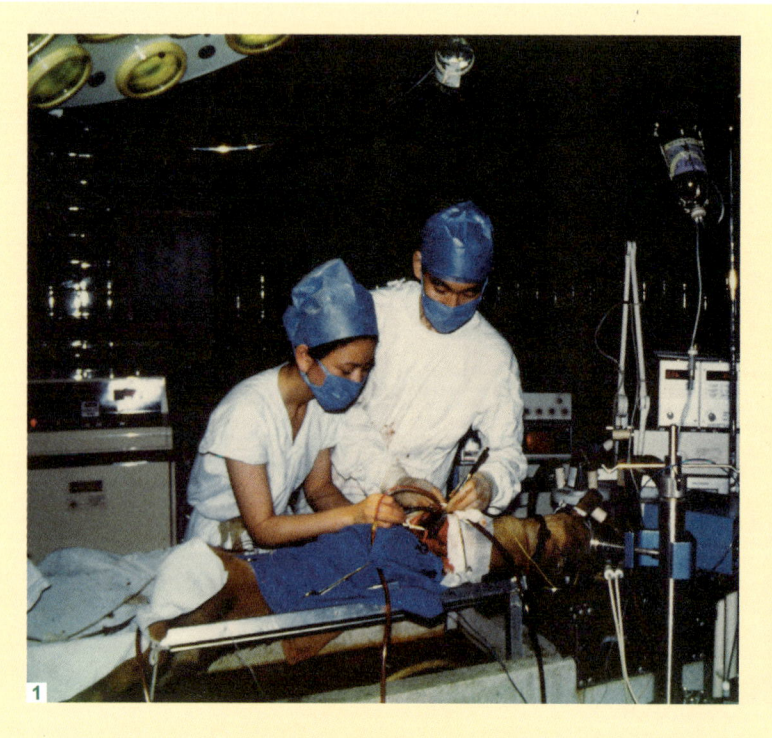

主要从事光子学与医学交叉的新兴学科——激光医学的研究和教学工作。在血管靶向光动力治疗理论和机理、药物和设备、技术和方法等方面开展了创新性工作，突破了光动力疗法仅能用于肿瘤治疗的界限，开创了血管靶向光动力治疗新领域，取得系列研究成果。特别是首次提出血管靶向（新型）光动力治疗理论，首创治疗方法，并获得临床应用成功。曾获国际激光医学大会学术奖、获国家技术发明奖三等奖、中国科协求是杰出青年奖，军队科技成果奖二等奖3项，国家发明专利8项，并获国家化学1.1类新药证书。

信息技术科学部

1. 顾瑛（左）进行实验研究
2. 2003年，顾瑛（中）出访美国时与同行合影
3. 2007年，顾瑛（后排左6）参加全国妇女联合会执行委员会在英国学习考察活动
4. 2001年，顾瑛（左2）与同事开展肿瘤靶向光动力治疗临床研究
5. 1993年，顾瑛（中）获第十届国际激光医学大会学术奖时与激光器发明人梅曼博士在曼谷的大会招待会上交谈
6. 2014年12月，参加北京市卫生系统乒乓球赛并获奖
7. 2007年，全家福

457

中国科学院院士

黄如
Huang Ru

微电子专家

1969年11月29日生于江苏南京，籍贯福建南安
1991年毕业于东南大学
1997年获北京大学博士学位
2015年当选为中国科学院院士
北京大学教授

主要从事半导体新器件研究和教学工作。针对集成电路发展中的功耗瓶颈问题，在低功耗器件的新机理新结构、纳米尺度器件、器件可靠性及关键共性工艺等方面取得了系统性的重要突破。特别是提出并研制出低功耗准SOI新结构器件和肖特基-隧穿新机理器件；提出可大规模集成的围栅纳米线器件新工艺方法，系统揭示了该立体器件中特性新变化及其物理根源，首次研制出围栅纳米线模拟电路；建立了纳米尺度器件特性表征体系，提出了新的器件涨落性/可靠性分析表征方法及模型。相关成果转移到著名IC公司。曾获国家技术发明二等奖、国家科学技术进步奖二等奖、中国青年科技奖、中国青年女科学家奖等多项奖励。

信息技术科学部

1. 2012年10月，黄如（左）担任 ICSICT 2012大会共同主席，主持美国IBM公司Fellow、技术主管Subramanian S. Iyer博士（右）大会报告
2. 黄如（前排右3）在东南大学读本科期间与老师和同学合影
3. 2015年12月，黄如（右3）在美国华盛顿与在IEDM会议上作报告的课题组学生合影
4. 2003年6月，黄如（左2）接待合作者富士通公司项目负责人和研发人员来访北京大学
5. 黄如（前排左3）与课题组学生合影
6. 2008年10月，黄如（前排左5）担任ICSICT 2008程序委员会主席，与大会主席U.C. Berkeley教授胡正明教授夫妇（前排左6、左7）、学生志愿者合影
7. 休闲时光

459

中国科学院院士

姜 杰
Jiang Jie

运载火箭导航制导与控制专家

1960年7月19日生于黑龙江哈尔滨，籍贯山东莱阳
1983年毕业于国防科技大学
1988年获航天工业部第一研究院硕士学位
2015年当选为中国科学院院士
中国航天科技集团公司第一研究院研究员

从事运载火箭导航制导控制技术研究与工程研制工作。在火箭发射各种地球轨道、地月转移轨道及高精度高可靠导航制导与控制方面，解决了具有应用价值的理论和实际问题，提高了我国运载火箭高适应性发展水平；在多项国家重大航天工程中，成功实现了长征三号甲系列运载火箭研制的一系列关键技术，拓展了我国运载火箭发射能力。获国家科学技术进步奖特等奖2项、一等奖1项。现任长征三号甲系列运载火箭总设计师。

信息技术科学部

1. 2010年5月，在西昌卫星发射中心驻地进行发射评审前技术审查
2. 2009年4月，在西昌卫星发射中心，长征三号丙火箭发射北斗卫星
3. 2010年9月，在火箭总装厂房，长征三号甲火箭即将发射通信卫星
4. 2016年3月，接受人民网全国两会航天代表委员采访
5. 2010年12月，在中国运载火箭技术研究院第100次发射纪念活动上，姜杰（右）与长征火箭系列总设计师龙乐豪院士（中）合影
6. 2013年12月，西昌卫星发射中心，长征三号乙火箭发射探月工程嫦娥三号圆满成功后，姜杰（左9）与研制团队合影
7. 在厦门游览

中国科学院院士

刘明
Liu Ming

微电子科学与技术专家

1964年4月25日生于江西丰城，籍贯安徽宿州
1985年毕业于合肥工业大学
1998年获北京航空航天大学博士学位
2015年当选为中国科学院院士
中国科学院微电子研究所研究员

长期从事非易失存储器和微纳加工的研究。建立了阻变存储器(RRAM)物理模型，实现高性能RRAM和集成的基础理论和关键技术方法；拓展了新型闪存材料和结构体系，提出新的可靠性表征技术、失效模型和物理机理，为存储器产业发展提供关键理论和技术基础。曾获国家技术发明二等奖3项、国家科技进步二等奖1项、北京市科学技术奖一等奖2项、中国真空科技成就奖和中国科学院杰出成就奖等奖项等。现任中国科学院微电子器件与集成技术重点实验室主任。

信息技术科学部

1. 2015年，在新当选院士座谈会上发言
2. 1986年，研究生期间在宿舍学习
3. 2015年，在中国科学院微电子研究所作报告
4. 2014年，访问加拿大滑铁卢大学，与加拿大前政府科学顾问、滑铁卢大学纳米技术研究所执行主任Arthur J. Carty（右）合影
5. 2013年，在北京参加纳米重大研发计划评审会期间合影
6. 2006年，中国科学院访美代表团合影
7. 2005年，全家在北京龙庆峡合影

463

中国科学院院士

陆建华
Lu Jianhua

通信与信息系统专家

1963年7月14日生于江苏南通
1986年毕业于清华大学
1998年获香港科技大学博士学位
2015年当选为中国科学院院士
清华大学教授

主要从事无线传输的理论与应用研究，取得了多项创新科技成果，这些成果在国家"探月工程"等重大工程中得到重要应用。提出一种结构化的信息传输方法，发展了无线通信传输容量优化理论；发明了一种结构化低密度奇偶校验（LDPC）编码方法，有效解决逼近容量极限的低复杂度编码问题；提出了时、空、频等多域协同的通信方法，为复杂传播环境下提升传输容量提供了新途径。2015年当选美国电子电气工程师学会（IEEE）会士。曾获国家自然科学奖二等奖、国家技术发明奖二等奖以及中国卫星应用杰出贡献奖；被授予"探月工程嫦娥二号任务突出贡献者"称号。

信息技术科学部

1. 2010年10月，陆建华（中）参加嫦娥二号任务试验LDPC（低密度奇偶校验）编码期间，在北京指控大厅与相关人员合影
2. 1986年，在清华大学电子工程系通信实验室作毕业设计
3. 2014年11月，在上海参加2014中国卫星应用产业研讨会，代表团队领取2014中国卫星应用创新奖
4. 2010年11月，在苏州参加"全国无线电应用与管理学术会议"时作大会报告
5. 2014年10月，陆建华在"灵巧通信试验卫星工程总结及技术评审会"上作工作报告
6. 2009年，陆建华（右2）与毕业博士生合影
7. 2004年，全家在三亚游览

中国科学院院士

王永良
Wang Yongliang

雷达技术专家

1965年6月5日生于浙江嘉兴
1987年毕业于空军雷达学院
1994年获西安电子科技大学博士学位
2015年当选为中国科学院院士
空军预警学院教授

主要从事雷达信号处理理论与技术的研究，在空时信号处理领域取得了系统性的创新成果，提出了复杂电磁信号空时滤波的创新理论与方法，解决了空时信号处理雷达应用遇到的主要挑战性问题；突破了机载雷达空时自适应杂波抑制和相控阵雷达空时自适应抗干扰等核心关键技术。理论与技术成果获得了广泛应用，为我国预警机、歼击机和侦察机等系列重点型号雷达反杂波、抗干扰和运动目标探测能力的提升发挥了重要作用。2007年和2014年分别获国家技术发明奖二等奖，2009年获国家杰出青年科学基金，2007年获中国科协求是杰出青年奖，2011年被授予全国优秀科技工作者称号。

信息技术科学部

1. 王永良（坐者）在指导博士生
2. 1994年，王永良（右）与导师保铮院士在其博士学位答辩会场合影
3. 王永良（右）与国际雷达会议主席罗伯特·希尔交流工作
4. 2015年1月，王永良（中）在人民大会堂领取国家技术发明奖
5. 学习、思考
6. 王永良（中）与学员一起参加野外训练
7. 在武汉江滩公园锻炼身体，练八卦掌

467

中国科学院院士

周志鑫 Zhou Zhixin

空间遥感专家

1965年8月6日生于安徽太湖
1986年毕业于解放军电子工程学院
1997年获哈尔滨工业大学博士学位
2015年当选为中国科学院院士
北京市遥感信息研究所研究员、所长

主要从事空间遥感理论与应用技术研究，在典型地物特征检测识别、海上移动目标高精度探测定位技术等方面取得了多项创新性成果。系统研究并发展了天基海洋探测定位和海上移动目标自动检测方法，提出并建立了空间遥感数据存储、处理和应用架构，研究解决了卫星海量数据高效高精度自动处理和应用的关键技术问题，研究建立了典型地物目标特征库。2007年入选新世纪百千万人才工程，2008年获国家科技进步一等奖，2009年获中国科协求是杰出青年奖、何梁何利基金科学与技术创新奖，2014年获国家科学技术进步奖特等奖，2015年被中央军委确定为"科技领军人才"。

信息技术科学部

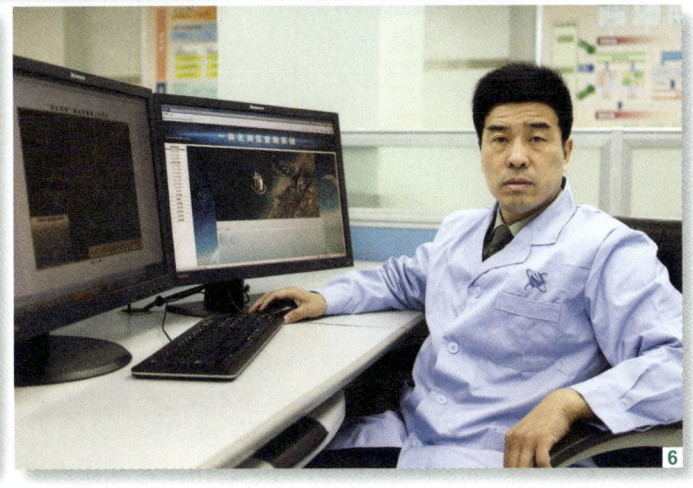

1. 2009年，出席何梁何利基金颁奖大会
2. 办公中
3. 2016年，在中国科学院第十八次院士大会信息技术科学部全体大会上作学术报告
4. 在实验室
5. 周志鑫2009年在重庆出席第11届科协年会
6. 在实验室
7. 周志鑫一家在大连

陈祖煜	都有为	顾逸东	李述汤	李　天	陶文铨	吴硕贤
薛其坤	赵淳生	程时杰	胡海岩	任露泉	王克明	祝世宁
刘竹生	申长雨	王　曦	王光谦	王锡凡	王自强	于起峰
赖远明	雒建斌	南策文	沈保根	魏炳波	翟婉明	张统一
郑　平	朱　荻	成会明	丁　汉	方岱宁	高德利	何满潮
金红光	李应红	刘维民	邱　勇	常　青	陈维江	陈云敏
韩杰才	何雅玲	倪晋仁	汪卫华	宣益民	闫楚良	俞大鹏
邹志刚						

技术科学部

中国科学院院士

陈祖煜
Chen Zuyu

水利水电、土木工程专家

1943年2月13日生于重庆，籍贯浙江宁波
1966年毕业于清华大学
1991年获清华大学博士学位
2005年当选为中国科学院院士
中国水利水电科学研究院教授级高级工程师

长期从事边坡稳定理论和数值分析的研究工作。发展完善了以极限平衡为基础的边坡稳定分析理论，得出了边坡稳定分析上限解的微分方程以及相应的解析解；将有关理论和方法推广到三维问题的求解，使边坡三维稳定分析成为现实可行；先后提出并解决了小湾、天生桥、漫湾、二滩、天荒坪等大型工程滑坡险情的工程措施并成功实施；编制的边坡稳定分析软件STAB，已形成一个具有200余个应用单位的用户网。出版著作7部。曾获国家科学技术进步奖二等奖、三等奖，茅以升科学技术奖土力学与基础工程奖等奖励。

技术科学部

1. 2009年，陈祖煜（左3）率团赴奥兰多与美国土木工程学会土力学与岩土工程学会签订双边合作协议
2. 1961年，摄于清华大学图书馆前
3. 2008年，四川汶川地震后，陈祖煜（左4）作为国务院汶川地震专家委员会成员，赴现场考察
4. 陈祖煜（右）接受采访
5. 2012年，陈祖煜（右2）赴向家坝水电站参加工程蓄水验收鉴定会
6. 陈祖煜（左1）在中山大学演讲后与听众交流
7. 与家人在一起

473

中国科学院院士

都有为
Du Youwei

磁学与磁性材料学家

1936年10月16日生于浙江杭州
1957年毕业于南京大学
2005年当选为中国科学院院士
南京大学教授

主要从事磁学和磁性材料的教学、研究工作。在铁氧体、纳米等材料中开展了磁性、磁输运等性质的研究并取得重要成果。积极参与科技成果转化，为中国磁性材料发展做出贡献。曾获国家自然科学奖二等奖、江苏省科技进步一等奖各1项，省部级科技进步奖二等奖4项等，均为第一完成人。2007年获何梁何利基金科学与技术进步奖。获国家发明专利22项，编著（含合编）专著10部。

技术科学部

1. 获2004年度国家自然科学奖二等奖时在北京人民大会堂留影
2. 1963年，都有为（前排右2）在江苏无锡召开的第一届全国磁学及磁性材料会议上合影
3. 1998年，在瑞典斯德哥尔摩召开的国际纳米会议中与美国著名磁学科学家合影（左起：Sellmyer D.J.、都有为、Hadjipanayis G.C.）
4. 2006年，都有为（中）与指导的博士生毕业合影
5. 2006年，与阔别56年的初中老同学在浙江杭州合影（左起：胡鲁昌、都有为、吴迪华）
6. 2006年，都有为（右）与冯端院士（左）访问台湾
7. 2009年11月，都有为、叶绪华夫妇摄于吉林

中国科学院院士

顾逸东

Gu Yidong

航天应用技术和浮空飞行器专家

1946年9月3日生于江苏淮安
1970年毕业于清华大学
2005年当选为中国科学院院士
中国科学院空间应用工程与技术中心研究员

长期从事空间科学与应用领域的总体和专业技术工作。领导建立了我国高空科学气球系统，解决了气球研制中的关键技术问题，推动了我国高空气球科学探测；主持了我国载人航天工程应用系统的总体技术工作，领导建成了适应多任务的空间应用技术体系和天地支持系统，领导完成了"神舟"系列飞船和天宫空间实验室上的50余项对地观测、空间生命科学、微重力科学、空间天文、空间环境等科学与应用任务的载荷研制和在轨运行，领导了载人空间站空间科学与应用任务论证和系统规划。现任中国空间科学学会理事长、载人航天工程技术顾问。曾获国家科学技术进步奖特等奖、二等奖和部委级科技进步奖一等奖、求是科技基金会求是杰出科技成就集体奖等奖励。

1. 2009年，在北京天安门广场受邀参加中华人民共和国成立60周年庆典观礼
2. 1973年，顾逸东（左2）在辽宁大连冷冻机厂铆造二车间与工友合影
3. 1975年，在位于云南东川的中国科学院高能物理研究所宇宙线观测站大云雾室组的控制室工作
4. 1983年，在河北香河高空气球实验场进行实验
5. 2011年，在酒泉卫星发射中心"天宫"一号发射前火箭转运现场
6. 2012年，随全国人大环境与资源保护委员会考察海南西沙永兴岛
7. 顾逸东、肖峰立夫妇和孩子们在一起

中国科学院院士

李述汤
Li Shutang

材料学家

1947年1月28日生于湖南邵东
1969年毕业于香港中文大学
1974年获加拿大英属哥伦比亚大学博士学位
2005年当选为中国科学院院士
苏州大学教授

从事纳米功能材料及器件、有机光电子材料及显示器件及金刚石和超硬薄膜领域的研究。其主要研究成果"金刚石及新型碳基材料的成核与生长""氧化物辅助合成一维半导体纳米材料及应用""高效光/电转换的新型有机光功能材料"先后获德国洪堡基金会研究成就奖和香港裘槎基金会高级研究成就奖。曾获国家自然科学奖二等奖3次（2次为第一完成人，1次为第二完成人）、何梁何利基金科学与技术进步奖等奖项。2006年当选为发展中国家科学院院士。

技术科学部

1. 2012年4月，李述汤（右）与学生亲切交流
2. 1969年，香港中文大学毕业时留影
3. 2013年4月，李述汤（右）与诺贝尔化学奖获得者、美国两院院士Alan Heeger教授（左）合影
4. 2004年3月，以色列前总理暨1994年诺贝尔和平奖获得者西蒙佩雷斯先生（前排左1）访问香港城市大学超金刚石及先进薄膜研究中心，在中心主任李述汤（前排中）和博士生唐建新（前排右1）等的陪同下参观纳米科技研究设施
5. 2009年11月，李述汤（左）与师昌绪院士夫妇（中、右）摄于师昌绪院士九十寿宴
6. 2012年2月，李述汤（左）与有机发光二极管发明人、美国工程院院士邓青云教授（右）合影
7. 2013年4月，李述汤与长子及孙辈在一起

中国科学院院士

李天 Li Tian

空气动力学专家

1938年10月2日生于吉林省吉林市
1963年毕业于清华大学
2005年当选为中国科学院院士
中国航空工业集团公司沈阳飞机设计研究所研究员、首席专家

长期从事飞机气动设计和隐身技术研究，将空气动力学与电磁散射特性结合在一起，在先进隐身飞机的气动布局研究领域，开拓性地解决了气动与隐身在布局设计中的难点，为我国新一代先进飞机的发展做出了突出贡献。在飞机气动力设计专业领域，创造性地解决了飞机研制过程中遇到的多项重大技术难题，并在工程中得到验证和应用，拓展了我国飞机气动布局领域的设计方法。曾获国家科学技术进步奖二等奖1次、国防科技进步奖一等奖1次及二等奖2次、航空部科技进步奖一等奖3次、二等奖5次。2006年被中国航空工业第一集团公司授予航空报国突出贡献奖。2014年获第十届航空航天"月桂"奖终身奉献奖。

技术科学部

1. 2008年7月，李天（中）在中国航空工业集团公司沈阳飞机设计研究所指导博士和硕士研究生开展研究工作
2. 1963年7月，李天（右）清华大学毕业时在校门前与同学刘峰（左）留影
3. 1992年2月，李天（左）与俄罗斯中央流体动力研究院领导（右）签署合作协议后交换文本
4. 1995年5月，李天（右）在黑龙江哈尔滨低速风洞参加试验，检查模型安装情况
5. 1991年2月，李天（右3）参加在俄罗斯西伯利亚航空研究院召开的第一届中俄空气动力学学术会议时，在著名流体力学专家恰普雷金雕像前留影（右6为中方领队顾诵芬院士）
6. 2009年7月，李天（前排中）在中国航空工业集团公司沈阳飞机设计研究所战略发展研讨会上发言
7. 2011年春节，全家福

481

中国科学院院士

陶文铨
Tao Wenquan

工程热物理学家

1939年1月19日生于浙江绍兴
1962年毕业于西安交通大学
2005年当选为中国科学院院士
西安交通大学教授，西交利物浦大学校长

长期从事传热学及其数值模拟方法与工程应用研究和教学工作。在强化传热机理及其应用、对流项离散格式稳定性分析、不可压缩流体流场求解中的压力与速度的耦合关系处理等方面取得了重要研究成果。提出了分析对流项离散格式稳定性的符号不变原理，提出了绝对稳定的对流项离散新格式和处理不可压缩流场速度与压力耦合关系的全隐算法，提高了计算精度和收敛速度。2004年获国家自然科学奖二等奖，2006年获何梁何利基金科学与技术进步奖，2009年获国家发明奖二等奖。

技术科学部

1. 2002年1月，陶文铨（右1）与研究生讨论学术问题
2. 1986年11月，陶文铨（左2）在西安交通大学接待在美国进修时的导师Sparrow教授（右2）
3. 2013年1月，陶文铨（后右）探视导师杨世铭教授（前）
4. 2007年5月，陶文铨、孙玉琴夫妇与儿子陶志峰摄于美国波士顿
5. 1981年10月，时任西安交通大学副校长陈学俊教授（前排右）访问美国明尼苏达大学，陶文铨（后排右3）和其他在该校做访问学者的西安交通大学的教师与国际传热学泰斗埃克尔特教授（前排左）合影
6. 2005年3月，陶文铨（中）与同事讨论问题
7. 2003年9月，陶文铨（右1）获首届高等学校教学名师奖后与其他获奖人摄于颁奖会场

483

中国科学院院士

吴硕贤

Wu Shuoxian

建筑技术科学专家

1947年5月17日生于福建泉州
1970年毕业于清华大学
1984年获清华大学博士学位
2005年当选为中国科学院院士
华南理工大学教授

主要从事建筑与环境声学研究，承担了70多座公共建筑的音质研究与设计，首次阐明了声学虚边界原理，较好地解决了混响场车流噪声预报的国际难题，提出厅堂响度评价新指标和计算公式，指导并与合作者提出扩散声场仿真新计算模型和界面声能扩散系数的改进测量方法和计算公式；率先组织对民族乐器声功率作系统科学的测试，开展了民族音乐与戏曲厅堂音质及中国古典园林声景研究；开展了人的行为模式和建筑使用后评价研究，建立了建成环境主观评价理论体系。中国绿色建筑与建筑科学的积极倡导者。2012年入选"新中国影响广东100位贡献人物"。

技术科学部

1. 2006年，与团队成员在实验室（左起：赵越喆、刘培杰、孙海涛、吴硕贤）
2. 1967年，在清华大学读本科
3. 1985年，吴硕贤（右）与恩师马大猷院士（左）和车世光教授（中）合影
4. 2007年，吴硕贤（前右）与著名建筑声学家安藤四一教授（前左）在一起
5. 2009年，练习书法
6. 2010年，出席香港理工大学杰出中国访问学人计划杰出学人成就表扬典礼（左起：王威琪、文兰、吴培亨、唐伟章、杜善义、吴硕贤、林皋）
7. 与家人在一起（前排左起：母亲林得熙、女儿吴燕、父亲吴秋山；后排左起：弟媳昌丽娟、弟吴硕麟、妻朱琴晖、吴硕贤）

薛其坤 Xue Qikun

材料物理学家

1963年12月19日生于山东蒙阴
1984年毕业于山东大学
1994年获中国科学院物理研究所博士学位
2005年当选为中国科学院院士
清华大学教授

主要研究方向为扫描隧道显微学、表面物理、自旋电子学、拓扑绝缘量子态和低维超导电性等。建立了拓扑绝缘体薄膜分子束外延生长动力学，实验发现量子反常霍尔效应；开拓低维体系高温超导电性的研究方向。曾获中国科学院杰出科技成就奖、国家自然科学奖二等奖、何梁何利基金科学与技术进步奖和何梁何利基金科学与技术成就奖等奖励、发展中国家科学院物理奖、求是科技基金会求是杰出科技成就集体奖和求是杰出科学家奖、陈嘉庚技术科学奖等奖励。

技术科学部

1. 薛其坤（左）在实验室指导学生
2. 薛其坤（左）接待访问清华大学的诺贝尔奖获得者、扫描隧道显微镜的发明者海因里希·罗雷尔教授（右）
3. 2012年10月，在中国科技大学作陈嘉庚科学奖报告
4. 2009年，在英国莎士比亚故居留念
5. 2011年，薛其坤（右4）团队获得求是科技基金会求是杰出科技成就集体奖
6. 2010年3月，薛其坤（前排左2）参加美国物理学会年会
7. 2004年，薛其坤夫妇与导师樱井利夫（前排左）在一起

487

赵淳生

Zhao Chunsheng

机械工程专家

1938年11月7日生于湖南衡山
1961年毕业于南京航空学院
1984年获法国巴黎高等机械学院博士学位
2005年当选为中国科学院院士
南京航空航天大学教授

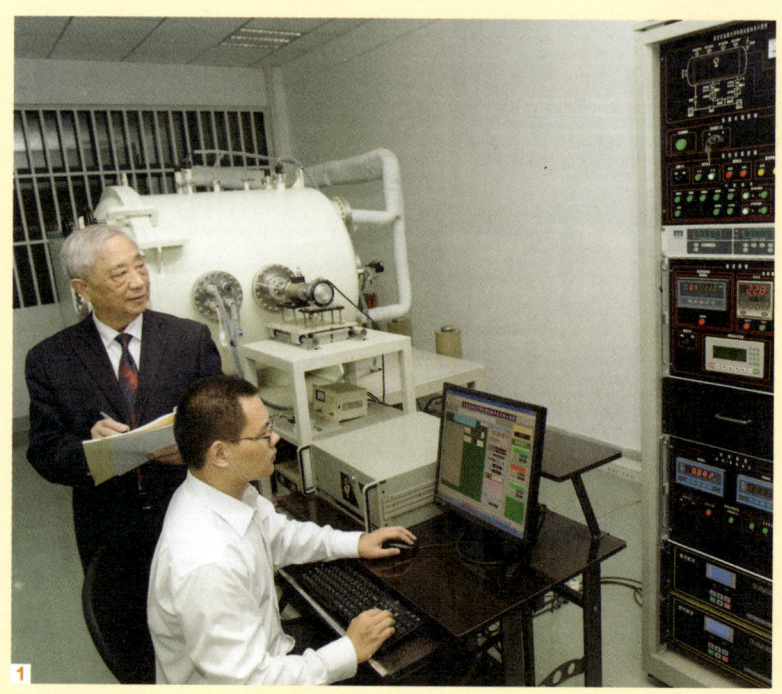

长期从事振动工程理论和应用研究。自1993年以来，潜心研究超声电机技术及其应用。在新型超声电机运动机理、机电耦合模型、结构参数优化设计、驱动与控制技术等方面总结和提出了系统的理论和设计方法。获授权有关超声电机国家发明专利54项，研制出30余种超声电机，其中有多种超声电机在科研、生产和国防上应用。曾获国家技术发明奖二等奖2项和四等奖1项、国家科学技术进步奖三等奖1项、中华优秀出版物奖（图书奖）1项、何梁何利基金科学与技术进步奖1项。

技术科学部

1. 为满足"嫦娥三号"对超声电机的需求，2010年在赵淳生的主持下，南京航空航天大学精密驱动研究所建立了一套专门试验超声电机的真空、高/低温复合环境试验系统。图为赵淳生（左）指导博士生芦小龙做试验
2. 2008年，在第五届国际压电材料与应用会议上，赵淳生（左）与著名超声电机专家立陶宛Vilnius教育大学P.Vasiljev院士（右）、美国宾夕法尼亚大学K.Uchino教授（中）合影
3. 1983年5月，赵淳生在法国巴黎学习期间，与法国著名的宇航专家们交谈并合影留念（右起：空气动力学家、结构部主任R.Dat教授，法国国际合作部长PH.J.Poissom-Quinton教授，赵淳生，振动专家A.Bourgine研究员）。
4. 2008年12月，参加在美国宾州大学召开的第五届IWPMA会议并作题名为"直线超声电机的发展和应用"的特邀报告
5. 2006年11月，赵淳生（左1）与超声电机发明人、日本新生超声电机公司总裁指田年生（左2）等交流
6. 2012年3月，赵淳生（中）与其创建的以超声电机技术为核心的精密驱动研究所团队合影
7. 2011年12月，全家福于江苏南京（前排左起：长孙赵辛波、女儿赵颖、妻王凤英、小孙周士杰，后排左起：女婿周楚新、赵淳生）

489

中国科学院院士

程时杰

Cheng Shijie

电力系统专家

1945年7月8日生于湖北武汉
1967年毕业于西安交通大学
1986年获加拿大卡尔加里大学博士学位
2007年当选为中国科学院院士
华中科技大学教授

主要从事电力系统及其自动化方面的教学与研究工作。在具有二次型性能指标的电力系统最优控制、自校正型电力系统自适应控制、电力系统次同步振荡的分析与控制、专家系统在电力系统电压控制中的应用等方面取得了系统性的研究成果；积极倡导并实践储能技术在电力系统中应用的研究，在基于储能原理的电力系统稳定控制中做出创新性的成果。获1997年国家级教学成果奖二等奖、2003年国家科学技术进步奖二等奖、其他省部级科研成果奖6项，以及国家级中青年有突出贡献专家和湖北省"科技精英"称号。2011年入选美国电气和电子工程师协会（IEEE）会士。

技术科学部

1. 2012年，程时杰（左）在华中科技大学强电磁工程与新技术国家重点实验室与袁小明教授（右）交流
2. 1984年，在加拿大卡尔加里大学攻读博士学位
3. 1986年，程时杰（右）与何仰赞老师（左）在一起
4. 2009年，获香港理工大学杰出华人学者称号时作学术报告
5. 1992年，在德国慕尼黑工业大学做客座教授时与国际知名电气工程专家Elmar Schruefer教授夫妇在一起（左起：程时杰、胡东成、Schruefer教授夫人、Schruefer教授）
6. 2009年，程时杰（中）在台湾两岸能源环境可持续发展学术研讨会上与中国工程院黄其励院士（左）在一起
7. 1986年，获得博士学位时与妻子曾念荣合影

中国科学院院士

胡海岩

Hu Haiyan

力学家

1956年10月4日生于上海
1982年毕业于山东大学
1988年获南京航空航天大学博士学位
2007年当选为中国科学院院士
北京理工大学教授、校长

主要从事与航空、航天科技相关的动力学与控制研究，在振动控制系统的非线性动力学、结构碰撞振动理论及其应用、纳尺度系统波动力学等方面取得了系统的重要研究成果，解决了我国飞行器研制中的若干振动分析和控制问题。2005年获国家科学技术进步奖二等奖，2006年获国家自然科学奖二等奖，2012年再次获国家自然科学奖二等奖，同年获何梁何利基金科学与技术进步奖（数学力学奖）。2010年当选为发展中国家科学院院士，2015年获俄罗斯莫斯科大学名誉博士。

技术科学部

1. 2006年10月，时任南京航空航天大学校长的胡海岩（前排右）会见比利时教育部部长（中），并与比利时列日大学校长（左）签署合作协议
2. 1987年10月，在南京航空航天大学振动工程研究所做实验
3. 2012年5月，在印度尼西亚雅加达国立印度尼西亚大学作学术报告
4. 2012年8月，在北京国家会议中心举办的第23届世界力学家大会开幕式上代表中国力学学会致辞
5. 2007年11月，胡海岩（左3）在瑞士日内瓦与著名物理学家丁肇中教授（右2）讨论问题
6. 2013年8月，参加北京理工大学乒乓球比赛
7. 2004年10月，胡海岩（左2）在南京航空航天大学与博士生讨论问题（左1为文浩，左3为王在华，均获全国优秀博士学位论文；左4为王怀磊，获江苏省优秀博士学位论文）

493

中国科学院院士

任露泉
Ren Luquan

工程仿生学家

1944年1月20日生于江苏铜山
1967年毕业于吉林工业大学
1981年获吉林工业大学硕士学位
2007年当选为中国科学院院士
吉林大学教授

长期从事仿生科学与工程、地面机械工程等方面的研究与教学工作。提出生物形体、形态、结构、构成、柔性、电渗、润滑及其耦合、协同等单元和多元仿生的系统理论，开拓地面机械仿生研究方向，发明多项不同于传统理念的仿生技术，并拓展到多个工程领域。特别是在生物非光滑、多因素综合脱附减阻、仿生耦合研究方面取得了重要突破。2006年和2013年两次获国家技术发明奖二等奖，2007年获振兴东北老工业基地特殊贡献奖和全国"五一"劳动奖章。任国际仿生工程学会（ISBE）常务副主席、亚洲农业工程学会（AAAE）副主席、国际刊物《Journal of Bionic Engineering》主编等。

技术科学部

1. 2010年，在广东珠海国际仿生工程学会成立大会上发言
2. 1966年，任露泉（右）在吉林工业大学学习
3. 1992年，在实验室进行黏附试验研究
4. 2004年，在国际地面机器系统学会第七届亚太会议上作特邀报告
5. 2002年，任露泉（右2）应邀访问英国帝国理工大学
6. 2011年，任露泉（左2）作为评估专家参加高校"211工程"项目验收
7. 任露泉、李月潭夫妇与外孙女在一起

495

王克明

Wang Keming

材料物理学家

1939年3月2日生于浙江乐清
1961年毕业于山东大学
2007年当选为中国科学院院士
2013年7月20日逝世
山东大学教授

从事离子束与固体相互作用及材料改性的研究工作。在离子束光电晶体材料改性的研究中，与研究组一起系统研究了离子注入形成氧化物光电晶体的光波导结构及其特性，提出了一种形成波导区折射率增加型光波导的新原理、新模式和新方法，并揭示了离子注入波导结构的形成机理；提出了用激光脉冲沉积法制备掺Er的KTP晶体波导激光薄膜的方法；系统研究了重离子注入光电晶体中的射程和损伤分布，发展了一种重离子在多元靶中的平均投影射程及其离散的有效计算方法。曾获国家自然科学奖二等奖、教育部中国高校科学技术奖（自然科学奖）一等奖等奖励。

技术科学部

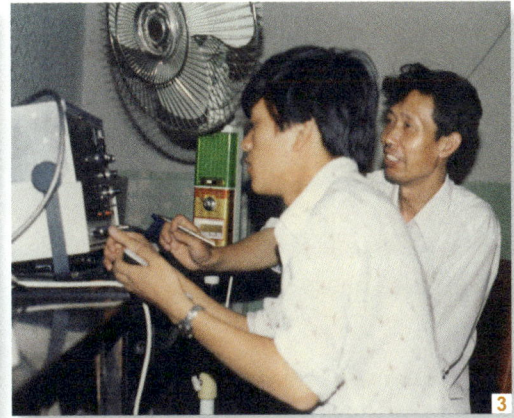

1. 1997年，王克明（右）与学生孟鸣岐、卢霏在实验室
2. 1980年，在美国做访问学者期间
3. 1990年，王克明（右）与学生赵清太在实验室做实验
4. 1999年，王克明（左2）接待在美国做访问学者期间的合作导师William A. Lanford教授（左3）来访
5. 2011年，王克明（左2）在山东大学110周年校庆时陪同杰出校友回实验室参观
6. 2010年，参观上海世博会
7. 2008年，王克明夫妇与孙女摄于山东威海

中国科学院院士

祝世宁
Zhu Shining

材料物理学家

1949年12月17日生于江苏南京
1981年毕业于淮阴师范学院
1996年获南京大学博士学位
2007年当选为中国科学院院士
南京大学教授

从事微结构功能材料和物理、非线性光学、激光物理方面的研究。在微结构材料的设计、制备、性能表征、新效应研究和器件研制方面取得系统研究成果，为铁电畴工程学、准相位匹配非线性光学和量子光学的发展做出重要贡献。作为主要完成人之一完成的"介电体超晶格的设计、制备、性能与应用"项目获2006年国家自然科学奖一等奖。

技术科学部

1. 祝世宁（右）当选为美国光学学会会士
2. 在第十六届国际晶体生长大会作大会报告
3. 祝世宁（右2）和研究生讨论实验方案
4. 祝世宁（左）在江苏溧水第一初级中学参加院士校园行活动
5. 祝世宁（左3）等在香港理工大学与师生交流
6. 祝世宁（右1）在"辽宁号"航母上
7. 祝世宁（前排左3）创办南京大学-台湾大学光电博士生论坛

499

中国科学院院士

刘竹生
Liu Zhusheng

导弹和运载火箭专家

1939年11月17日生于黑龙江哈尔滨
1963年毕业于哈尔滨工业大学
2009年当选为中国科学院院士
中国运载火箭研究院研究员

长期从事我国战略导弹和运载火箭的研制工作，在战略导弹地下井热发射技术，运载火箭捆绑分离技术，运载火箭整流罩分离技术及载人运载火箭设计、发射等领域取得显著研究成果。先后担任"长征二号"捆绑火箭副总设计师，"长征二号"F载人运载火箭副总设计师、总设计师，发射"神舟一号"到"神舟六号"飞船的载人运载火箭总设计师。曾获国家科学技术进步奖特等奖2项、国家科学技术进步奖一等奖2项、国家科学技术进步奖二等奖2项、求是科技基金会求是杰出科技成就集体奖和何梁何利基金科学与技术进步奖。

技术科学部

1. 2008年，出席航天科学技术发展与展望论坛并发言
2. 1958年，哈尔滨工业大学化工系无机58班合影（4排左1为刘竹生）
3. 在发射基地
4. 2001年，刘竹生（右）参加"走进科学大课堂"庆祝国际儿童节大会活动
5. 在发射基地宿舍办公
6. 2003年发射火箭归来，刘竹生（左）在车站接受采访
7. 与外孙一起骑车

501

中国科学院院士

申长雨
Shen Changyu

材料成型及模具技术专家

1963年6月10日生于河南南阳
1984年毕业于中国人民解放军铁道兵工程学院
1990年获大连理工大学博士学位
2009年当选为中国科学院院士
国家知识产权局局长

主要从事高分子材料成型加工、橡塑模具优化设计与制造等领域的理论、技术和数值模拟方法的研究。发展了塑料成型过程的数值计算理论和模具优化设计方法，围绕高分子材料"成型"、"成性"和"可控制造"的基础研究取得了系列成果；完成了"神舟七号"载人飞船出舱、交会对接等宇航服关键制品的研制，获"中国载人航天工程突出贡献"奖励。作为第一完成人，1996、2003年两次获国家科学技术进步奖二等奖。出版著作4部，发表论文200余篇。1994年被授予"国家级有突出贡献的中青年专家"称号，国家杰出青年科学基金获得者，973计划项目首席科学家。曾任郑州大学校长、大连理工大学校长。

技术科学部

1. 2009年，在郑州大学材料成型过程及模具教育部重点实验室分析PVT实验结果
2. 1992年，在郑州工学院模具研究所开发注塑模CAE软件
3. 2006年，申长雨（左2）在郑州大学橡塑模具国家工程研究中心与博士生一起讨论"神舟七号"航天服出舱面窗的研制工作
4. 1988年，在大连理工大学工程力学系攻读博士学位
5. 2009年，申长雨（左2）在郑州大学橡塑模具国家工程研究中心与课题组成员讨论SAXS实验
6. 2007年，申长雨（左1）在广州先进成型技术年会上与美国工程院院士、康奈尔大学K.K.Wang教授（右1），美国威斯康星大学麦迪逊分校大学的Lih-Sheng Turng教授（右2）交流
7. 2012年，申长雨（前右）与宁波模具协会会长鲍明飞（前左）在宁波调研中国汽车塑料模具发展现状

503

王曦 Wang Xi

材料科学家

1966年8月6日生于上海
1987年毕业于清华大学
1993年获中国科学院上海冶金研究所博士学位
2009年当选为中国科学院院士
中国科学院上海微系统与信息技术研究所研究员、所长

长期致力于载能离子束与固体相互作用物理现象研究，并将研究成果应用于先进电子材料SOI（silicon-on-insulator）的开发。建立了我国唯一的高端SOI材料研发和生产基地，解决了我国抗辐射效应急需的SOI产品的"有无"问题。曾获国家科学技术进步奖一等奖、上海市科技进步奖一等奖、中国科学院杰出科技成就奖、何梁何利基金科学与技术进步奖和"十一五"国家科技计划执行突出贡献奖等。

技术科学部

1. 2007年，出席国家科学技术奖励大会
2. 王曦（中）指导研究生开展工作
3. 2004年，在第二届中国国际集成电路产业展览暨研讨会上作报告
4. 王曦（右2）在清华大学的毕业酒会上
5. 2009年，王曦（右）获中国科学院杰出成就奖时与时任中国科学院院长路甬祥院士（左）合影
6. 2004年，王曦（右）在美国推广SOI产品
7. 2009年7月，全家郊游

505

中国科学院院士

王光谦
Wang Guangqian

水力学与河流动力学专家

1962年4月28日生于河南镇平
1982年毕业于武汉水利电力学院
1989年获清华大学博士学位
2009年当选为中国科学院院士
清华大学教授
青海大学校长

长期从事泥沙科学与江河治理研究。建立了水沙两相流的动力学模型，得出泥沙颗粒浓度分布及速度分布公式，揭示了泥沙颗粒运动与清水湍流的不同特性；建立了流域泥沙动力学模型，实现了河道与流域过程的耦合，将泥沙研究从河流拓展到流域尺度；围绕黄河断流、悬河决口、水土流失三大问题以及长江三峡泥沙问题、汶川地震堰塞湖除险等，解决关键科学技术难题。作为首席科学家负责的科技部973计划项目"复杂条件下坝堤溃决机理与风险调控理论"在验收中被评为优秀，取得了溃坝发生规律与过程模拟的成果，并应用于"5·12"汶川地震堰塞湖的溃决风险分析及应急除险方案制定中。曾获国家科学技术进步奖一、二等奖等奖励3项。任国家自然科学基金委员会工程与材料学部兼职主任。

技术科学部

1. 1986年，王光谦（右）在清华大学泥沙研究室学习
2. 1996年，王光谦（右）参观实验室
3. 2008年，在四川汶川地震现场——肖家桥堰塞湖坝顶调研
4. 2014年4月19日，在清华大学水利馆报告厅做客"学术人生"讲坛作题为"创新人才的培养"报告
5. 2014年，王光谦（左）参政议政、共商国是
6. 2010年，王光谦（中）在清华大学进行学术交流
7. 2010年8月，全家游览安徽黄山

王锡凡

Wang Xifan

电力系统专家

1936年5月11日生于安徽凤阳，籍贯河北安平
1957年毕业于西安交通大学
2009年当选为中国科学院院士
西安交通大学教授

长期从事电力系统的理论研究，主要研究领域包括电力系统分析、规划及可靠性评估等。发展了电力网络线性方程的稀疏矩阵算法，创立了复杂故障的综合阻抗矩阵理论，建立了大型电力系统暂态稳定分析模型，促进了计算机在我国电力系统中的应用和推广。在电力系统规划和可靠性评估方面，提出了等效电量函数理论和状态空间分析中的"增量频率"概念，以及可靠性分析中元件串并联递归卷积公式；开发了多节点电源规划模型及软件包JASP1，为三峡工程进行了动能经济论证。在提高输电线路的传输能力研究中，提出了分频输电方式，开展了对分频输电的理论及可再生能源发电接入系统的相关问题研究。曾获教育部自然科学奖一等奖和科技进步奖一等奖等奖励。2008年当选为电气和电子工程师协会（IEEE）会士。

技术科学部

1. 2010年，王锡凡（左）到在江苏某电器制造厂考察
2. 1982年7月，在美国旧金山参加IEEE PES夏季会议时在金门大桥留念
3. 2011年，在电网技术论坛上作学术报告
4. 2001年9月，王锡凡（左2）指导博士生
5. 2000年，王锡凡（前右）在意大利参加电力系统可靠性会议时与加拿大电气可靠性领域专家Endrenyi J.教授（前左）合影
6. 2001年，王锡凡（右）与日本学者关根泰次（中）、高桥一弘（左）出席国际会议
7. 2012年10月，王锡凡、甘懋云夫妇游览黄河壶口瀑布

王自强 Wang Ziqiang

力学家

1938年11月12日生于上海，籍贯浙江定海
1963年毕业于中国科学技术大学
2009年当选为中国科学院院士
中国科学院力学研究所研究员

长期从事固体力学和物理力学方面的研究工作，在弹性稳定理论、断裂力学、塑性应变梯度理论、细观力学和微观力学等方面作了系统的创造性研究，取得了有国际影响的突出成果。在国际上最先建立裂纹顶端弹塑性高阶场和J-k断裂准则，开创了弹塑性断裂力学研究的新领域；最先求得了双材料界面裂纹顶端弹塑性奇性场，为双材料界面裂纹的断裂准则提供了理论基础；提出了两种不含高阶应力的塑性应变梯度理论。将第一原理计算与理想晶体大变形失稳理论相结合，采用密度泛函理论、赝势平面波基方法和超晶胞模型，建立了固体理论强度的一种严格算法。曾获国家自然科学奖二等奖、国家科学技术进步奖特等奖（集体获奖）、全国科学大会奖等奖励。

技术科学部

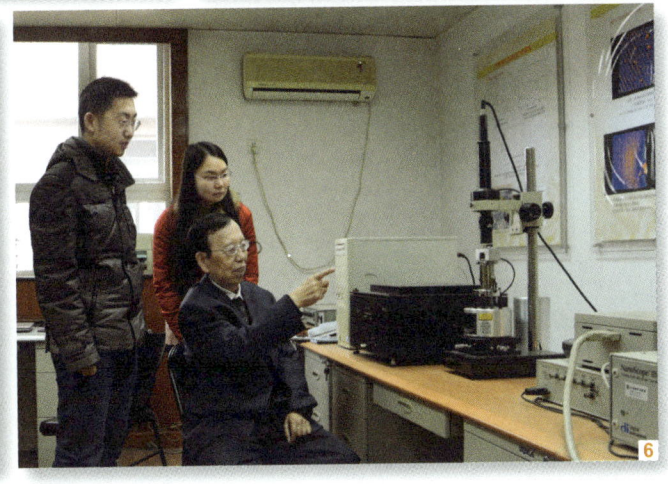

1. 2012年11月，在全国物理力学大会上作报告
2. 2012年5月，在同济大学力学系讲学
3. 2012年10月，王自强（右）在新加坡讲学期间与新加坡高性能计算中心张永伟教授（左）合影
4. 2010年1月，王自强夫妇（右1、右2）与吴承康、黄兰洁夫妇（左1、左2）在院士新春团拜会上合影
5. 2015年1月，王自强（右）与学生探讨学术问题
6. 2015年1月，王自强（右）在实验室指导研究生
7. 2006年9月，王自强夫妇游览北京植物园

于起峰 Yu Qifeng

实验力学、精密光测学专家

1958年4月13日生于广东丰顺
1981年毕业于西北工业大学
1995年获德国不来梅大学博士学位
2009年当选为中国科学院院士
国防科学技术大学教授

长期从事针对实验力学与图像测量中大型结构变形测量、大尺度运动测量和干涉条纹图处理等方面的研究和教学工作，创新和发展了摄像测量的理论和方法。所提出的折线光路串联像机链网络测量和运动轨迹交会测量新概念和方法、飞行器着陆光测引导新体制、光测条纹图等值线处理新理论，以及目标三维姿态光测和飞行器视觉导航新方法，解决了相关领域的多项理论、方法和技术难题。曾获国家技术发明奖二等奖、湖南省自然科学奖一等奖、首届军队杰出专业技术人才奖。

技术科学部

1. 2012年3月，于起峰（右1）与指导的博士生讨论问题
2. 2016年6月，于起峰（中）在长江地铁施工现场调研相关科研项目
3. 2014年，在湖南浏阳大围山赏杜鹃花
4. 2008年11月，于起峰（左）在江苏南京举办的国际试验力学学术大会上与时任德国斯图加特大学副校长W.Osten教授（右）合影
5. 1995年，于起峰（左3）在德国不来梅大学获精密光测专业博士学位时与导师W. Jueptner教授、W. Osten博士等合影
6. 2014年10月，于起峰（中）在河南郑州参观盾构机制造车间
7. 于起峰夫妇往青海

513

中国科学院院士

赖远明

Lai Yuanming

寒区工程专家

1962年8月16日生于江西龙南
1983年毕业于江西理工大学
1999年获中国科学院兰州冰川冻土研究所博士学位
2011年当选为中国科学院院士
中国科学院寒区旱区环境与工程研究所研究员

长期从事寒区工程理论和数值分析的研究工作。提出了冻土在一般应力状态下的空间破坏曲面和强度准则，建立了冻土的多屈服面、非关联的广义弹塑性本构模型和冻土蠕变损伤统计本构模型；研究了块碎石层的降温效果及降温机理，建立了块碎石类路基流体-固体耦合传热温度特性分析的数学模型，研发了具有多级降温机制的U形块碎石路基和通风管-块碎石复合路基等"主动冷却路基"的结构新形式，提出了寒区工程的冻害预报方法和综合防治技术。曾获国家科学技术进步奖特等奖、国家科学技术进步奖二等奖、国家技术发明奖二等奖、中国科学院杰出科技成就奖等，以及2014年何梁何利基金科学与技术进步奖。

技术科学部

1. 2010年，在青藏公路测量冻土路基地温
2. 2004年，赖远明（中）指导研究生做实验
3. 2003年，在东南大学博士后出站时留念（右起：刘松玉教授、邓学钧教授、赖远明）
4. 2012年，给研究生作关于学术道德和科学精神的报告
5. 2009年，赖远明（左立者）主持第八届国际冻土工程会议
6. 2012年，参加在井冈山干部学院举办的院士专家学习班
7. 1999年，赖远明（左）博士论文答辩后和导师吴紫汪研究员（右）合影

515

中国科学院院士

雒建斌
Luo Jianbin

摩擦学家

1961年8月18日生于陕西户县
1982年毕业于东北大学
1994年获清华大学博士学位
2011年当选为中国科学院院士
清华大学教授

长期从事纳米摩擦学研究。研制出纳米级润滑膜厚度测量仪，发现了薄膜润滑的系列新现象，建立了薄膜润滑物理模型和润滑失效准则；将纳米摩擦学研究与先进电子制造相结合，在表面平坦化方面取得了关键性技术的突破，实现了表面粗糙度小于1埃的超光滑表面制造，并应用到计算机硬盘、单晶硅片、蓝宝石晶圆等制造中。曾获国家发明奖三等奖、国家自然科学奖二等奖、国家科学技术进步奖二等奖和省部级科技奖等奖励；2013年获美国摩擦与润滑工程师协会国际奖。任国际摩擦学理事会副主席、国际机构学与机器科学联合会摩擦学技术委员会主席。

技术科学部

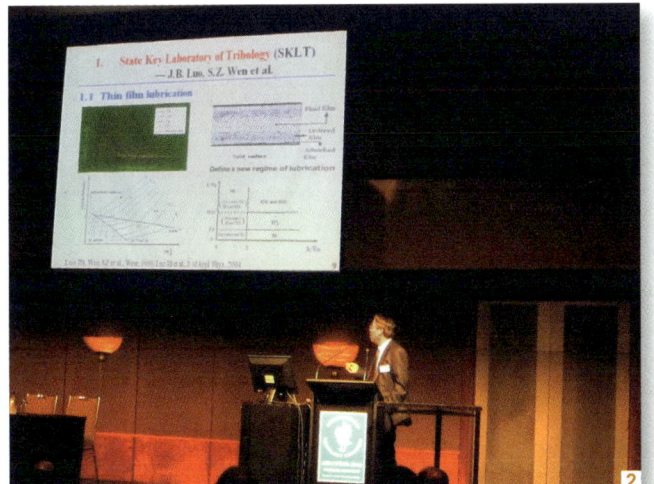

1. 代表中国成功申办2017年世界摩擦学大会后讲话
2. 2010年，在澳大利亚召开的亚洲摩擦学大会上作特邀大会报告介绍薄膜润滑研究
3. 2013年，雒建斌（讲台后立者）在美国STLE颁奖大会上讲话
4. 2009年，雒建斌（立者）受国际摩擦学学会主席JOSt邀请到英国科技部介绍中国摩擦学研究情况
5. 雒建斌（右）接受STLE主席（左）颁发的2013年STLE国际奖
6. 2012年，参加在井冈山干部学院举办的院士专家学习班
7. 与家人在北京游乐场

南策文

Nan Cewen

材料学家

1962年11月25日生于湖北浠水
1982年毕业于华东理工大学
1992年获武汉理工大学博士学位
2011年当选为中国科学院院士
清华大学教授

长期从事功能复合材料和陶瓷材料的研究。构建了处理复合材料中复杂多场耦合效应的有效介质方法，给出了计算宏观多场耦合性能系数的解。设计发展了铁磁合金基磁电复合新体系，提出了复合巨磁电效应。系统研究了多铁性磁电复合薄膜，设计出多种新型磁电存储器及传感元件。建立了计算非均质材料界面因素对宏观物理输运性能影响的有效介质模型方法；在界面模型的指导下，发展了新型高介电材料、安全锂电池用复合固态电解质等。曾获国家自然科学奖二等奖1项、省部级科技奖3项、国外科技奖励2项等。曾任国际陶瓷联盟理事长、亚洲电子陶瓷协会主席。2012年当选为发展中国家科学院院士。

技术科学部

1. 2011年，在美国波士顿美国材料学会（MRS）秋季会议期间，博士生胡嘉冕（右）获MRS研究生金奖后与南策文（左）合影
2. 2010年，在北京主持973计划项目年度报告会
3. 2012年，南策文（右）在美国芝加哥第四届国际陶瓷大会上接任国际陶瓷联盟理事长
4. 2011年，在实验室工作
5. 2011年，南策文（立者）在北京与国际同行讨论学术问题
6. 2005年，南策文（前排左4）与学生们在一起
7. 2008年，南策文（左1）在京郊和学生们一起登山

519

沈保根 Shen Baogen

磁学和磁性材料专家

1952年9月1日生于浙江平湖
1976年毕业于中国科学技术大学
2011年当选为中国科学院院士
中国科学院物理研究所研究员

主要从事磁学和磁性材料的研究工作。合成出新型纳米晶稀土永磁材料，揭示了材料的硬磁化机理；发现了具有巨大磁热效应的一级相变镧铁硅磁制冷材料，成为国际上磁热效应研究的新方向；解释了铁基非晶态合金中磁性和电性的反常物理现象。曾获国家杰出青年科学基金、求是科技基金会求是杰出青年学者奖、北京市科学技术进步奖一等奖、国家自然科学奖二等奖、何梁何利基金科学与技术进步奖和陈嘉庚技术科学奖等奖励。2013年当选为发展中国家科学院院士。

技术科学部

1. 2003年2月,沈保根与台湾"中央研究院"姚永德教授在海南博鳌共同组织"海峡两岸磁性物理研讨会"
2. 1975年11月,在中国科学技术大学上学期间赴北京实习时,沈保根(后排右4)与刘文汉老师和磁学专业同学在天安门前留影
3. 1997年9月,求是科技基金会在浙江大学举行颁奖典礼,杨振宁教授(右3)与沈保根(右2)等5位杰出青年学者奖物理学获奖人亲切交谈
4. 1988年5月,沈保根(左1)在德国鲁尔大学工作时,与导师S. Methfessel教授(右3)和中国留学生合影
5. 2005年10月,沈保根(中)与中国科学院学部工作人员在黄河壶口瀑布合影
6. 2012年6月,沈保根(前排左4)与研究团队的师生们在中国科学院物理研究所合影
7. 2005年10月,沈保根(左1)与妻子、母亲、叔叔、妹妹、妹夫等家人在北京天安门城楼上留影

521

魏炳波 Wei Bingbo

材料科学与工程专家

1964年4月12日生于山东惠民
1983年毕业于山东工学院
1989年获西北工业大学博士学位
2011年当选为中国科学院院士
西北工业大学教授

主要从事金属材料快速凝固科学与技术研究、空间材料科学研究和亚稳态高温液体物理研究；自主研制了以电磁悬浮、超声悬浮、静电悬浮、熔体浸浮和自由落体为特征的金属材料超常凝固实验系统。研究了深过冷条件下二元合金中枝晶生长和共晶生长的动力学规律，发现了快速偏晶凝固的相分离特性，揭示了微重力和深过冷条件对快速凝固过程的耦合作用，发展了快速包晶凝固的相选择和组织演变理论；开展了多元和复相合金的超常快速凝固研究，探索了深过冷合金熔体的热物理性质变化规律，阐明了多元单相枝晶生长和三元复相组织生长的理论机制。曾获国家自然科学奖二等奖、国家技术发明奖二等奖、国家教学成果奖二等奖、中国青年科学家奖等奖励。2000年被评为全国先进工作者。

技术科学部

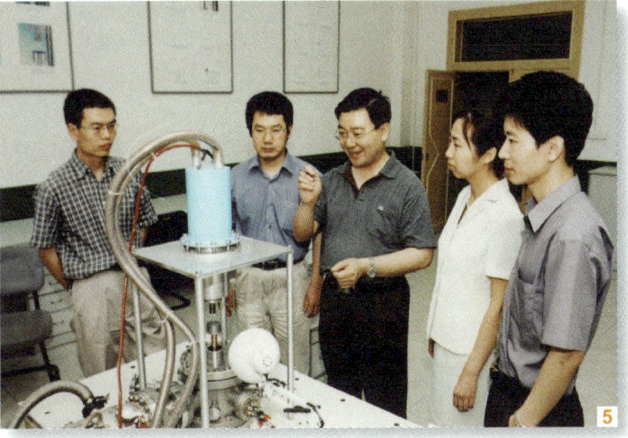

1. 1995年4月，在实验室进行科研攻关
2. 1993年6月，给学生讲课
3. 1992年回国前，魏炳波（右）与F.Sommer教授（左）告别留影
4. 2001年，魏炳波（右）接待德国B.Feuerbacher教授（左）来访
5. 1998年，魏炳波（中）在实验室指导学生
6. 2008年，魏炳波（右2）与青年学者进行交流

523

中国科学院院士

翟婉明
Zhai Wanming

铁路工程专家

1963年8月21日生于江苏靖江
1985年毕业于西南交通大学
1992年获西南交通大学博士学位
2011年当选为中国科学院院士
西南交通大学教授

长期从事铁路工程动力学与振动控制研究，开拓了铁路大系统动力学研究领域。在经典的车辆动力学和轨道动力学基础上，创建了机车车辆-轨道耦合动力学理论体系，建立了车辆—轨道统一模型，提出了机车车辆与线路动力性能最佳匹配设计原理及方法；主持研究建立了列车-轨道-桥梁动力相互作用理论，提出了适合于大系统动力分析的快速数值积分方法，在国际上被称为翟方法，开发了高速列车过桥动态模拟与安全评估系统。以上理论、方法被成功应用于解决我国铁路提速、重载及高速铁路重点工程中的一系列技术难题。曾获国家科学技术进步奖一等奖、二等奖及教育部"长江学者"成就奖一等奖等奖励。

技术科学部

1. 2008年6月，在我国第一条高速铁路——京津城际铁路进行现场测试仪器布置
2. 1985年6月，大学毕业时与同班同学在学校主楼前留影（左起：王广宇、翟婉明、张发）
3. 2011年5月，作为京沪高速铁路工程验收评估专家参加现场评估
4. 2013年5月，获全国"五一"劳动奖章并参加全国总工会组织的劳模进京活动，登天安门城楼参观
5. 2009年9月，翟婉明（前排左）与国际车辆系统动力学协会（IAVSD）主席Hans True教授（前排右）开展高速列车非线性动力学合作研究
6. 2012年5月，翟婉明（右5）在实验室指导研究团队进行高速铁路无砟轨道研究工作
7. 2010年8月，与家人游览安徽黄山

张统一

Zhang Tongyi

材料科学和固体力学家

1949年10月15日生于河南郑州
1978年就读于新乡师范学院
1985年获北京钢铁学院博士学位
2011年当选为中国科学院院士
上海大学教授

主要从事材料力学性质，材料微观结构与宏观力学性质之间关系等方面的研究和教学工作。在压电断裂力学，微观、纳观力学和金属材料的氢致开裂等领域取得了多项创新性成果。2009年在加拿大召开的第12届国际断裂大会作大会报告，2010年在德国召开的第18届欧洲断裂大会作大会报告。曾获国家自然科学奖二等奖2项，2003年获香港裘槎高级研究学者奖，2012年获香港科技大学工学院最高科研奖。2001年当选为美国国际材料信息学会（ASM）会士，2012年当选为香港工程院院士，2013年当选为国际断裂学会会士。

技术科学部

1. 2012年12月，张统一（中）获香港科技大学工学院最高科研奖
2. 1984年5月，张统一（前排右3）与北京钢铁学院肖纪美院士夫妇、褚武扬教授等游览北京颐和园
3. 2007年8月，张统一（右）在清华大学参加黄克智院士（左）八十华诞学术研讨会
4. 2013年2月，出席香港科技大学第一届冠名教授席就职典礼（左起：陈繁昌、张统一、方铿、史维）
5. 2012年8月，在美国加利福尼亚大学洛杉矶分校参加第三届国际纳米器件材料专题研讨会（ISMEN-III）合影（左起：石三强、张统一、李振民、高华健、卢柯）
6. 2011年12月，在中国科学院2011年当选院士证书颁发仪式暨座谈会上合影（左起：张统一院士、郑平院士、张明杰院士）
7. 1987年6月，张统一、陈慧夫妇及女儿张悦在德国莱茵河与导师P. Haasen教授夫妇合影

郑平

Cheng Ping

工程热物理学家

1936年3月2日生于广东广州
1958年毕业于美国俄克拉荷马州立大学
1965年获美国斯坦福大学博士学位
2011年当选为中国科学院院士
上海交通大学教授

早年从事辐射传热及其在航天器热控中的应用，相关成果获2003年美国航空航天学会（AIAA）热物理学奖。在美国夏威夷大学任教期间，从事多孔介质传热及其在地热能和燃料电池领域的应用，提出了多孔介质热对流、弥散导热、两相流等系列理论模型，研究成果获1996年美国机械工程师学会（ASME）传热学奖和2006年ASME传热学经典论文奖。近年来从事微尺度沸腾/冷凝传热的研究及其在芯片冷却等方面的应用，阐明了尺度效应和界面效应对微尺度相变传热的作用机理，获2006年ASME/AIChE共同颁发的马可雅可奖和2007年国家自然科学奖二等奖。2014年名列汤森路透Web of Science全球高引用科学家。

技术科学部

1. 2006年，郑平（后右）在上海交通大学实验室指导学生
2. 1960年，在美国麻省理工学院读硕士学位时留影
3. 2008年，在上海交通大学办公室工作
4. 2006年，郑平（左）与上海交通大学研究生讨论学术问题
5. 2000年，郑平（中）与过增元院士（左）和德国Groll教授（右）在加拿大班夫国家公园合影
6. 2002年，郑平（右）与日本东京大学Kasagi教授（中）和波兰Szmyd教授（左）在东京大学合影
7. 1975年，在美国夏威夷大学任教时与家人合影

朱荻 Zhu Di

制造工程专家

1954年5月11日生于辽宁沈阳
1978年毕业于南京航空航天大学
1985年获南京航空航天大学博士学位
2011年当选为中国科学院院士
南京航空航天大学教授

长期从事电化学制造技术的研究。揭示了游离粒子微量摩擦对电化学沉积过程的作用，掌握了其抑制微小气泡吸附、微磨整平的规律，发明了摩擦辅助精密电铸技术。提出了电解加工间隙分布数值解法和工作液主动分流控制法等，提高了加工精度；提出微尺度线电极原位制造等方法，实现了微米尺度金属结构电化学制造。主持研制出具有自主知识产权的多种电化学制造装备。研究成果在国防工业领域得到应用。2007年、2011年两次获国家技术发明奖二等奖。曾任南京航空航天大学校长。

技术科学部

1. 2010年，时任南京航空航天大学校长的朱荻在本科生毕业典礼上致辞
2. 1991年，朱荻（左）在英国留学期间和友人林奋强博士（右）在牛津大学
3. 1994年，在南京航空航天大学实验室工作
4. 1985年，朱荻（立者）作南京航空航天大学博士学位论文答辩（该校首次博士学位论文答辩）
5. 2008年，获博士学位23年后和导师余承业教授（88岁）及两位同门师弟在南京航空航天大学校园合影（左起：GE中国研发中心技术总监魏斌博士、导师余承业教授、朱荻、华侨大学教授江开勇博士）
6. 2004年，朱荻（左2）在南京航空航天大学实验室指导研究生
7. 2012年，朱荻（右）与指导的学生朱栋（左）获上银优秀机械博士论文奖银奖后合影

531

中国科学院院士

成会明
Cheng Huiming

材料学家

1963年10月31日生于四川巴中,籍贯四川蓬安
1984年毕业于湖南大学
1992年获中国科学院金属研究所博士学位
2013年当选为中国科学院院士
中国科学院金属研究所研究员

主要从事先进炭材料的研究。提出了浮动催化剂化学气相沉积、非金属催化剂化学气相沉积制备碳纳米管等方法,促进了碳纳米管的研究与应用;提出了模板导向化学气相沉积等方法,制备出石墨烯三维网络结构材料、毫米级单晶石墨烯,发展了石墨烯材料的宏量制备技术;提出了可高效储能的层次孔材料设计、电化学电位调控和晶面控制等思路,制备出一系列新型能量转化与储存材料;研制出块体各向同性热解石墨材料,批量应用于多项重点工程。获国家自然科学奖二等奖、国防科学技术进步奖二等奖、何梁何利基金科学与技术进步奖、美国碳学会Charles E. Pettinos奖、德国Felcht奖等。

技术科学部

1. 2010年7月，在美国召开的国际碳学术会议上，美国碳学会主席Wesley Hoffman博士（右）给成会明（左）颁发Charles E. Pettinos奖
2. 1992年11月，成会明（左）与博士生导师小林和夫教授（中）和周本濂院士（右）在日本合影
3. 2005年4月，成会明（中）在办公室与研究生讨论工作
4. 2007年2月，成会明代表其团队在北京人民大会堂出席国家科学技术奖颁奖仪式，其研究项目获国家自然科学奖二等奖
5. 2012年6月，在中国科学院金属研究所，成会明（中）与毕业研究生合影
6. 2014年1月，驰骋雪场
7. 2013年9月，在辽宁沈阳与家人在一起

丁 汉 *Ding Han*

机械电子工程专家

1963年8月29日生于安徽枞阳
1982年毕业于长安大学
1989年获华中科技大学博士学位
2013年当选为中国科学院院士
华中科技大学教授

主要从事数字制造理论与技术研究：建立了复杂曲面宽行加工理论，为自由曲面加工"点接触→线接触"的原理性变革提供了理论基础，显著提升了叶轮叶片类零件的制造水平；提出了高速加工稳定性分析的全离散法，保证了复杂工况下无颤振高效加工；提出了机器人操作规划的空间几何推理方法，研制了大叶片机器人"测量-操作-加工"一体化（3M）磨抛系统。研究成果在航天、能源和汽车领域得到应用。曾获国家自然科学奖二等奖1项，国家科学技术进步奖二等奖2项和三等奖1项。

技术科学部

1. 2013年，在实验室工作
2. 1993年，留学德国斯图加特大学
3. 2002年，丁汉（右）和熊有伦院士（左）讨论实验
4. 2003年，在办公室工作
5. 2004年，丁汉（左）和美国电气和电子工程师协会（IEEE）控制学会主席Mark.W.Spone教授（右）合影
6. 2006年，丁汉（右3）主办第二届IEEE自动化科学与工程国际学术会议
7. 2012年，华中科技大学机械学院成立60周年院庆时，丁汉（左）与杨叔子院士（右）合影

方岱宁 Fang Daining

材料力学专家

1958年4月3日生于江西南昌，籍贯浙江宁波
1982年毕业于南京工业大学
1993年获以色列理工大学博士学位
2013年当选为中国科学院院士
北京理工大学教授

长期从事力电磁热多场耦合作用下先进材料与结构的力学理论、计算与实验方法研究。拓展了铁电/铁磁材料宏微观变形与断裂理论，在有限元分析与器件设计中获得应用；发展了轻质多功能复合材料力电磁热多场多尺度计算力学方法与设计制备方法，并将所制备的轻质多功能材料与结构应用于国防装备建设；发展了先进材料力电磁热多场多轴加载和测试技术与实验方法，将基础研究成果转化为十余种具有自主知识产权的科学仪器，并获得推广和应用。曾获国家自然科学奖二等奖等多项奖励。

技术科学部

1. 2013年，白春礼院长（右）在中国科学院2013年当选院士证书颁发仪式暨座谈会上为方岱宁（左）颁发院士证书
2. 1999年，方岱宁（左）与黄克智院士（右）在清华大学研讨自主研发的立式双轴四缸液压试验机
3. 2011年，获"徐芝纶力学奖"后致答谢辞
4. 2009年，方岱宁（右）在德国访问时与德国大学教授（左）合影
5. 2007年，方岱宁（前）与毕业学生合影
6. 2008年，方岱宁（右）与国际理论与应用力学联合会秘书长Van Campen教授（左）在清华大学访问时合影
7. 2008年，方岱宁（左3）与中国力学学会代表团在澳大利亚申办第23届世界力学家大会时合影

537

中国科学院院士

高德利
Gao Deli

油气钻探与开采专家

1958年4月16日生于山东禹城
1982年毕业于华东石油学院
1990年获中国石油大学博士学位
2013年当选为中国科学院院士
中国石油大学（北京）教授

主要从事油气井工程科学研究。在油气田定向钻井、地层钻井特性评估、井下力学与控制工程等方面取得了系统的重要研究成果，并获显著应用实效。特别是建立了钻头与地层相互作用的新模型，确定了控制钻进方向的特征物理量和本构关系，发现正交各向异性地层可产生12种不同规律的井斜效应，并提出了定量评估新方法；建立了井下导向钻具组合三维分析模型和优化算法，揭示了可控参量的作用规律及钻头匹配机理，发明了邻井距离随钻探测系统；建立了大位移钻井延伸极限的理论概念和预测模型；提出了控制井筒完整性的复合管柱建井模式。曾获国家科学技术进步奖二等奖2项、首届"孙越崎科技教育基金"能源大奖等。

技术科学部

1. 高德利（前中）指导研究生科研工作
2. 2007年，国家能源领导小组向高德利（左）颁发国家能源专家咨询委员聘书
3. 2012年，高德利（左1）接待以姚建年院士（左2）为首的国家自然科学基金委员会考察组现场考察入选的创新研究群体
4. 1997年，高德利（右2）应邀参加第15届世界石油大会
5. 1993年，作为首届"孙越崎科技教育基金"能源大奖获得者，高德利（右）与我国工矿泰斗、百岁老人孙越崎先生（左）合影
6. 1995年，高德利（前排右）留学美国时，与著名石油工程专家Juvkam-Wold教授（前排左）进行合作研究
7. 1996年，高德利（后排右1）在俄罗斯做访问学者
8. 1991年，全家福

何满潮

He Manchao

矿山工程岩体力学专家

1956年5月24日生于河南灵宝
1981年毕业于长春地质学院
1989年获中国矿业大学（北京）博士学位
2013年当选为中国科学院院士
中国矿业大学（北京）教授

主要从事矿山岩体大变形灾害控制理论和技术的研究与教学工作。提出了"缓变型"和"突变型"大变形灾害的概念及分类，研发了多套大变形灾害机理实验系统，创建了深部采矿岩体力学实验室；通过大量实验揭示了矿山岩体大变形灾害的成灾规律；提出了具有负泊松比效应的恒阻大变形锚杆（索）的理念，通过系列实验定型了恒阻大变形锚杆（索）序列产品，成功应用于矿山工程实际，在"缓变型"和"突变型"两类大变形灾害的控制方面取得了良好效果。曾获国家技术发明奖二等奖1项和国家科学技术进步奖二等奖3项。

技术科学部

1. 2010年7月15日，访问美国劳伦斯伯克利国家实验室
2. 2009年5月9日，何满潮（右）在实验室与国际岩石力学学会主席John A Hudson教授（中）进行学术交流
3. 2009年4月4日，何满潮（右）与岩石分级Q系统创始人Nick Barton教授（左）讨论学术问题
4. 2006年3月11日，何满潮（中）深入江苏徐州夹河煤矿千米井下高温高湿巷道工程考察
5. 2006年11月，在新加坡举行的国际岩石力学年会暨第四届亚洲岩石力学大会上作特邀报告
6. 2010年5月17日，何满潮（坐者）接待美国宾州州立大学学生代表团访问实验室
7. 2007年4月15日，何满潮（中间立者）与英国牛津大学、剑桥大学、诺丁汉大学、帝国理工学院等9名英国岩土力学专家在实验室进行学术交流
8. 2007年8月24日，与妻子、儿子旅游合影

541

中国科学院院士

金红光
Jin Hongguang

工程热物理学家

1957年5月9日生于吉林长春
1982年毕业于东北电力学院
1994年获日本东京工业大学博士学位
2013年当选为中国科学院院士
中国科学院工程热物理研究所研究员

长期从事热力学和能源动力系统理论与方法研究，建立了燃料化学能梯级利用和多能源互补的能质理论；提出了分布式冷热电能源系统、煤基化工动力多联产系统等；发现了燃烧中CO_2定向迁移的新现象，发明了捕集CO_2的化学链燃烧动力系统。在燃料化学能有序释放、聚光太阳能热化学发电、无火焰燃烧方面，为燃料源头节能和控制温室气体做出了重要创新性贡献。2009年获国家自然科学奖二等奖，2011年获何梁何利基金科学与技术进步奖等。

技术科学部

1. 1983年，金红光（左）随同我国著名能源科学家吴仲华院士（右），在大庆考察调研大庆能源利用，合作成果获石油部一等奖
2. 2009年，金红光（右）获国家自然科学奖二等奖后与团队成员合影
3. 2007年6月，金红光（右）在瑞典举办的国际绿色能源学术会议上获优秀论文奖
4. 2003年，金红光（右）在中国工程热物理学会年会作大会报告
5. 2008年11月，在比利时布鲁塞尔欧盟总部，金红光（右2）主持中欧能源研讨会
6. 2008年10月，金红光（左）在新华网作节能减排访谈
7. 1993年，在日本留学期间与家人合影

543

中国科学院院士

李应红
Li Yinghong

航空推进理论与工程专家

1963年1月5日生于重庆奉节
1983年毕业于空军工程学院
1989年获华东工学院硕士学位
2013年当选为中国科学院院士
中国人民解放军空军工程大学教授

主要从事航空发动机安全、运用工程及其与等离子体技术交叉领域的研究，在战机发动机高原适应性与监控诊断、激光冲击强化与延寿和等离子体流动控制与气动稳定性研究方面取得了重要成果。曾获国家科学技术进步奖一、三等奖各1项，国家技术发明奖二等奖1项，军队科技进步奖一等奖3项，以及中国科协求是杰出青年奖、光华工程科技奖青年奖、军队杰出专业技术人才奖等奖励。

技术科学部

1. 2008年，在空军工程大学航空等离子体动力学实验室工作
2. 2010年，在四川康定进行航空发动机高原试验
3. 2011年，李应红（右）在巴西圣保罗大学访问
4. 2003年，在俄罗斯军事航空技术大学作交流学者时休闲
5. 2005年，李应红（右1）在德国慕尼黑工业大学访问交流
6. 2002年，李应红（前左）作为党的十六大代表参会投票
7. 2011年，李应红（右2）作为共同主席参加全国暨国际残余应力学术会议

545

刘维民 Liu Weimin

润滑材料与技术专家

1962年9月26日生于山东莱西
1984年毕业于山东师范大学
1990年获中国科学院兰州化学物理研究所博士学位
2013年当选为中国科学院院士
中国科学院兰州化学物理研究所研究员

长期从事润滑材料与技术的研究工作。与团队成员合作建立了空间润滑研究平台，揭示了空间润滑材料的作用机制，通过结构设计和组分调控发展了多个系列空间润滑材料，应用于我国航天工程。研究提出了滑动和关节轴承润滑材料的摩擦磨损机理，突破了高性能润滑材料制备的关键技术，研制的系列化固体润滑材料在多个航空型号工程获得应用；系统阐述了润滑剂作用的摩擦化学和摩擦物理机理，设计制备了具有低摩擦、抗磨损、高承载等特性的多个种类合成润滑油脂及添加剂，用于装备制造工业。曾获国家自然科学奖二等奖2项、国家技术发明奖二等奖2项。曾任中国科学院兰州化学物理研究所所长。

技术科学部

1. 2007年，获国家自然科学奖二等奖
2. 刘维民（前排左）与团队成员进行润滑材料研究
3. 2004年，刘维民主持学术活动
4. 2012年，刘维民（右）参加中-英摩擦学会议，主持人为国际摩擦学会副主席、英国南安普顿大学R. Wood教授（左）
5. 2008年，刘维民（左）接收经过"神舟七号"飞船固体润滑材料科空间环境实验"后的实验样品
6. 2005年，刘维民向材料科学前辈求教（左起：薛群基院士、师昌绪院士、徐僖院士、刘维民）
7. 2005年，刘维民（中）参与希望工程，与中小学生在一起
8. 2007年，刘维民（右1）与家人及朋友在一起

547

中国科学院院士

邱勇 Qiu Yong

有机光电材料专家

1964年7月28日生于四川荣县
1988年毕业于清华大学
1994年获清华大学博士学位
2013年当选为中国科学院院士
清华大学教授、校长

长期从事有机光电材料与器件研究，在有机半导体材料、有机电子学基础理论、有机发光显示材料和器件等前沿交叉学科领域取得了一系列重要创新成果。致力于基于自主基础研究成果和技术突破实现有机发光二极管（OLED）产业化，研制成功高性能OLED显示器并成功应用于"神舟七号"舱外航天服，先后主持建成了我国第一条OLED中试生产线和大规模生产线，整体技术达到国际领先水平。获2011年国家技术发明奖一等奖等奖励和全国模范教师等荣誉。

技术科学部

1. 2015年12月，在香港亚洲协会演讲——创新时代的大学使命
2. 2008年10月，陪同周光召院士视察OLED产业化基地
3. 2006年4月，与研究生讨论工作
4. 2015年7月，向本科毕业生授予学位
5. 2016年3月，与本科生交流
6. 2016年5月，与加利福尼亚大学伯克利分校签署合作协议
7. 2006年7月，与毕业研究生合影

549

中国科学院院士

常青

Chang Qing

建筑学家

1957年8月13日生于陕西西安
1982年毕业于西安建筑科技大学（原西安冶金建筑学院）
1991年获东南大学博士学位
2015年当选为中国科学院院士
同济大学教授

主要从事建筑学的理论与历史及历史环境保护与再生研究、设计与教学工作。率先提出了保持城乡历史特征和多样性活力的"适应性再生"途径及基本理论，领衔创办中国建筑院系中第一个历史建筑保护工程专业。主持上海外滩、杭州钱塘古镇、日喀则宗山、汨罗屈原故地等历史环境的保护与再生工程设计。先后获第四届国家图书奖最高奖，教育部优秀工程设计一等奖、科技进步二等奖，上海市科技进步二等奖，全国优秀工程勘察设计行业奖一等奖，UNESCO亚太地区文化遗产保护荣誉提名奖，瑞士首届Holcim国际可持续建筑大奖亚太地区金奖（唯一），亚洲建筑界最高奖——亚洲建筑师协会建筑金奖等。

技术科学部

1. 2002年，常青（中）与助手在上海外滩九号工地现场
2. 1985年，常青在中国科学院研究生院读研时留影
3. 2009年，常青（左）以荣誉会士身份（Hon. FAIA）在美国建筑师年会上作专题报告（右为主持人）
4. 2007年，常青（左）与齐康先生摄于东南大学建筑学院前
5. 2014年，常青在澳大利亚悉尼大学演讲
6. 2005年，常青（中）在首届Holcim国际可持续建筑大赛亚太地区获金奖的颁奖仪式上
7. 1987年，常青、华耘夫妇摄于南京工学院中大院门前

陈维江 Chen Weijiang

高电压与绝缘技术专家

1958年12月6日生于山东淄博
1982年毕业于合肥工业大学
1985年获中国电力科学研究院硕士学位
2015年当选为中国科学院院士
国家电网公司教授级高工、副总工程师

长期从事电力系统电磁瞬态分析与防护技术研究。主持了交直流特高压输电系统电磁与绝缘特性基础问题研究，获得了多时间尺度瞬态过电压特性，提出过电压深度抑制方法和绝缘配合方案，支撑我国研发成功特高压输电技术。系统研究了电网雷击上行先导放电机理与绝缘线路雷击断线机理，提出了基于雷击概率分布实施疏、堵措施的差异化防护方法，研发出系列防护装置，在电力系统和高铁牵引供电系统获广泛应用。曾获国家科学技术进步奖特等奖、二等奖各1项，国家技术发明奖二等奖1项。

技术科学部

1. 2011年，陈维江（右2）在山西长治1000千伏晋东南-南阳-荆门特高压交流试验示范工程长治变电站现场考察，调研SF6断路器操作系统技术性能
2. 2014年，陈维江（左）在武汉作为项目负责人向鉴定委员会专家汇报"电网雷击防护关键技术及应用"项目研究成果，该项目获2015年度国家科学技术进步奖二等奖
3. 2012年，"特高压交流输电关键技术、成套设备及工程应用"项目获2012年度国家科学技术进步奖特等奖，陈维江（左4）作为主要完成人在奖励大会现场与同事合影留念
4. 1982年，合肥工业大学发电厂及电力系统自动化专业78级1班同学于合肥市大蜀山森林公园户外郊游合影留念（陈维江后排左1）
5. 2015年，陈维江（左3）在北京作为导师参加余辉博士论文答辩，与答辩委员会及学生合影留念
6. 2010年，"特高压GIS设备VFTO实测仿真研究项目"成果验收会专家和项目组成员在武汉特高压交流试验基地现场合影，陈维江（前排左5）是项目负责人，项目成果获得邱爱慈（前排左6）、潘垣（前排左7）、雷清泉（前排左9）、马伟明（前排左10）等院士及各位专家的充分肯定
7. 1998年，全家在河北承德围场坝上草原旅游

中国科学院院士

陈云敏

Chen Yunmin

土力学与岩土工程专家

1962年2月5日生于浙江温岭
1983年毕业于浙江大学
1989年获浙江大学博士学位
2015年当选为中国科学院院士
浙江大学教授

主要从事软弱土工程特性、静动力固结、降解固结及灾害防控的研究和教学工作。建立了基于结构屈服应力的固结模型及深厚软土地基沉降控制准则；提出了砂性土初始液化强度的剪切波速表征模型及地震液化判别方法与处理技术；建立了城市固体废弃物降解压缩本构关系，提出了生化反应、骨架变形、孔隙水气运移和溶质迁移耦合作用的降解固结理论，研发了液气分离立体导排、高效防污屏障等技术。1996年、2009年和2012年分别获国家科学技术进步奖二等奖。培养博士36人，其中2人获全国优秀博士学位论文（2010）和提名论文（2004）。现任软弱土与环境土工教育部重点实验室主任，浙江大学工学部主任。

技术科学部

1. 2010年1月14日，在北京人民大会堂，陈云敏的项目"结构性软弱土地基灾变控制关键技术与工程应用"获2009年国家科学技术进步二等奖
2. 1995年，陈云敏（右2）在荷兰与其他三位Institute of Foundation Verification（IFCO）的合作同事在现场测试
3. 2009年9月9日，陈云敏（左1）在浙江大学与时任国际土力学与岩土工程学会主席Pedro S. Pinto（左2），作为大会组织委员会主席共同主持召开国际环境土工大会（ISGE2009）
4. 2005年4月25日，陈云敏（右）与加拿大工程院院士、非饱和土力学奠基人D. G. Fredlund教授（左）作为光彪学者在浙江大学与陈云敏教授团队开展固体废弃物填埋合作研究时合影
5. 2014年4月19日，在北京中国水利水电科学研究院，陈云敏（中）作2014年黄文熙讲座报告后与团队成员合影
6. 2013年4月9日，在浙江大学软弱土与环境土工教育部重点实验室，陈云敏（左1）向全国人大常委会原副委员长路甬祥（左2）等一行介绍实验室软弱土灾变研究成果
7. 2014年11月，陈云敏（右）、张延清夫妇和儿子旅游

555

中国科学院院士

韩杰才
Han Jiecai

材料学家

1966年3月7日生于四川巴中
1985年毕业于哈尔滨理工大学
1992年获哈尔滨工业大学博士学位
2015年当选为中国科学院院士
哈尔滨工业大学教授

主要从事陶瓷基复合材料、功能梯度复合材料、碳/碳复合材料、复合材料表征和评价、红外光学材料研究；先后主持或承担多项国家安全重大基础研究、863计划、国家自然科学基金等项目。国家某重大科技工程材料与热防护组副组长，国家863计划航天航空领域某主题专家组副组长，中国人民解放军总装备部先进材料技术专家组专家，国家安全重大基础研究项目技术首席科学家，曾获第五届中国青年科技奖，首批国家百千万人才工程入选者，国家杰出青年基金获得者，国家自然科学基金委创新研究群体负责人。获国家自然科学奖二等奖1项，国家技术发明奖二等奖2项、国家科学技术进步奖二等奖1项，申请国家发明专利66项，出版学术专著2本，在国际期刊发表文章350余篇。

技术科学部

1. 韩杰才（后右1）在实验室工作
2. 韩杰才（右）参观韩国SATREC公司
3. 韩杰才（前左）陪同客人参观特种环境复合材料技术国防科技重点实验室
4. 韩杰才（右1）陪同工业和信息化部苗圩部长参观哈尔滨工业大学机器人集团
5. 韩杰才（左1）介绍应急浮囊科研进展
6. 2016年6月2日，在中国科学院第十八次院士大会技术科学部全体院士大会上作报告
7. 全家福

557

何雅玲 He Yaling

工程热物理专家

1963年9月16日生于陕西西安
1985年毕业于西安交通大学
2002年获西安交通大学博士学位
2015年当选为中国科学院院士
西安交通大学教授

长期从事热能高效传递、转换、利用及数值模拟的研究。在传热的多尺度数值模拟方面，构建了微观-介观-宏观统一计算框架、发展了跨接微观与宏观的LBM方法；在强化传热方面，揭示了高效低阻的物理机制，发明了多项强化传热新技术；在太阳能利用方面，提出了将蒙特卡罗光线追迹法与有限容积法耦合设计太阳能吸热器的新方法，发明了改善热流密度均匀性的新技术。研究成果在航天、能源和化工领域得到应用。曾获国家自然科学奖二等奖2项、国家技术发明奖二等奖1项，何梁何利基金科学与技术进步奖等奖励。

技术科学部

1. 2013-2015年间，何雅玲（中）与学生一起做实验
2. 2010年1月，获2009年国家技术发明奖二等奖时留影
3. 2013年5月，在中国科学院学术会堂参加"能源动力与科学用能"科学与技术前沿论坛时作报告（论坛执行主席为徐建中院士）
4. 2006年，获全国第二届教学名师奖，在人民大会堂颁奖仪式上
5. 2015年9月，何雅玲在中南海紫光阁受国家领导人接见前留影
6. 2013~2015年，何雅玲（右2）与研究生一起做实验
7. 2010年，全家福，摄于海南

中国科学院院士

倪晋仁
Ni Jinren

环境水利专家

1962年8月12日生于山西山阴
1978年毕业于武汉大学
1989年获清华大学博士学位
2015年当选为中国科学院院士
北京大学教授

主要从事流域水沙运动理论、水体污染控制及河流综合治理方面的研究和教学工作。提出了适用范围广泛的紊动水流中悬移质泥沙分布公式，实现了从低浓度到高浓度泥沙分布的微观描述。针对河流氮污染源控制的难题，发现了具有特殊脱氮功能的系列高效微生物菌株，开发了能够在单一好氧条件下实现氨氮与硝氮同时脱除的一步法脱氮工艺。提出了流域水沙灾害、河流功能性断流、河流多物质通量等新认识，为河流多功能调控与生态环境功能保护提供了关键技术。2010年获国家科学技术进步奖二等奖，2013年获国家技术发明奖二等奖。

技术科学部

1. 2015年，作为大会主席组织"首届河流全物质通量国际学术讨论会"
2. 1982年，武汉大学水电学院治河工程系毕业照
3. 2002年，倪晋仁（右）在主持水利部和国家自然科学基金委联合重大项目"江河泥沙灾害形成机理及防治研究"期间，组织项目骨干参加中美泥沙与环境学术讨论会，考察伊利诺伊河、科罗拉多河以及相关水利、环境工程
4. 1999年，中国-加拿大合作的 "流域防洪、生态保护与可持续发展"CIDA项目启动，加拿大总理让·克雷蒂安、里贾纳大学校长伯纳德、北京大学校长许智宏院士和项目中方负责人倪晋仁（前排右1）参加签字仪
5. 2012年，倪晋仁（中）与北京大学环境工程专业毕业的博士生留影
6. 倪晋仁倡导建立新加坡大学-北京大学-牛津大学（SPO）"水与环境技术国际平台"，2010年三校代表在新加坡大学举办的启动仪式上（倪晋仁为左3）
7. 伉俪同行

561

汪卫华

Wang Weihua

材料物理学家

1963年7月23日生于安徽宁国市
1987年毕业于安徽师范大学
1990年获中国科学院物理研究所博士学位
2015年当选为中国科学院院士
中国科学院物理研究所研究员
中国科学院大学教授

主要从事非晶材料的应用基础研究。针对非晶形成机理的难题及非晶新材料探索的挑战，提出用弹性模量为参量来调控非晶结构和性能的思想，建立了弹性模量判据，实现了非晶合金组成和性能的半定量预测和调控。研制出多种新型非晶材料；提出了流变单元模型，解释了非晶强度和形变等力学及流变行为的物理机制，为调控非晶的力学性能奠定了理论基础。建立了结构非均匀性强化设计新方法，合成出系列高韧性的非晶合金，为解决非晶合金脆性难题、推动非晶材料的应用做出了重要贡献。曾获国家自然科学奖二等奖、国家发明二等奖、周培源物理奖。

技术科学部

1. 2014年，汪卫华（右2）和来访的澳大利亚P. Harrowell教授讨论
2. 2001年，汪卫华（右）访问加州理工和Johnson教授在一起
3. 展示研究的金属玻璃材料
4. 2004年，汪卫华（左）在剑桥大学和著名材料学家R. Cahn教授合影
5. 2012年，汪卫华（右2）在德国和K. Samwer教授（左2）、A. Meyer教授（右1）共同举办中德非晶物理和材料研讨会
6. 2013年，汪卫华（后排右1）与其研究团队郊游
7. 2006年，全家在庐山旅游

中国科学院院士

宣益民
Xuan Yimin

工程热物理专家

1956年9月25日生于安徽无为
1982年毕业于哈尔滨船舶工程学院
1991年获联邦德国汉堡国防大学博士学位
2015年当选为中国科学院院士
南京航空航天大学教授

主要从事能量高效传递、利用与控制研究。建立了纳米流体能量传递的理论与方法，阐明了纳米流体导热和对流换热的微观现象与宏观传递性质之间的本构关系，揭示了纳米流体能量传递的强化机理。发展了近场和远场热辐射的理论与应用方法，建立了适用于不同类型材料的近场热辐射模型，提出了表面热辐射特性调控和太阳能吸收增强方法，建立了目标与背景红外辐射特性分析与控制方法。发明了器件-组件-系统多层次的高功率电子设备热控制方法与技术。曾获国家自然科学奖二等奖、国家科学技术进步奖二等奖、何梁何利基金科学与技术进步奖等。

技术科学部

1. 2011年1月，参加在北京人民大会堂举行的国家科学技术奖励大会
2. 2013年，参加在中国科学院学术会堂举办的工程热物理学科前沿论坛
3. 2014年5月24日，宣益民（右1）接待全国人大原副委员长路甬祥院士视察国家重点实验室
4. 2013年，宣益民（右）访问英国爱丁堡大学
5. 2006年，宣益民（左2）参加在悉尼召开的第13次国际传热大会，中午会议间隙与几位参会中国学者在港口休息
6. 2013年，宣益民（左2）参加华中科技大学国家重点实验室现场评估
7. 2012年，宣益民（二排左4）参加教育部赴瑞典考察学习校长团，在瑞典乌普萨拉大学合影

565

中国科学院院士

闫楚良
Yan Chuliang

飞机寿命与结构可靠性专家

1947年8月15日出生，内蒙古奈曼旗人
1975年毕业于吉林大学
1999年获北京航空航天大学博士学位
2015年当选为中国科学院院士
北京飞机强度研究所研究员、所长

长期从事飞机寿命与结构可靠性科学研究。建立了飞机经济寿命可靠性理论，创建了中值载荷谱编制原理，发明了飞机悬空协调加载标定方法和空间分布载荷实测技术，主持22种型号飞机载荷谱研制任务，解决了我国采用一架飞机进行载荷谱飞行实测和用于机群定寿、延寿重大技术，研究成果成功用于数千架飞机定寿、延寿和结构可靠性设计，为大幅提高现役飞机使用寿命和保障飞行安全做出了重要贡献。获得国家技术发明二等奖1项，国家科学技术进步二等奖2项；出版专著6部，发表论文200余篇；授权国家发明专利61项。培养博士后、博士等52名。曾获全国优秀科技工作者、当代发明家等荣誉称号。

技术科学部

1. 2002年11月2日，北京航空航天大学为首批全国百篇优秀博士学位论文获得者与导师颁奖（前排右2为闫楚良，前排右4为闫楚良导师高镇同院士）
2. 1972年4月，闫楚良在吉林大学学习期间，参加自行车竞赛训练
3. 2002年8月20日，闫楚良（右）在北京与德国IMA公司访问团进行学术交流（左为德国IMA公司首席执行官弗莱舍尔·托马斯教授）
4. 2016年1月6日，在全国科学技术奖励大会期间，应邀在北京国二招宾馆作学术报告
5. 2010年9月2日，闫楚良（前排左3）在陕西飞机工业集团公司向空军首长汇报空警200载荷谱研制试验工作进展情况
6. 1985年7月，闫楚良（右3）应日本东京大学邀请赴日本进行访问和学术交流
7. 2016年2月8日，农历丙申年春节闫楚良夫妇（前排）全家喜迎龙凤胎团团圆圆

567

中国科学院院士

俞大鹏
Yu Dapeng

材料物理学家

1959年3月16日生于宁夏中卫
1982年毕业于上海华东理工大学
1993年获法国南巴黎大学博士学位
2015年当选为中国科学院院士
北京大学教授

主要从事低维半导体功能材料与结构的可控制备、新颖物理性质与应用基础研究，率先发展了催化剂引导下的纳米线可控制备技术并制备了硅和金属氧化物纳米线材料，解决了规模、可控制备纳米线材料的难题；深入揭示了纳米线材料特有的系列与尺寸和表面密切相关的光电和力电耦合等新颖物理现象；系统发掘了纳米线材料的若干重大应用特性如场发射性质等，发现了若干重要的纳米线器件效应，发明了一系列纳米加工与精确操控技术，为我国纳米线材料基础研究进入世界先进行列做出了重要的贡献。2007年获国家自然科学奖二等奖。

技术科学部

1. 2012年6月，重寻西南联大之路
2. 2003年10月，在办公室
3. 2003年，在香港作学术交流
4. 1993年，在法国南巴黎大学进行博士论文答辩
5. 2012年，又到学生毕业时（右3为俞大鹏）
6. 2003年，俞大鹏（右4）与美国本科实习生在一起
7. 2008年，春节全家福

569

中国科学院院士

邹志刚
Zou Zhigang

材料学家

1955年3月14日生于天津，籍贯山东龙口
1982年毕业于天津大学
1996年获日本东京大学博士学位
2015年当选为中国科学院院士
南京大学教授

主要从事能源与环境材料方面的研究。在光催化材料及其在能源与环境中应用的基础研究中，提出了调控光催化材料能带结构的新理论和新方法，发展了新一代可见光响应型光催化材料，拓宽了光催化材料的响应范围，实现了可见光下水的完全分解。通过构建纳米异质结光催化材料新体系，实现了光生电子和空穴对的有效分离，显著提高量子效率和光催化性能。发现了不同污染物间的协同降解新效应，筛选出可实际应用的高效光催化材料体系。模拟植物光合作用实现了利用光催化材料将CO_2和水转化为氧气和甲烷等碳氢燃料，拓展了光催化材料的研究领域。曾获国家自然科学奖二等奖和江苏省科学技术奖一等奖等。

技术科学部

1. 2015年1月9日，邹志刚在北京人民大会堂领奖（国家自然科学奖二等奖）
2. 1979年3月5日，邹志刚在天津大学学习时期
3. 2005年7月25日，邹志刚在澳大利亚参加国际会议
4. 2015年7月29日，邹志刚在清华大学五道口金融学院讲学
5. 2008年3月29日，邹志刚在美国参加国际会议
6. 2006年11月2日，邹志刚（右1）参加在瑞士举办的中欧第六次论坛
7. 2007年9月2日，邹志刚携夫人和女儿在日本观光游览

《中国科学院院士画册（2005~2015年当选）》编写说明

继2006年出版记载中国科学院学部成立1955年至2003年当选的1026位院士画册后，中国科学院又于2013年5月启动《中国科学院院士画册（2005~2015当选）》的编纂工作。通过组织编辑院士画册的形式，记录和展示中国科学院学部发展的历史，宣传院士真挚深沉的爱国情怀，勇于探索科学真理的不懈精神。

本书收集了2005~2015年期间当选的280位院士的图片资料，其中数学物理学部院士49人，化学部院士48人，生命科学和医学学部院士54人，地学部院士46人，信息技术科学部院士33人，技术科学部院士50人。照片的选择以院士科研工作照为主、生活照为辅，尽可能多视角地反映院士的工作和生活情况。受篇幅所限，每位院士简介的字数一般在350字左右。全书按照数学物理学部、化学部、生命科学和医学学部、地学部、信息技术科学部、技术科学部顺序编排，每个学部按院士当选年份和院士姓氏音序排列。为便于检索，书末提供了院士姓名汉语拼音音序编排的索引。

院士们分布在祖国各地，工作繁忙，并且由于时代和习惯原因，个别院士很少留存日常影像资料，这给我们的资料收集带来了一定的困难。但是在本书的编辑和出版过程中，我们一直得到了院士、院士亲属和院士所在单位的充分理解和鼎力支持。他们在百忙之中为此书提供了许多珍贵的照片资料，并为做好此书的出版工作献计献策。

在本书的编辑和出版过程中，除了编委会全体成员外，我们还特别感谢对本书进行统稿校核工作的何仁甫同志。在此，对上述所有为《中国科学院院士画册》付出辛勤劳动的领导和同志们表示诚挚的感谢。

春华秋实，众手成书，限于经验和水平，难免会存在疏漏和不足，敬请读者给予指正。

中国科学院学部工作局

2017年7月